Lange/Sinning • Ballspiele

Anja Lange/Silke Sinning

Neue und bewährte Ballspiele

für Schule und Verein

4., erweiterte Auflage

Limpert Verlag Wiebelsheim

Die Ratschläge in diesem Buch sind von den Autoren und dem Verlag sorgfältig erwogen und geprüft, dennoch kann keine Garantie übernommen werden. Eine Haftung der Autoren bzw. des Verlages und seiner Beauftragten für Personen-, Sach- und Vermögensschäden ist ausgeschlossen.

Bibliografische Information Der Deutschen Nationalbibliothek
Die Deutsche Nationalbibliothek verzeichnet diese Publikation in der Deutschen Nationalbibliografie; detaillierte bibliografische Daten sind im Internet unter http://dnb.d-nb.de abrufbar.

4., erweiterte Auflage

www.limpert.de

Zeichnungen: Scott Krausen
Fotos: Peter Furmaniak, Anja Lange
Druck und Verarbeitung: www.schreckhase.de, Spangenberg
Printed in Germany/Imprimé en Allemagne
ISBN 978-3-7853-1949-9

Inhalt

Einleitung

Vom Reiz der Ballspiele

Ballspiele wecken vor allem bei Kindern und Jugendlichen ein großes Interesse. Das liegt an verschiedenen Faktoren, zu denen u.a. der flexible Einsatz des Spielobjektes Ball gehört. Das heißt, während des Spiels bieten sich den Spielern **vielfältige Wurf-, Fang-, Pass-, Dribbel- oder Schussmöglichkeiten.** Dieser mannigfaltige Einsatz des Spielgerätes Ball spricht insbesondere das Explorationsvermögen, den Erfindergeist sowie die Freude am Experimentieren der Kinder an. „Sowohl im Explorieren als auch im Experimentieren erfährt das Kind einen Wissenszuwachs. Indem es mit den Händen greift und be-greift, erhält es Erkenntnisse über die materialen Beschaffenheiten (Freytag & Sinning 2010, 418). Flitner 1998 beschreibt in Anlehnung an Berlyne 1969 und Herron/Sutton-Smith 1971, dass „je mehr Verschiedenes man mit einem Gegenstand tun kann, wenn man ihn etwa abtasten, verändern, bewegen, neu kombinieren kann“, desto langfristiger kann das Interesse der Kinder gebunden werden. Um diese reichhaltigen Möglichkeiten der Ballbehandlung zu nutzen und deren Einsatzvarianten beim Ballspielen zu erproben, müssen die Spieler im Vergleich zu vielen anderen Sportarten oft deutlich weniger Vorerfahrungen mitbringen. Denn auch bei geringen Erfahrungen können die meisten Spiele in einer leichteren Variante begonnen und notwendige Fertigkeiten und Fähigkeiten während des Spielens erlernt werden. Dadurch bleibt ein hohes Interesse von Anfang an gesichert bzw. durchgängig gewährleistet. Die Schüler können sogar hervorragend animiert werden, sich am Lernprozess zu beteiligen und beispielsweise mit Bezug auf die Spielidee bei Raum-, Material- oder Zeitregeln mitentscheiden, gemeinsam sinnvolle Spielstrategien entwickeln oder sogar ganz neue Spielideen konzipieren. Damit wird ein autonomes, selbstgesteuertes Lernen initiiert, bei dem die Schüler einen reflexiven Zugang zu ihren eigenen Fähigkeiten und Lernbedürfnissen entwickeln (vgl. Weigelt 2013, 2f.).

Fehlen den Spielern an bestimmten Stellen spezifische technische Voraussetzungen, so können diese natürlich auch vorab oder zwischenzeitlich zielgerichtet geübt bzw. vertieft werden.

Daneben ist die Begeisterung der Kinder und Jugendlichen an den Ballspielen so hoch, weil der **offene Ausgang** des Spiels große Spannung erzeugt. Um den Spielausgang möglichst lang offen zu halten, sollten allerdings organisatorische Aspekte berücksichtigt werden. Beispielsweise müssen gleichstarke Mannschaften gebildet, ein angemessener Raum zur Verfügung gestellt sowie Balltechniken abverlangt werden, die die Kinder einerseits gut umsetzen können und andererseits entsprechend herausfordern. Sind die Anforderungen zu gering, kann das Spiel abflachen und die Motivation der Spieler nachlassen. Werden hingegen zu hohe technische Erwartungen an die Spieler und Spielerinnen gestellt, geht insbesondere bei den spielschwächeren Kindern die Lust am Spiel schnell verloren. Der Spielleiter muss somit vor allem ein Gespür für das Austarieren homogener Mannschaften und akzeptabler Anforderungen entwickeln.

Außerdem wird neben der Auseinandersetzung mit dem Ball und der Spannung um Sieg und Niederlage von vielen Spielern die **Zugehörigkeit zu einer Mannschaft** als freudvoll empfunden. Da in der Regel mindestens zwei Mannschaften gegeneinander spielen, identifizieren sich die Kinder zumeist recht schnell mit ihrem Team und bringen speziell bei einem knappen Spielstand ihr ganzes Können ein. Dies Engagement führt zu weiterer Spielfreude und sorgt nicht selten dafür, dass nach einem knappen Spielausgang von den Spielern sofort ein neues Spiel eingefordert wird. Eine positive Teamleistung bzw. -stimmung stellt sich aber auch nicht immer und manchmal auch nicht bei allen Spielern automatisch ein. Sie kann bzw. muss teilweise vom Lehrenden positiv gefördert werden. Varianten, die vor allem spielunerfahrene Kinder stärker einbinden oder zusätzliche Bälle, die die Unübersichtlichkeit des Spiels erhöhen und damit den Ausgang des Spiels wieder offener gestalten, können die Begeisterung neu entfachen. Dadurch lässt sich auch dem vieldiskutierten pädagogischen Anspruch Rechnung tragen, dass der Spielleiter die Heterogenität der Gruppen angemessen berücksichtigen sollte. Mit den vielfältigen Möglichkeiten der Variationen sowie der Raum- Material- und Regeländerungen kann der Spielleiter zusammen mit den Spielern auf die Bedürfnisse der eher Lustlosen, der wettkampforientierten Spieler, der Jungen und Mädchen, der Zurückhaltenden oder Sich-Präsentieren-Wollenden zielgerichtet eingehen (vgl. Frohn & Pflitzner, 2011, 2f).

Zusätzlich birgt die **Komplexität** vieler Spiele und manchmal auch die Einbindung von **Zufallsvarianten** eine positive Spielfreude in sich. Da nicht immer genau ersichtlich ist, wer zum Gewinn des Spiel beigetragen hat oder wer für die Niederlage verantwortlich ist, können sich alle mit ihren Kompetenzen maximal einbringen und sehen sich im Vergleich zum „Vorturnen" innerhalb der Individualsportarten seltener in der Gefahr, bei schlechter Technik abqualifiziert zu werden. Natürlich ärgert sich jeder Spieler und mit ihm die Mitspieler, wenn der Spieler eine gute Ausgangsposition hatte und unglücklicherweise das Ziel oder den Gegner nicht getroffen hat. Oft genug trifft es aber im nächsten Moment eine andere Person, so dass bei einem guten Mannschaftsgeist die Fehlleistungen schnell vergessen sind bzw. Defizite gemeinschaftlich kompensiert werden.

Des Weiteren führt die hohe **Dynamik** der Spiele dazu, dass die Spieler sich vollkommen einbringen müssen und ihre Alltagsprobleme vergessen bzw. diese zumindest zeitweise in den Hintergrund rücken. Will man engagiert mitspielen, bleibt während des Spiels keine Zeit, anderen Gedanken oder auch Problemen nachzugehen. Schnelle Entscheidungen, blitzartige Änderungen der Laufwege, zügige Abspiele, ständig wechselnde Orientierungsaufgaben sowie prompte individuelle und gruppenbezogene Reaktionen auf die Taktik des Gegners zeichnen ein aktives Miteinander aus. Wenn sich dabei Spieler langweilen oder Zeit haben, anderen Dingen wie beispielsweise Gesprächen nachzugehen, hat das Spiel seinen Reiz verloren und der Spielleiter muss mit angemessenen Variationen reagieren.

Schließlich ist über die Ballspiele eine gute Verbindung zwischen Schulsport, Vereinssport und Freizeitsport herstellbar. Verschiedene Studien (vgl. Menze-Sonneck, 2001; Schmidt, 2005; Weichert u.a. 2005) stellten fest, dass Spiele und insbesondere Ballspiele von den Sportlehrern sehr oft thematisiert, von Trainern zum Beginn oder am Ende einer Trainingseinheit eingesetzt werden und bei den Kindern und Jugendlichen am besten ankommen. Ballspiele treffen scheinbar aus unterschiedlicher Sicht auf die **Interessen der Teilnehmer** und werden mit den unterschiedlichsten positiven Entwicklungsmöglichkeiten verknüpft.

Auch wenn die besonderen Facetten der Ballspiele ins Zentrum gerückt wurden, so lässt sich der Reiz der Spiele natürlich nicht grundsätzlich in die Einzelheiten zergliedern, sondern es ist immer ein Zusammenspiel aus allen Faktoren. Je nach Gruppenkonstellation, nach Art oder Variation des Spiels, dem Einsatz eines spezifischen Ballmaterials oder eines entsprechenden Handlungsraumes können noch weitere Aspekte hinzukommen. Manchmal weckt gerade die Enge und ein dadurch entstandener positiver Körperkontakt das Interesse der Spieler, mal sind es die Flugeigenschaften des Balles, die spannende Momente provozieren, und ein anderes Mal ist es die Zufallsvariante, die auch die schwächste Gruppe durch Losglück nach vorn bringen kann.

Erzieherische Wirkungen

Die erzieherischen Wirkungen und möglichen Bildungschancen, die von Spielen und insbesondere von Ballspielen sowie Sportspielen insgesamt ausgehen, werden in der Spieltheorie im Rahmen unterschiedlicher wissenschaftlicher Teildisziplinen seit langem sehr vielfältig und intensiv diskutiert. Hierzu gibt es u.a. entwicklungspsychologische Ansätze, psychoanalytische Deutungen, sozialwissenschaftliche Grundlagen sowie pädagogische Ansatzpunkte. Sie legen sowohl die positiven Lernchancen und Entwicklungsmöglichkeiten als auch die negativen Auswirkungen offen. Flitner (1998) stellte wichtige Facetten des Kinderspiels zusammen, wobei er auch Spiele ohne Ball im Lichte verschiedener Wissenschaftsdisziplinen betrachtet hat. Röhrs 1993 betrachtete Sport und Spiel vorrangig aus allgemeinpädagogischer Sicht und gibt einen Einblick in die Grundfragen und Grundlagen zum Spiel, die u.a. zur Erweiterung menschlicher Lebensgestaltung dienen. Im Rahmen der sportpädagogischen Diskussion stellte u.a. Ehni bereits 1985 in Anlehnung an Scherler 1981 sechs wichtige Faktoren des Spielens zusammen, die von großer Bedeutungen für die kindliche Entwicklung sind. Dazu gehört die produktive, adaptive, expressive, impressive, explorative, kommunikative und komparative Bedeutung. Daneben bzw. als Verbindung zwischen den verschiedenen Bedeutungen ergibt sich als positive Wirkung die Entwicklung einer Problemlösekompetenz. Diese Wirkung als auch die Möglichkeiten, die mit einem erfahrungs- und wahrnehmungsorientierten Lernen verbunden sind, wird insbesondere im Rahmen der pädagogischen Diskussion zur Spielvermittlung immer wieder in den Vordergrund gerückt (vgl. Sinning, 2010, 62ff.). Im Folgenden sollen einige dieser erzieherischen Wirkungen unter besonderer Berücksichtigung der Ballspiele näher beleuchtet werden.

Im Zusammenhang der **produktiven Bedeutung** zeigt sich bei den Ballspielen, dass durch die Rolleneinnahme des Angreifers oder Abwehrspielers dem Spieler die Möglichkeit gegeben wird, Werke entstehen zu lassen oder entsprechend zu zerstören. Das heißt, dem Spieler werden Aktionsmöglichkeiten geboten, etwas herzustellen oder ein positiver Ergebnis zu erzielen, z.B. jemanden abzuwerfen. Gleichermaßen bekommt er Gelegenheiten, den Leistungen des Gegners zu begegnen. Es geht um die **Aktionsmöglichkeiten** und **-fähigkeiten** des Spielers, um die äußeren und inneren Spuren, die zurückbleiben bzw. „um die Produktion des Kindes und seiner Welt in Form von psychischen und körperlichen Verfassungen, von sozialen und materialen Erzeugnissen." (Ehni 1985, 71).

Entsprechende **Anpassungsmöglichkeiten** und **-fähigkeiten,** die den Akteuren im Spiel abverlangt und damit auch gefördert werden, gehören zur **adaptiven Bedeutung.** Da die Ballspiele als Mannschaftsspiele und immer in Auseinandersetzung mit einem Ball sowie innerhalb eines vorgegebenen Raums stattfinden, muss sich der Spieler sowohl mit anderen Spielern als auch mit der Umwelt auseinandersetzen. Die Entwicklung des Akteurs kann somit als Ergebnis seiner Interaktion mit der Umwelt verstanden werden.

Geht der Spieler als Gewinner oder Verlierer, als zentraler Spielgestalter oder frustrierter Mitspieler einer Mannschaft hervor, so bieten sich ihm außerdem unterschiedliche **Ausdrucksmöglichkeiten** dies anderen mitzuteilen und es werden unterschiedliche Empfindungen wie Freude, Zorn, Mitgefühl oder Lust ausgelöst. Die Akteure können beim Spielen in verschiedene Rollen schlüpfen und diese entsprechend ausgestalten z.B. den coolen Stürmer oder den unüberwindbaren Torwart darstellen. Spielen wird deshalb auch als bedeutsame kindliche Ausdrucks- und Aneignungsweise von Welt verstanden (vgl. GROOS 1921). Diese Ausdrucksmöglichkeiten und -fähigkeiten werden als Merkmale der **expressiven** bzw. **impressiven Bedeutung** der Spiele angeführt.

Des Weiteren bietet das Spielgerät „Ball" vielfältige Erkundungsmöglichkeiten. Aber auch der Spielraum muss im Zusammenspiel mit den anderen Spielern immer wieder neu erkundet und strukturiert werden, so dass ein ständiges Entdecken und Verwerfen der eigenen Möglichkeiten gegeben ist. Das selbstbestimmte Suchen wird als explorative Bedeutung und vor allem im schulischen Kontext als eine zentrale Funktion erzieherischer Wirkungen verstanden. Sutton-Smith (1978) verweist in diesem Zusammenhang auf die experimentelle und konative Seite des Spiels, unter der er das „Ausprobieren des Anderen" innerhalb der geordneten und außengeleiteten Welt versteht (vgl. Flitner 1998). Für ihn dominiert hierbei die Phantasie, die Lust zur Selbstbehauptung, die Abweichung vom Üblichen, das Innovative bzw. das Erfinden des Neuen. Seiner Meinung nach ist dies für die gegenwärtigen Sozialisationsprozesse und für die Entwicklung der modernen Gesellschaft von großer Bedeutung. Er stellt sogar in Bezug auf eine „Schule der Zukunft" die Forderung, die innovative Funktion von Spiel

und Kunst zum orientierenden Mittelpunkt ihrer Aufgaben zu stellen. Auch für Ehni dient das Spiel „durch seine offene Sinngebung und den informellen und produktiven Charakter eher einer innovativen Sozialisation, d.h. der Erneuerung von Bestehendem. Es ist durch seinen situativen und subjektiven Gebrauch mehr auf Individualität und auf die erfüllte Gegenwart der Kinder gerichtet." (Ehni 1985, 79)
Außerdem zeigen sich beim gemeinsamen Ballspielen **integrierende** und **kooperierende** sowie kommunikative Wirkungen (vgl. Dietrich 1992). Über eine Auseinandersetzung mit Regelstrukturen, das Aushandeln von Regeländerungen und den daran gebundenen Auswirkungen werden beispielsweise kommunikative und kooperative Qualitäten entwickelt (vgl. Schierz 1986). Das Suchen nach verbalen und nonverbalen Verständigungsmöglichkeiten innerhalb der Mannschaften unterstützt u.a. die Integration aller Spieler. Nicht zuletzt deshalb wird die Thematik Integration bzw. werden Fragen um Inklusion im Sport aktuell als pädagogische Leitkategorie im Sport intensiv diskutiert (vgl. Reuker, et al. 2016, 89ff.). Über den Sport und besonders im Spielen ist Inklusion zielgerichtet umsetzbar. Besonders die vielfältigen Verständigungsmöglichkeiten lassen sich hier positiv anführen. Diese wurden bereits 1985 bei Ehni als Verständigungs- und Verstehensprozess zwischen dem Spieler und seiner sozialen Umwelt eingeordnet (vgl. Ehni, 1985).

Schließlich geht es bei den Ballspielen immer um den Sieg, so dass von den Spielern die maximale Leistungsbereitschaft verlangt wird. Die Spieler müssen somit ihre Fertigkeiten und Fähigkeiten engagiert einbringen, entwickeln sich dadurch automatisch weiter und lernen Neues hinzu. Diese Chance, sich mit Fragen der Leistung und der Leistungsentwicklung auseinandersetzen zu können, wird als komparative Bedeutung verstanden und nicht von allen Pädagogen als positives Kriterium gewertet.

Aus diesen verschiedenen Facetten lässt sich schließen, dass über die gestellten Anforderungen und die dafür bereits verfügbaren Aktionsmöglichkeiten weitere technische und taktische Handlungsalternativen vertieft aber auch übergreifende Handlungskompetenzen entwickelt werden. Ballspielen ist somit durchaus konstruktiv. „Im Lösen von Spielzusammenhängen im „Ganzen" und Spielproblemen im „Detail", d.h. innerhalb der einzelnen Spielsituation..." sind die angeführten Entwicklungspotentiale enthalten. Die Spieler und Spielerinnen müssen „... geeignete Lösungswege finden und Entscheidungen treffen, um sowohl das Spiel spannend zu gestalten als auch das Spielen zu gestalten." Es werden „... Kompetenzen im Bereich des Analysierens von Situationen, Entwerfens von Lösungsstrategien, einer Entscheidungskompetenz für die einzuschlagenden Handlung und schließlich einer Reflexion und Einordnung des Handlungsergebnisses" benötigt (Sinning 2004). Diese Kompetenzen können nur über das individuelle Lösen unterschiedlichster kleiner und größerer Spielprobleme erzielt werden. Sie sind nachhaltig ausschlaggebend dafür, ein Spiel wirkungsvoll inszenieren zu können (vgl. Dietrich 1984, 1985), eine mittelfristige Spiellust zu entwickeln und die langfristige Spielfreude zu erhalten.

Didaktische Orientierungen

Bei den Ballspielen geht es somit neben der Verbesserung einfacher Grundtechniken wie Passen, Fangen, Dribbeln und zielsicherem Werfen um die eben angeführten übergreifenden Fähigkeiten und Entwicklungspotentiale. Um sowohl diese erzieherischen Wirkungen als auch den Reiz der Ballspiele optimal auszuschöpfen, sollten einige didaktische Grundlagen berücksichtigt werden. Als fundamentale Merkmale einer dauerhaften Auseinandersetzung sind hierzu folgende Kriterien zu nennen:

Orientierung an den Spielstärken und Erfahrungen der Spieler

Bei einem ausgewogenen Spielgeschehen sollen sich alle Spieler gleichermaßen am Spiel beteiligen können, weshalb sich der Spielleiter an dem Spieler mit den wenigsten Voraussetzungen orientieren sollte. Die Wahl des Spiels, der jeweiligen Variante, des Spielraums und des Spielmaterials ist daher entscheidend. In Hinblick auf die technischen Anforderungen sollte der Spielleiter ein Spiel wählen, bei dem alle Spieler die Grundtechniken beherrschen bzw. schnell erlernen können. Des Weiteren helfen organisatorische Abänderungen sowie individual- und gruppentaktische Erleichterungen, den Spielfluss zu erhöhen und alle Spieler zu beteiligen. Beispielsweise kann der Spielraum oder die Spielerzahl pro Mannschaft so gewählt werden, dass gerade schwächere Spieler sich aktiver ins Spiel einbinden. In der Regel sollte dazu die Spieleranzahl pro Mannschaft verkleinert oder der Spielraum vergrößert werden. Daneben kann auch die Größe und die Art der Tore variiert werden. Beispielsweise treffen die Spieler häufiger, wenn auf mehrere Tore gespielt wird, die Tore größer sind oder von allen Seiten Tore erzielt werden können. Auch die Gegnerwahl ist entscheidend, z.B. sollten bei Spielen mit direkten Gegenspielern möglichst homogene Paare gebildet werden.

Die erfahrenen Spieler müssen aber ebenso Möglichkeiten erhalten, ihre Spielfähigkeit weiterzuentwickeln, d.h. sie müssen ihre Leistungsgrenzen erreichen und überschreiten können. Ihnen müssen besondere Aufgaben zukommen, die sie sowohl auf technischer als auch auf taktischer Ebene herausfordern. Beispielsweise kann man von ihnen ein stärkeres Engagement bei der Umsetzung taktischer Aufgaben innerhalb der Mannschaften einfordern oder sie stärker in die Organisation und Umsetzung der Spiele einbinden. Sie sollten mehr Verantwortung übertragen bekommen, schwierige Situationen und Probleme auch ohne die Hilfe des Spielleiters selbstständig lösen zu dürfen.

Hohe Spieldynamik gewährleisten

Während des Spiels sollte eine hohe Dynamik eingefordert werden. Die Schnelligkeit muss sich dabei nicht zwingend an den technischen Anforderungen orientieren, sondern kann z.B. das Laufverhalten der Spieler einbeziehen.

Anknüpfend an den jeweiligen Leistungsstand der Schüler können dazu beispielsweise Bälle gewählt werden, die besonders leicht zu handhaben sind. Es kann aber auch mit Hilfe von Zusatzaufgaben ein größerer Zeitdruck ins Spiel eingebracht und dadurch die Entscheidungszeiten der Schüler verkürzt werden. Oder es können mehrere Bälle gleichzeitig eingesetzt werden, um die jeweilige Reaktionszeit zu minimieren. Grundsätzlich sollten eher kleinere Mannschaften gebildet werden, um die Ballkontakte der einzelnen Spieler und Spielerinnen und damit ihre Spieldynamik zu erhöhen.

Regeln, Strategien und Taktiken thematisieren

Da sich die Spielidee mit der Spiellust deckt, sollten beim Auswählen des Ballspiels und den jeweiligen Regeln die Bedürfnisse der Spieler und Spielerinnen einbezogen werden. Wesentliche Wünsche der Spieler kann der Spielleiter entweder vorab im Gespräch mit einzelnen Spielern eruieren, Spielbeobachtungen während des Spiels hinzu ziehen oder im Dialog mit allen Spielern herausarbeiten. Nur so kann die Breite der Spielmöglichkeiten optimal ausgeschöpft und die übergeordneten erzieherischen Wirkungen angestrebt werden. Damit der Spielleiter sich den Spielwünschen, die häufig mit bestimmten Spielideen bzw. vorrangigen Spielhandlungen wie Fangen, Schießen, Laufen oder Werfen zusammenhängen, zielgerichtet widmen kann, haben wir die Spiele am Ende des Buches **unterschiedlichen Kategorien** zugeordnet.

Daneben ist es wichtig, dass die Spieler einer Mannschaft untereinander auch Strategien und Taktiken absprechen. Der Spielleiter sollte daher den Mannschaften ausreichend Zeit geben, eigene Strategien zu entwickeln. Aber auch der Austausch über die unterschiedlichen Strategien der einzelnen Mannschaften sollte am Ende der Stunde gewährleistet werden. Auferlegte und eingefahrene taktische Vorgaben sowie feste technische Ausführungskriterien des Spielleiters verhindern zumeist eine positive Auseinandersetzung mit Regeln und Strategien. Individuelle Freiheiten bei der Handlungsausführung begünstigen dies dagegen.

Stets sind weibliche Adressaten gleichermaßen und gleichberechtigt gemeint, auch wenn der Text aus Gründen der Kürze und Lesbarkeit nur die männliche Form anführt.

Organisatorische Hinweise für die Praxis

Aufgaben des Spielleiters

Neben den vorbereitenden Maßnahmen wie Auswahl der Spiele, Beschaffung des Materials und einer sinnvollen Raum- und Zeiteinteilung hat der Spielleiter die nicht ganz einfache Aufgabe, die Spiele verständlich zu erklären. Die Erfahrung zeigt, dass es sinnvoll ist, nach kurzer Erläuterung der Spielregeln mit dem Spiel zu beginnen, weil viele anfängliche Probleme im Laufe des Spiels einfach und viel anschaulicher gelöst werden können. Der Spielleiter sollte während des Spiels die Punkte oder den Spielstand laut mitzählen.

Natürlich ist die Umsetzung der Spiele für den Spielleiter nicht immer in allen Details vorhersehbar und planbar. Daher sollte es der Spielleiter als positives Zeichen werten, wenn Veränderungen herbeigeführt werden müssen. Es kann vielmehr ein besonderer Lerngewinn bei den Spielern erzielt werden, wenn sie in den Prozess der Weiterentwicklung der Spiele eingebunden werden (vgl. Kamper 2015).

Mannschaftsbildung

Je ausgeglichener die Mannschaften sind, desto länger bleibt der Ausgang des Spiels offen und damit die Spannung erhalten. Deshalb ist für eine gute Spielorganisation die Mannschaftsbildung entscheidend. Es gibt viele verschiedene, phantasievolle, aber auch nüchterne Möglichkeiten, Mannschaften zu bilden. Ein Patentrezept für das Zustandekommen von gleichstarken Mannschaften existiert jedoch nicht. Nachfolgend werden grundlegende Einteilungsformen mit den jeweiligen Vor- sowie Nachteilen skizziert und einige attraktive Varianten aufgelistet:

- Einteilen nach Zufallsprinzip:
  Vorteile: Es geht sehr schnell und ist spannend.
  Nachteile: Es können unterschiedlich starke Mannschaften entstehen.
  Varianten:
  - Abzählen
  - Schwarze Sockenwahl: Alle Spieler mit weißen (hellen) und alle mit schwarzen (dunklen) Socken finden sich in einer Mannschaft zusammen.
  - Spielkarten ziehen:
    - Alle Herz, Kreuz, Karo, Pik gehen anschließend zusammen.
    - Alle Buben, Damen, Asse, ... gehen anschließend zusammen.
  - Zettelwahl:
    - Einteilung nach den Disziplinen einer Sportart: Die Begriffe Brust, Kraul, ... sowie Reck, Ringe, ... stehen auf den Zetteln. Alle Spieler ziehen eine Karte und müssen sich in der Sportart zusammenfinden.
    - Einteilung nach Städten eines Landes: Die Begriffe Berlin, Hamburg, München, ... oder Rom, Turin, Mailand, ... stehen auf den Zetteln. Alle Spieler ziehen eine Karte und finden sich in den Ländern zusammen.
    - Einteilung nach Bewegungsaufgabe: Die Begriffe Krabbeln, Rückwärtsgehen, ... stehen auf den Zetteln. Alle Spieler ziehen eine Karte und finden sich zusammen, indem sie die Bewegungsaufgabe ausführen und ihre Mitspieler darüber erkennen.
    - Einteilung nach Tierlauten: Die Tiere Huhn, Kuh, Pferd, Vogel, ... stehen auf vorbereiteten Zetteln. Alle Spieler ziehen eine Karte und finden sich zusammen, indem sie die Tiere mit ihren Tierlauten nachmachen und ihre Mitspieler darüber erkennen.
  - Puzzeln: Ein bzw. mehrere Bilder (je nach Anzahl der Mannschaften) werden in – der Anzahl der Spieler pro Mannschaft entsprechend – vier, fünf, Stücke zerschnitten. Alle Spieler ziehen ein Puzzleteil und müssen ihr Bild zusammenpuzzeln. Ggf. ist auf dem Puzzle noch eine Bewegungsaufgabe.
  - Gegenstände ziehen:
    - Murmeln: Spieler mit weißen, farbigen, durchsichtigen Murmeln gehören zusammen.
    - Maoam: Spieler mit gelber, orangener, roter Papierfarbe gehören zusammen.
  - Geburtstag: Alle Spieler bis 30. Juni bilden Mannschaft A, die anderen Mannschaft B.

Sollte eine ungleiche Anzahl von Spielern pro Mannschaft entstehen, so muss der bzw. müssen die zur anderen Mannschaft, der am nächsten am 30. Juni geboren ist.
- Nach Größe ordnen:
  - Alle Spieler ordnen sich der Körpergröße entsprechend und werden anschließend abgezählt.
  - Die weiblichen Spielerinnen und die männlichen Spieler ordnen sich entsprechend in eigenen Reihen nach der Körpergröße – anschließend abzählen.
  - Alle Spieler ordnen sich entsprechend ihrer Handgröße – anschließend abzählen.
- Schuhwahl: Jeweils ein Schuh wird ausgezogen. Anschließend wirft der Spielleiter der Anzahl der Mannschaften entsprechend die Schuhe in drei, vier, fünf Ecken. Dort finden sich die Spieler in ihrer jeweiligen Mannschaft ein.
- Schuhgröße zählt: Spieler mit gerader und Spieler mit ungerader Schuhgröße gehören zusammen.

- Mannschaftsbildung als Aufgabe für die nächste Stunde:
  Vorteile: Keine Zeitverzögerung durch Mannschaftsbildung in der nachfolgenden Stunde. Es entstehen in der Regel homogene Gruppen und die Spieler übernehmen mehr Verantwortung.
  Nachteile: Nicht für die aktuelle Stunde oder Trainingseinheit geeignet. Bei kurzfristigem Ausfall von Spielern z. B. durch Krankheit muss schnell umdisponiert werden.

- Einzelne Spieler wählen:
  Vorteile: Bei den leistungsstärksten Spielern sehr beliebt.
  Nachteile: Es dauert sehr lange und ist psychologisch schlecht für die Schwächeren. Außerdem besteht die Gefahr der Cliquenbildung.
  Varianten:
  - Blindes Daumendrücken: Alle Spieler außer den Kapitänen stellen sich im Kreis auf, strecken die Arme nach vorn und den Daumen nach oben. Sie dürfen nichts sagen. Der erste Kapitän stellt sich in den Kreis, schließt die Augen und darf – der Spieleranzahl der Mannschaften entsprechend – viele Daumen nach unten drehen. Diese Spieler gehören zu seiner Mannschaft und verlassen mit ihm anschließend den Kreis. Dann kommt der nächste Kapitän dran. Zum letzten Kapitän gehören alle übrig gebliebenen Spieler. ***Nachteil:*** Die Kapitäne müssen wirklich die Augen schließen oder die Augen verbunden bekommen.
  - Ein Spieler teilt alle Spieler, außer die Kapitäne und sich selbst ein: Spieler A teilt bis auf sich und die Kapitäne der zukünftigen Mannschaften (B, C, ...) zwei, drei, ... Mannschaften (je nach Anzahl der Kapitäne) ein, Spieler B darf sich anschließend aussuchen, in welcher der beiden Mannschaften er spielen möchte, Spieler A geht in die letzte noch offene Mannschaft. ***Vorteile:*** Kein Nachteil für schwächere Spieler, ausgeglichene Mannschaften. ***Nachteile:*** Häufig Zeitverzögerung, da die Spieler lange Entscheidungszeiten benötigen.

- **Pärchen-/Kleingruppenbildung:** Es sollen sich gleichstarke Spieler in 2er-, 3er- usw. Gruppen finden. Diese Kleingruppen werden durchgezählt und dann nach den Nummern neu sortiert:
  Vorteil: Sofern sich zuerst leistungshomogene Gruppen finden, entstehen auch anschließend homogene Gruppen.
  Nachteil: Die Spieler durchschauen diese Variation und bilden geschickt ihre ersten Gruppen.
  Varianten:
  - Zwei oder mehr Pärchen bilden je nach Mannschaftsgröße eine Mannschaft:
    Vorteile: Freunde bleiben zusammen.
    Nachteile: Abschließende Zusammenstellung könnte zu leistungsheterogenen Mannschaften führen.

Mannschaftsgröße

Bei kleineren Mannschaften ist die Beteiligung des einzelnen Spielers deutlich höher. Außerdem ist die Chance größer, dass die schwächeren Spieler am Spielgeschehen beteiligt werden und dadurch Erfolgserlebnisse sammeln können. 4–6 kleinere Mannschaften mit 4–7 Spielern sind daher deutlich besser als 2 große Mannschaften. Bei ungerader Spielerzahl kann man entweder mit einem Joker spielen, der immer bei der ballbesitzenden Mannschaft spielt, oder der Spielleiter legt fest, dass eine Mannschaft einen Platzverweis bekommen hat. Dann wird Überzahl gegen Unterzahl gespielt. Bei Staffelspielen kann entsprechend ein Spieler doppelt laufen. Zu vermeiden gilt in jedem Fall die Situation, einen Spieler als Auswechselspieler auf die Bank zu setzen.

Kennzeichnung der Mannschaften

Leibchen erkennen die Spieler in die Regel deutlich besser als Mannschaftsbänder. Allerdings müssen diese ab und zu gewaschen werden. Sind keine Bändchen oder Leibchen vorhanden, so können die Spieler auch nach ihren T-Shirt-Farben eingeteilt werden. Zur Not kann man auch hell gegen dunkel spielen. Dieses ist jedoch nicht immer eindeutig.

Bei Fangspielen mit wechselnden Fängern bieten sich Mützen oder Baseballkappen als Kennzeichnung an, weil diese unproblematisch und schnell zwischen den Fängern gewechselt werden können.

Spielfelder

Realistisch ist, dass ein Spielleiter ein Hallendrittel oder eine kleine Halle zur Verfügung hat. Eine Dreifach-Turnhalle oder sogar ein Sportplatz sind eher selten vorhanden, weshalb fast alle vorgestellten Spiele so konzipiert sind, dass sie auch in einem Hallendrittel gespielt werden können. Bei vielen Ballspielen eignen sich die Hallen sogar in besonderem Maße, da die Bälle durch die begrenzenden Wände schneller wieder ins Spiel gebracht werden können. Teilweise können die Wände sogar bewusst als Anspielmöglichkeit eingesetzt und damit die Intensität des Spiel erhöht werden. Um diese positive Wirkung der begrenzenden Wände zu nutzen, sollte der Spielleiter u. a. darauf achten, dass die Geräteräume geschlossen werden.

Wenn möglich sollte man bei allen Spielen die vorhandenen Spielfelder bzw. die bereits gekennzeichneten Linien nutzen (z. B. Handball-, Basketball-, Volleyball-, Tennis-, Badmintonlinien). Andernfalls ist eine Markierung von Spielfeldern mit Hilfe von Kreide, Kreppband, Hütchen oder Langbänken möglich.

Tore oder Ziele

Die Auswahl der Tore oder Ziele, auf die gespielt wird, beeinflusst in hohem Maße das spätere Spielgeschehen. Deshalb sollte man sich schon bei der Planung eines Spiels überlegen, wie das Verhältnis zwischen Spielfeldgröße und Spieleranzahl zu Torgröße und Toranzahl in Beziehung zu setzen ist. Durch die Gestaltung der Tore können Ballungen auf dem Spielfeld vermieden, das psychologisch so wichtige „Tore erzielen" begünstigt und taktische Elemente wie zum Beispiel die Spielverlagerung forciert werden. Wann immer es möglich ist, sollte das Spiel auf 4 Tore dem Spiel auf 2 Tore vorgezogen werden. Denn je mehr Tore aufgestellt werden, desto anspruchsvoller ist das Verteidigen und desto variabler wird das Angreifen.

Als **Tore** eignen sich:
- Handballtore
- Hütchentore
- kleine Kästen
- kleine Matten
- Weichbodenmatten
- offene Kastenelemente
- Langbänke
- Linientore
- Ganze Wände oder Anteile der Wände
- ...

Als **Ziele** bieten sich an:
- kleine Matten
- Weichbodenmatten
- Basketballbretter
- frames (schräg gestellte Sprungbretter) oder
- liegende oder aufgehängte Reifen
- Medizinbälle
- Spieler, die abgetroffen werden müssen
- Spieler, die auf einem Kasten stehen und angespielt werden müssen.
- Von Spielern bewegte Ziele (gezogene Kartonkisten, von zwei Spielern gehaltene Reifen, ...)

Tore und Ziele können auf verschiedene Art und Weise erzielt werden:
- nur von vorne (Handballtor, kleine Matten, Weichbodenmatten),

- von zwei Seiten (Hütchentor, Kastenelement),
- von drei Seiten (Dreieckstor aus Hütchen),
- von allen Seiten (Medizinball, kleine Kästen),
- nur von hinten (die Tore werden umgedreht) sowie
- indirekt (nach Aufsetzer oder nach Abpraller von der Wand nur von hinten).

Um möglichst vielen Spielern die Erfahrung zu bieten, ein Tor selbst erzielt zu haben, kann die Regelung helfen, dass die abschließende Trefferzahl mit der Anzahl der unterschiedlichen Torschützen multipliziert wird. Eine Mannschaft, die beispielsweise 2 zu 3 verloren hat, könnte somit abschließend gewinnen, wenn sie zwei unterschiedliche Torschützen aufweisen (2 x 2 = 4 Punkte) und die gegnerische Mannschaft nur einen Torschützen benennen kann. Des Weiteren führt der Einsatz von ein oder mehreren Jokern, die jeweils bei der ballbesitzenden Mannschaft mitspielen, zu mehr Torschüssen und -treffern. Bietet der Spielleiter darüber hinaus die Möglichkeit, innerhalb der Mannschaften über taktische Maßnahmen zu diskutieren, so ergeben sich häufig bessere Raumaufteilungen und dadurch ebenso mehr Torschüsse.

Materialien und ihre Eigenschaften

Man könnte vermuten, dass der Einsatz eines zweiten Balls oder weiterer Bälle die Spieldynamik immer erhöht. Allerdings ist in vielen Fällen zu erkennen, dass die zusätzlichen Bälle die Komplexität so stark erhöhen, dass das Spiel chaotisch wird, die Spielidee nicht mehr zu erkennen ist und taktische Ideen nicht mehr umgesetzt werden können. Der Spielleiter sollte sich überlegen – bevor er, wie häufig zu beobachten ist, wahllos einen weiteren Ball ins Spiel bringt – mit welchen anderen Mitteln die Spieldynamik erhöht werden könnte.

Insgesamt eignen sich die folgenden **Materialien:**

- Flummi: unberechenbare Flugeigenschaften, sehr schnell, gleich schwierige Voraus-setzungen für alle Spieler
- Tischtennisball: klein, leicht, geht schnell kaputt
- Tennisball: klein, leicht und gut zu werfen
- Softball: gibt es in unterschiedlichen Größen, gut geeignet für alle Spiele, bei denen Spieler abgetroffen werden müssen (man unterscheidet zwischen Bällen, die mit Elefantenhaut beschichtet sind, und reinen Schaumstoffbällen)
- Fußball, Hallenfußball, Futsal-Ball, Soft-Soccer, Hacky-Sack (Footbag), Feder-Fußball, Mini-Fußball
- Handball, Mini-Handball
- Basketball, Mini-Basketball
- Volleyball, Beach-Volleyball
- Gymnastikball
- American Football, Mini-Football, Rugby-Ball: unberechenbar, gleich schwierige Voraussetzungen für alle Spieler.
- Luftballon: fliegt langsam, billig, geht schnell kaputt
- Pezziball: fliegt und rollt langsamer
- aufblasbarer Wasserball: fliegt langsamer als ein „normaler" Ball aber schneller als ein Luftballon, geht relativ schnell kaputt, weil die Nähte platzen
- Hockeypuck, Tennisring, Lochball
- Faustball, Prellball
- Zeitlupenball
- Schweifball
- Catch-Ball (6-seitig)
- Over-Ball (pustet man mit einem Strohhalm auf)
- Medizinball (unterschiedliches Gewicht und Größe)
- ...

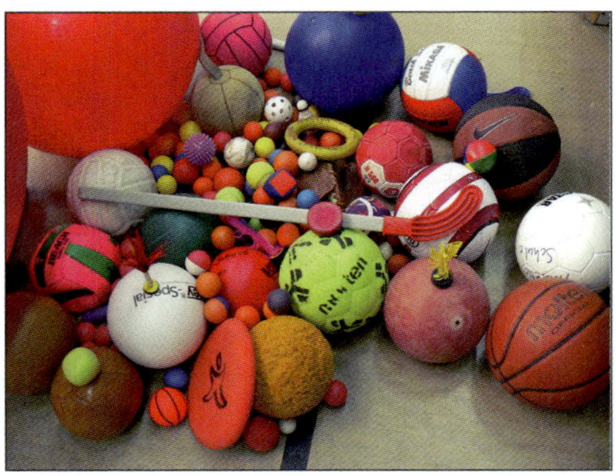

Organisationsformen

1. Staffeln

Staffeln sind bei Kindern sehr beliebt und lassen sich äußerst vielseitig anwenden. Das liegt vor allem daran, dass ein direkter Leistungsvergleich möglich ist und bei leistungshomogenen Mannschaften schon kleine taktische Tricks oder Fehler über Sieg und Niederlage und damit über die Dramaturgie des Spieles entscheiden.

Folgende Aspekte sollten berücksichtigt werden:

- Nicht zu große sondern mehrere kleinere Mannschaften bilden. Dadurch stehen Belastung und Pause in einem günstigen Verhältnis zueinander und die Pause wird nicht zu lang.
- Nur Bewegungsaufgaben wählen, die alle Kinder beherrschen.
- Klare Wechselmodalitäten festlegen, wie z. B. Abschlagen, Staffelübergabe oder Markierungen, hinter denen gewechselt werden muss.
- Eindeutige Siegerermittlung.
- Sind die Mannschaften nicht gleich groß, müssen ein oder mehrere Kinder zweimal starten.

Zur Organisation der Staffeln bieten sich nachfolgende Möglichkeiten an. Dabei hängt die Aufstellungsform von der Art der Belastung, der Aufgabenstellung, der Gruppengröße und dem zur Verfügung stehenden Raum ab.

Pendelstaffel (für beliebig viele Mannschaften)
Jede Mannschaft wird in zwei gleichgroße Gruppen aufgeteilt, die sich gegenüberstehen. Die Staffel ist dann beendet, wenn jede Gruppe wieder auf ihrer Ausgangsposition steht oder wenn jedes Kind eine vorgegebene Anzahl von Strecken zurückgelegt hat. Haben die Mannschaften eine ungerade Teilnehmerzahl, muss am Startpunkt ein Spieler mehr stehen.

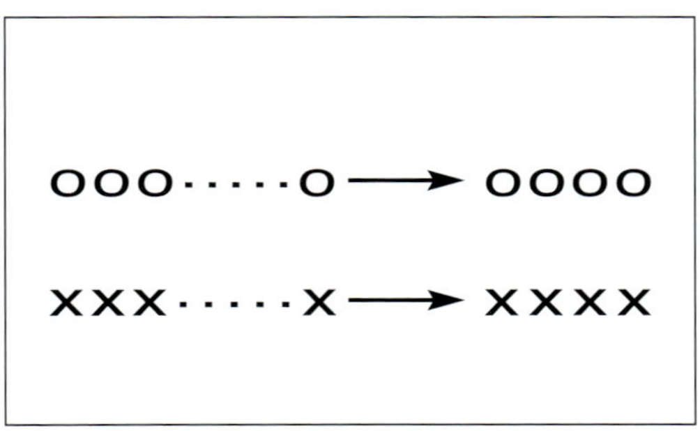

Als Variation für zwei Mannschaften gibt es die **Diagonalstaffel.** Hier stellen sich die beiden Mannschaftshälften an zwei diagonal gegenüberliegenden Ecken auf.

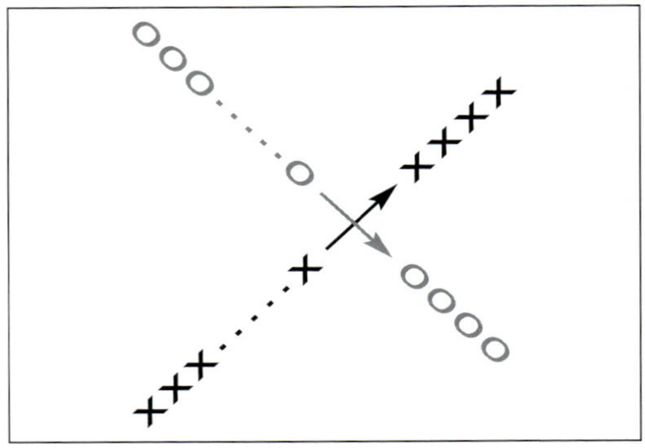

Umkehrstaffel (für beliebig viele Mannschaften)
Alle Mannschaftsmitglieder starten an einem für jede Mannschaft festgelegten Startpunkt, umrunden eine Wendemarke und wechseln erst an ihrer Startmarkierung.

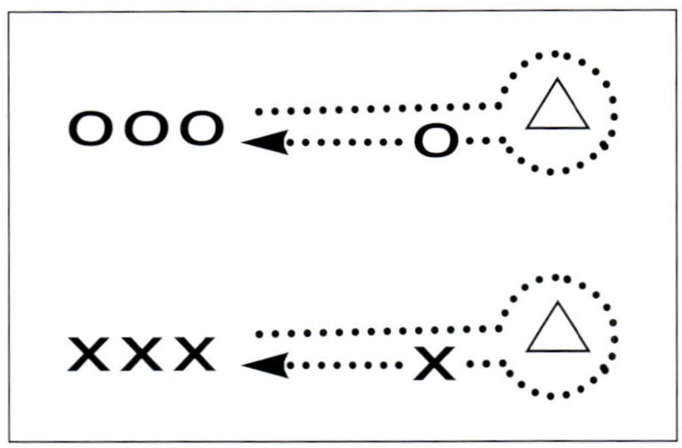

Nummernstaffel (für beliebig viele Mannschaften)
Die Spieler jeder Mannschaft werden durchnummeriert und der Spielleiter ruft eine beliebige Zahl. Die entsprechenden Spieler jeder Mannschaft müssen die vorgegebene Aufgabe erfüllen. Wer zuerst wieder auf seinem Platz ist, bekommt einen Punkt für die Mannschaft.

Sieger ist die Mannschaft, die am Schluss die meisten Punkte gesammelt hat. Der Spielleiter kann als Variation auch zwei Zahlen oder zweistellige Zahlen rufen oder den Spielern Buchstaben geben und sehr kurze Wörter zurufen.

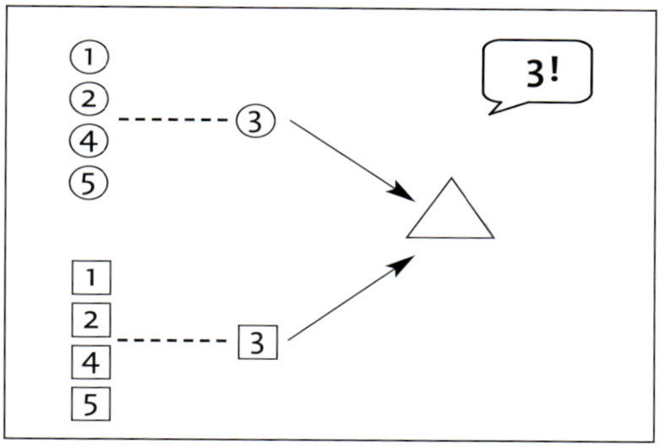

Es gibt außerdem eine Vielzahl von Staffeln, bei denen die Mannschaften zusätzlich eine bestimmte Aufgabe erledigen oder lösen müssen, wie zum Beispiel ein Puzzle legen. Ein Vorteil liegt darin, dass nicht automatisch die physisch stärkste Mannschaft gewinnt, sondern dass Faktoren wie Geschicklichkeit, Cleverness, aber auch Zufall und Glück über Sieg und Niederlage entscheiden. Außerdem sind dann alle Spieler noch intensiver am Spielgeschehen beteiligt, weil auch die Spieler, die gerade nicht laufen bzw. aktiv sein müssen, die Zusatzaufgabe mit bearbeiten können.

2. Turnierformen

Vor allem für die Schule sollten Turnierformen gewählt werden, die zeitlich genau zu berechnen sind, eine relativ kurze Turnierdauer beanspruchen und allen Schülern eine intensive Beteiligung ermöglichen. Auf der Bank sitzen und zuschauen sollte möglichst keine Mannschaft. Diesen Ansprüchen am ehesten gerecht werden die folgenden Turnierformen:

Kaiserturnier bzw. Bundesliga (Championsleague)

Es wird auf mehreren Spielfeldern gegeneinander auf Zeit gespielt. Wenn möglich sollte es halb so viele Spielfelder geben wie Mannschaften am Turnier teilnehmen. Alle Spiele einer Runde beginnen und enden gleichzeitig. Die Gewinner steigen nach jedem Spiel auf, die Verlierer steigen ab (rücken ein Feld nach links bzw. rechts). Steht es nach Abpfiff unentschieden, entscheidet sofort die Münze. Sieger (Kaiser oder Meister) ist die Mannschaft, die das letzte Spiel auf Feld 1 gewinnt, alle weiteren Platzierungen lassen sich am Spielfeld ablesen. Damit jede Mannschaft gewinnen kann – egal, auf welchem Feld sie startet –, müssen mindestens so viele Runden gespielt werden, wie es Spielfelder gibt.

Vorteile:

- Einfach und schnell zu organisieren
- Keiner scheidet aus
- Alle Mannschaften haben gleich viele Spiele
- Gut einzusetzen, wenn es halb so viele Spielfelder wie Mannschaften gibt

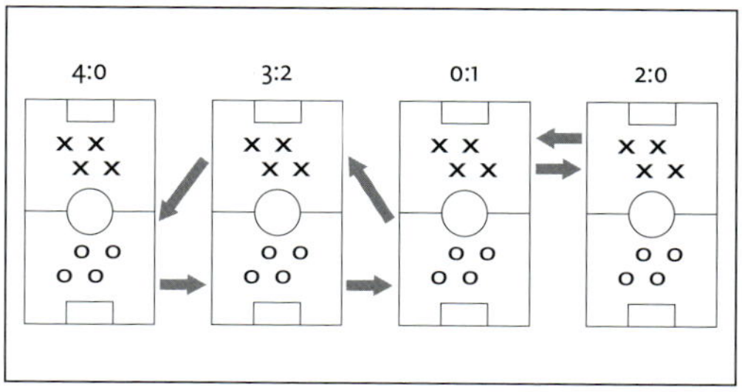

Jeder gegen Jeden

Nach einer festgelegten Reihenfolge spielt jeder gegen jeden.

Vorteile:

- Alle Platzierungen werden ermittelt
- Keiner scheidet aus
- Alle haben gleich viele Spiele
- Gut einsetzbar, wenn halb so viele Spielfelder zur Verfügung stehen, wie es Mannschaften gibt (damit keine Mannschaft Pause hat)

Hinweis:

Die Anzahl der Gesamtspiele und damit auch die benötigte Zeit lassen sich mit Hilfe der Formel $n*(n-1):2$ berechnen. (n = Anzahl der Mannschaften)

Blitzturnier

4 Mannschaften pro Spielfeld, davon spielen immer 2 Mannschaften gegeneinander. Jede Spielpaarung ist sofort beendet, sobald eine Mannschaft das erste Tor erzielt. Nach maximal 5 Minuten endet das Spiel unentschieden. Fällt ein Tor bereits innerhalb der ersten beiden Minuten, bekommt die Mannschaft einen zusätzlichen Sonderpunkt.

Vorteile:

- Es kann, je nach Spielerzahl, auf einem oder auf mehreren Spielfeldern gespielt werden.
- Hohe Dynamik und offensive Spielweise.

ABC-Völkerball

Spielidee:
Es wird nach Völkerballregeln gespielt.
Zu Beginn verteilen sich 3 Spieler jeder Mannschaft auf den Positionen A, B und C um das gegnerische Feld.
Wird ein Spieler abgetroffen, wechselt er auf Position A, der Spieler auf A wechselt auf B und C kommt wieder ins Feld.

Basisregeln:
- Jede Mannschaft bestimmt die Spieler A, B, und C, die sich zunächst hinter die gegnerische Grundlinie und an die beiden Seitenlinien stellen
- Es gibt keinen König
- Gefangene Bälle, Kopftreffer und Bodentreffer zählen nicht
- Durch geschicktes Passen um das gegnerische Feld sollten die Gegner solange gejagt werden, bis eine günstige Wurfmöglichkeit entsteht. Ein zu frühes Werfen ist riskant
- Würfe auf die Beine sind erfolgsversprechend, da diese schlechter gefangen werden können

Rahmenbedingungen:
- Spielerzahl: mindestens 6:6
- Material: 1 Soft- oder Volleyball
- Spielfeld: Volleyballfeld

Variation:
- Es wird nach Völkerballregeln gespielt. Die abgetroffenen Spieler stellen sich an der Seitenlinie hintereinander auf. Fängt ein Mitspieler einen gegnerischen Ball direkt, darf der erste der Reihe wieder ins Feld. Dazu bestimmt jede Mannschaft einen König, der sich zunächst hinter das gegnerische Feld an die Grundlinie stellt und der entsprechend abwerfen darf. Sind alle Feldspieler bis auf einen abgeworfen, muss der König ins Feld, er hat drei Leben. Wirft sich ein zusätzlicher Mitspieler wieder ins Feld, verlässt der König es wieder.

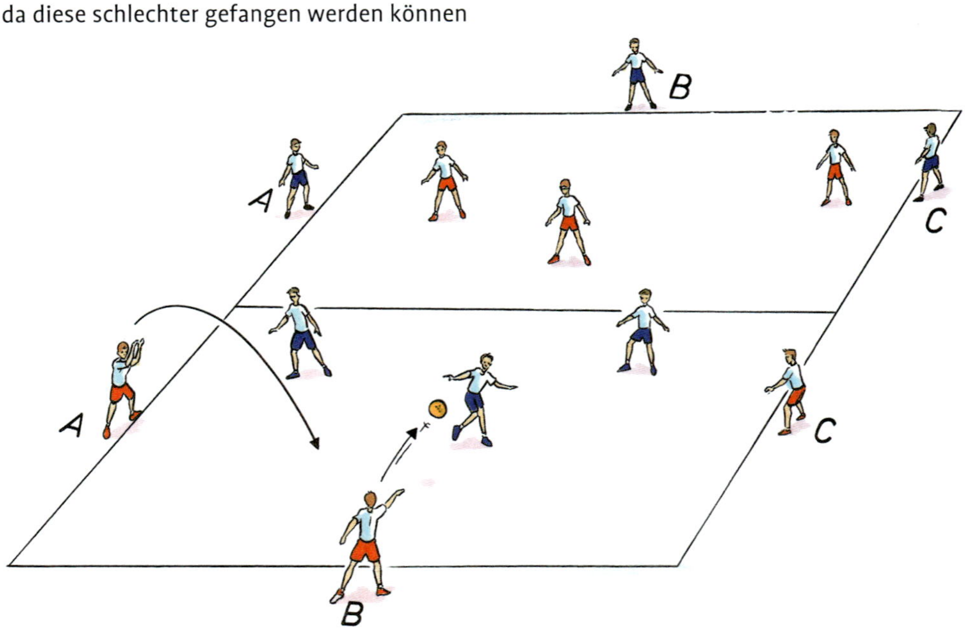

Ablöseball

Spielidee:
Mehrere Mannschaften spielen gegeneinander. Zuspieler und Mannschaft stehen sich gegenüber, ungefähr 4–6 m auseinander. Der Zuspieler passt der Reihe nach jedem Mitspieler den Ball zu. Sobald der Gruppenletzte in Ballbesitz ist, wird er der neue Zuspieler und der alte reiht sich in die Gruppe ein. Welche Gruppe hat zuerst wieder ihren ursprünglichen Zuspieler?

Basisregeln:
- Wer den Ball verliert, muss ihn wieder holen und weiter spielen

Rahmenbedingungen:
- Spielerzahl: 4–8 Spieler pro Mannschaft
- Material: 1 Ball (Basketball, Hand-, Fuß-, Medizinball, Pezziball, Tennisball, Volleyball, Football) für jede Mannschaft

Variationen:
- Mit der anderen Hand spielen
- Den Ball mit dem Fuß passen
- Pritschen oder baggern
- Den Ball mit einem Schläger zuspielen
- Den Abstand vergrößern
- Die Passart vorgeben
- Zielserienspiel: Sechser- bis Zehnergruppen verteilen sich wie bei einer Pendelstaffel im Abstand von 5–10 m. Der Startspieler passt den Ball zu seinem Gegenüber und läuft seinem Ball hinterher auf die andere Seite. Welche Mannschaft schafft die meisten Pässe in einer vorgegebenen Zeit? Welche Mannschaft erreicht als erste eine bestimmte Anzahl von Pässen?

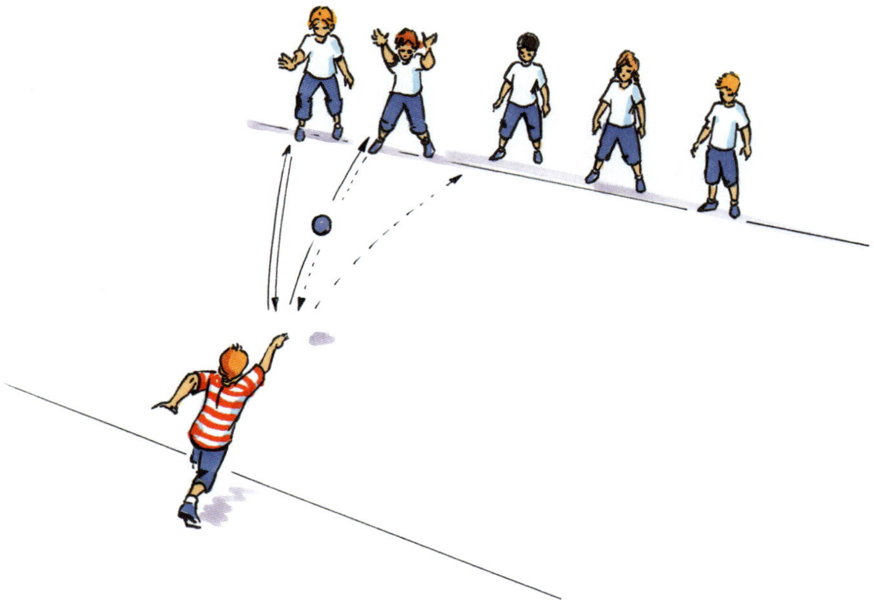

Alaska

Spielidee:
2 Mannschaften spielen gegeneinander Brennball. Sobald ein Spieler der Feldmannschaft den ins Feld geschlagenen, geworfenen oder geschossenen Ball in der Hand hat, stellen sich alle Mannschaftsmitglieder so schnell wie möglich hinter ihm auf. Der Ball wird durch die Beine oder über Kopf von vorne nach hinten gegeben. Der letzte Spieler ruft laut „Stopp“ oder „verbrannt“, wenn er in Ballbesitz ist.

Basisregeln:
- Die Bälle können beliebig ins Spiel gebracht werden, also auch Wände oder die Decke berühren
- Wer nicht ein Freimal oder das Parcoursende erreicht, bevor „Stopp“ gerufen wird, ist „verbrannt“ und muss sich bei der Werfermannschaft wieder hinten anstellen• Pro erfolgreich absolviertem Parcours erhalten die Werfer einen Punkt
- Ein „home-run“ zählt doppelt
- Gespielt wird auf Zeit, die Mannschaft mit den meisten Punkt gewinnt

Rahmenbedingungen:
- Spielerzahl: mindestens 7 pro Mannschaft
- Material: Fähnchen; Matten als Freimale; evtl. Hindernisse für den Parcours
- Spielfeld: Die große Halle oder ein Hallendrittel

Variation:
- Der Fänger des Balles muss mit dem Ball durch die Beine der Mitspieler robben
- 2 oder 3 Bälle werden ins Spiel gebracht. Erst wenn der letzte Ball hinten angekommen ist, wird „verbrannt“ gerufen. Entsprechend laufen auch 2 oder 3 Spieler gleichzeitig.
- Alle Spieler der Feldmannschaft bis auf einen bilden einen Kreis, in den der Spieler mit Ballbesitz schießen oder werfen muss.
- Alle Spieler der Feldmannschaft, auch der Brennmeister, müssen zwei Wände berühren oder einen Handstand machen, bevor der Ball in den Brenner gelangt.
- Alle Feldspieler bilden in Liegestützposition nebeneinander einen „Tunnel“, durch die der Ball gerollt werden muss.

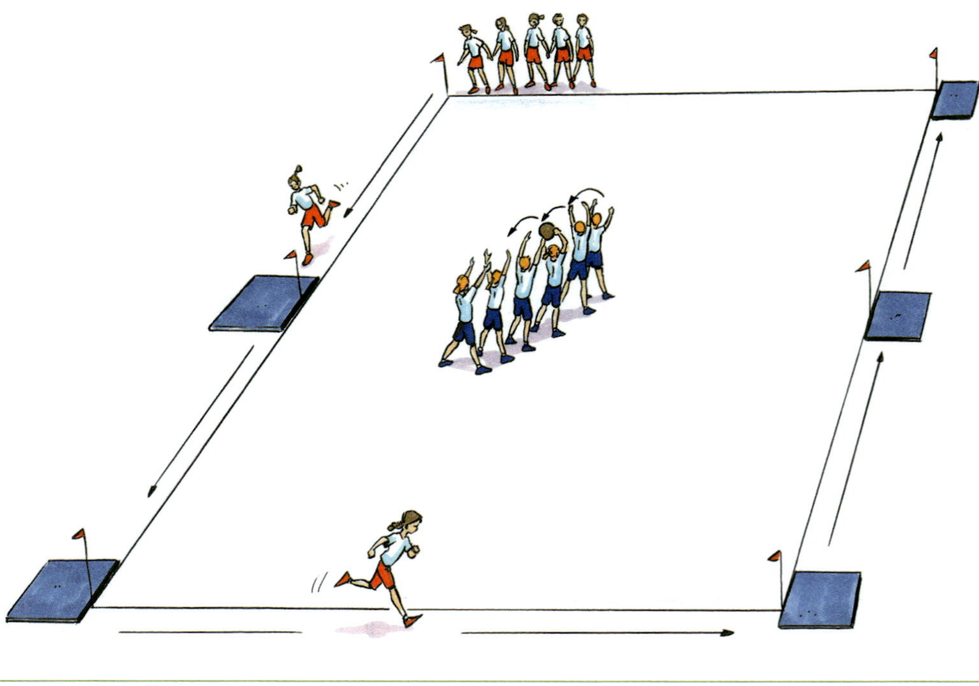

American 2 Ball

Spielidee:
Jeweils zwei Spieler bilden eine Mannschaft. Ziel ist es, in einer vorgegebenen Zeit von einer Minute möglichst viele Treffer zu erzielen.

Basisregeln:
- Es muss abwechselnd geworfen werden
- Es muss von den vorgegebenen Positionen geworfen werden
- Jeder Korb zählt 1 Punkt
- Die Mannschaft mit den meisten Punkten gewinnt
- Nur jeweils ein Wurf zählt, es gibt keinen Rebound

Rahmenbedingungen:
- Spielerzahl: 2 Spieler pro Mannschaft
- Material: 1 Basketball pro Basketballkorb
- Ziel: Bei 2 Körben 8 Mannschaften
- Aufbau:
  - Abwurfpositionen markieren
  - Die Zahl der Mannschaften ist abhängig von der Zahl der zur Verfügung stehenden Körbe
  - Es gibt Musikstücke, die genau eine Minute dauern, so dass der Wechsel der Mannschaften leicht gesteuert werden kann

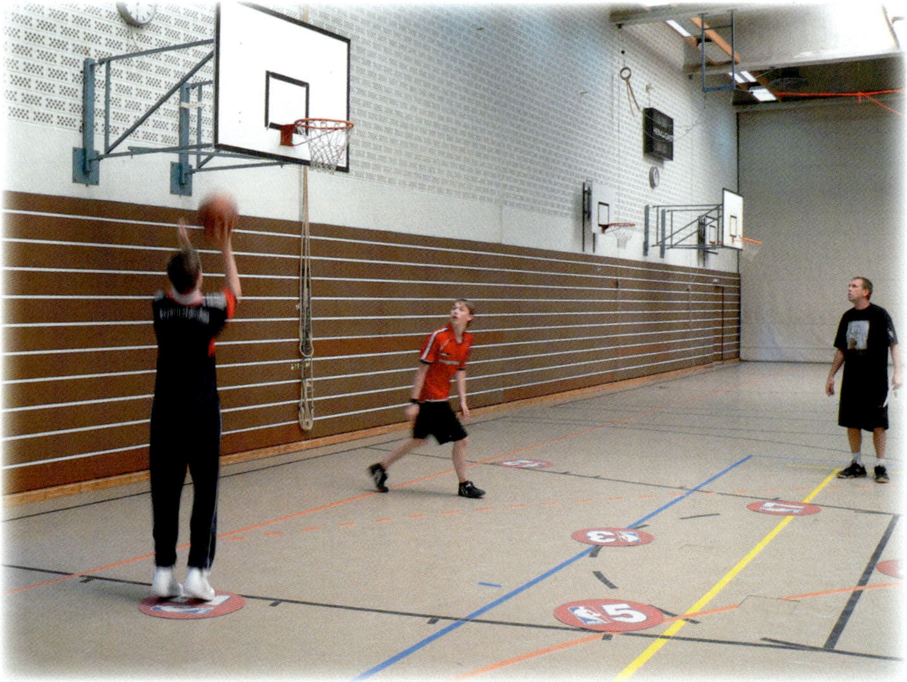

American Speedball

Spielidee:
2 Mannschaften spielen gegeneinander und versuchen, den Ball durch Pässe oder Läufe in die gegnerische Endzone zu bringen. Befindet sich der Ball am Boden, wird „normal" Fußball gespielt. Fängt ein Mitspieler einen „Fußpass", darf entweder mit dem Ball ohne Schrittbegrenzung gelaufen oder mit der Hand weitergespielt werden.

Basisregeln:
- Das Spiel wird mit einem Kick (Fußstoß) von der eigenen Endzonenlinie begonnen
- Wird der Ball nach einem Fußpass in der gegnerischen Endzone direkt von einem Mitspieler gefangen, erhält die Mannschaft 2 Punkte
- Ein Lauf in die gegnerische Endzone mit Ball ergibt 3 Punkte
- Wird der Läufer mit Ball von einem Gegenspieler am Rücken berührt, wechselt der Ballbesitz. Das Spiel beginnt wieder mit dem Fuß.

Rahmenbedingungen:
- Spielerzahl: 5–10 Spieler pro Mannschaft
- Material: Fußball; Markierungshütchen für die Zonen oder Kreppband / Kreide
- Spielfeld: Handball- oder Basketballfeld oder Sportplatz

Variationen:
- 2 Mannschaften spielen gegeneinander auf 2 Handballtore eine Kombination aus Handball und Fußball. Ziel ist es, den Ball ins gegnerische Tor zu werfen oder zu schießen und Tore des Gegners zu verhindern. Dabei wird der Ball je nach Spielhöhe mit der Hand oder dem Fuß weitergespielt, d. h. ein Ball, der auf dem Boden ist, darf nur mit dem Fuß gespielt werden und ein Ball, der sich über Hüfthöhe befindet, darf gefangen werden und mit der Hand weitergespielt werden. Beim Handball darf nicht gedribbelt und nur maximal 3 Schritte mit Ball gelaufen werden. Beim Fußball dienen die Seitenwände (eventuell auch die Stirnwände) als Banden
- Tore dürfen nur mit dem Kopf erzielt werden

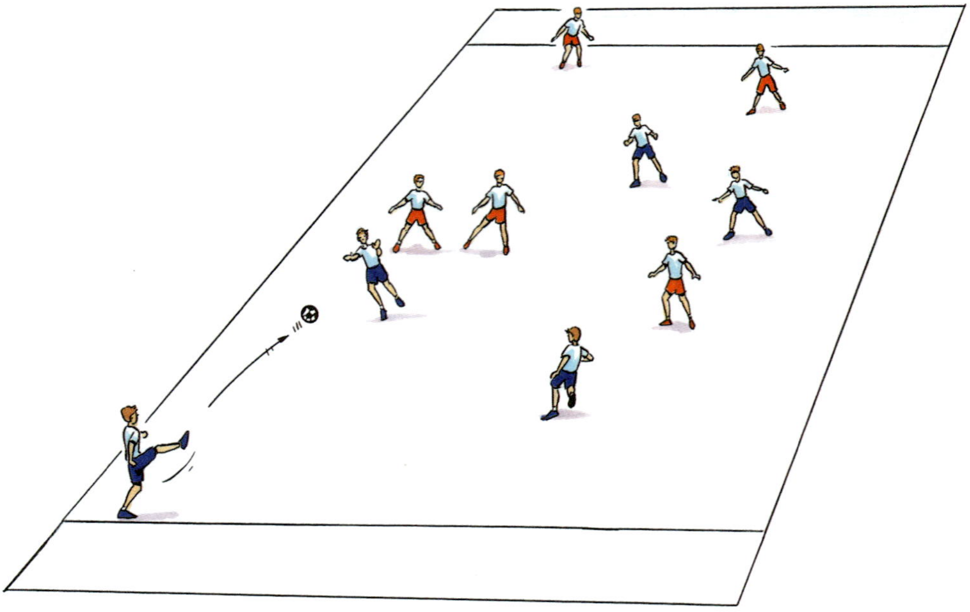

Aufsteigen – Absteigen

Spielidee:
Jeder spielt gegen jeden mit dem Ziel, möglichst viele Tore zu erzielen. Vor einem Tor mit Torwart werden in verschiedenen Abständen Schuss- oder Wurflinien markiert. Die gewählten Abstände orientieren sich an den Wurf- oder Schussfähigkeiten der Spieler. Allen Linien wird eine bestimmte Liga zugeordnet: die Kreisliga ist die tornächste Linie, die Championsleague am weitesten entfernt.

Basisregeln:
- Alle Spieler starten in der untersten Liga
- Ziel ist es, von der Linie ein Tor zu erzielen
- Wer zweimal hintereinander von der gleichen Linie trifft, steigt in die nächst höhere Liga auf
- Wer dreimal verschießt oder verwirft, steigt ab
- Es wird in einer festgelegten Reihenfolge geschossen oder geworfen
- Sieger ist, wer bei Spielende in der höchsten Liga spielt

Rahmenbedingungen:
- Spielerzahl: beliebig; bei vielen Spielern auf ein zweites Tor spielen
- Material: pro Schützen ein Handball oder Fußball; Hütchen zur Markierung der Ligen
- Ziel: 1 Tor mit Torwart

Variationen:
- Es darf nur mit dem „schwachen" Fuß geschossen bzw. mit der „schwachen" Hand geworfen werden
- Die Wurf- oder Schussart wird vorgegeben
- Statt auf ein Tor mit Torwart kann auch auf andere Ziele gespielt werden
- Around the clock im Basketball: Es wird von verschiedenen Positionen und Abständen rund um die Zone auf den Korb geworfen. Trifft ein Spieler, darf er eine Position weiterrücken.

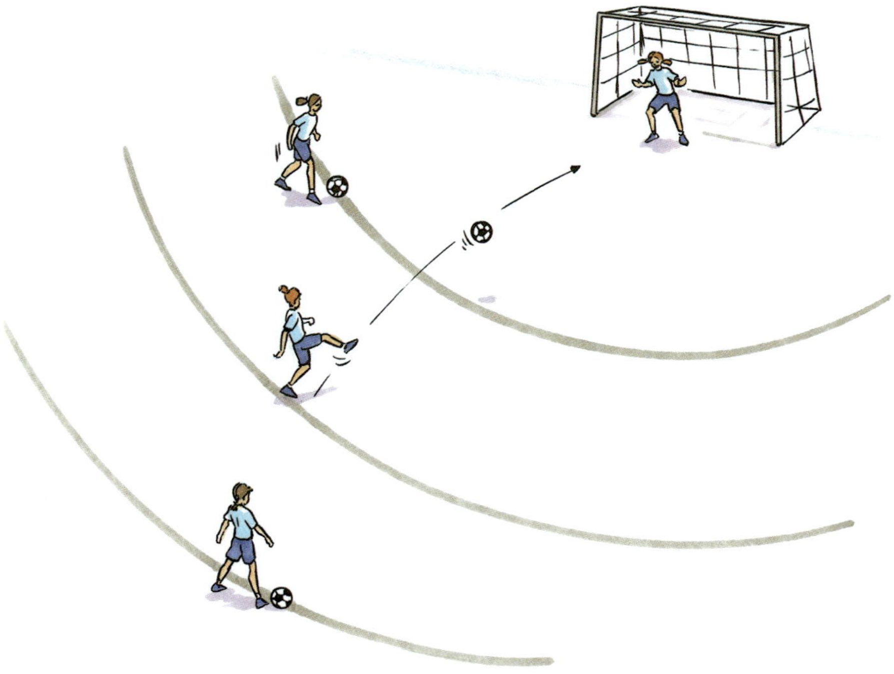

Ausbrecherspiel

Spielidee:
2 Mannschaften spielen gegeneinander. Mannschaft A befindet sich im Spielfeld, Mannschaft B verteilt sich um das Feld. Jeder Spieler der Mannschaft A dribbelt einen Ball im Spielfeld und muss versuchen, aus dem Spielfeld auszubrechen. Dieses können die Wächter von Mannschaft B verhindern, indem sie den Ausbrecher beim Verlassen des Feldes berühren.

Basisregeln:
- Jeder erfolgreiche Ausbruch zählt einen Punkt
- Wer berührt wurde, dribbelt im Feld weiter und versucht einen erneuten Ausbruch
- Gespielt wird auf Zeit. Welche Mannschaft erzielt die meisten Punkte?

Rahmenbedingungen:
- Spielerzahl: ab 8
- Material: für jeden Ausbrecher einen Hand-, Fuß-, oder Basketball
- Spielfeld: die Außenlinien sollten so lang sein, dass jeder Spieler mindestens 3 m verteidigen muss

Variationen:
- Die Ausbrecher führen den Ball mit dem Fuß
- Die Ausbrecher führen den Ball mit einem Hockeyschläger
- Die Ausbrecher dribbeln mit der anderen Hand/dem anderen Fuß

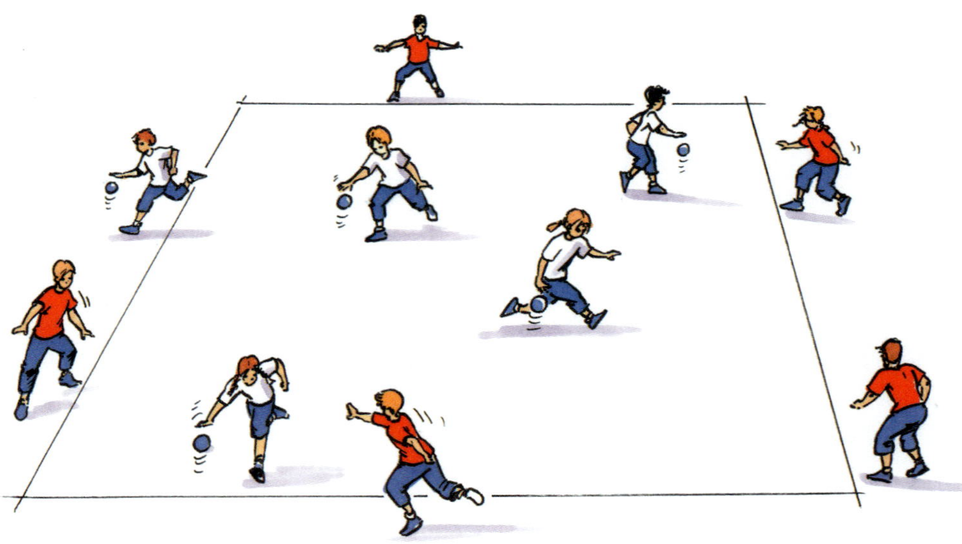

Bäumchen, Bäumchen wechsle dich

Spielidee:
Im Spielfeld werden Male verteilt, ein Mal weniger als es Spieler gibt.
Alle Spieler dribbeln mit Ball kreuz und quer im Spielfeld umher. Auf Kommando des Spielleiters ist es das Ziel jedes einzelnen Spielers, so schnell wie möglich mit Ball in ein freies Mal zu dribbeln.

Basisregeln:
- Der Ball wird mit der Hand oder dem Fuß gedribbelt
- Erst wenn die Spieler mit ihrem Ball auf oder im Mal sind, kann es nicht mehr von einem anderen Spieler besetzt werden
- Entweder derjenige, der übrig bleibt, scheidet aus und bei jedem Durchgang wird ein Mal weggenommen oder wer kein freies Mal besetzen kann, erhält einen Minuspunkt

Rahmenbedingungen:
- Spielerzahl: beliebig
- Material: Pro Spieler ein Ball (Fuß-, Hand-, Basketball, Hockeyschläger und -ball, Tennis-, Badmintonschläger)
- Aufbau: 1 Mal (Reifen oder Matte) weniger als Spieler im Spielfeld verteilen

Variation:
- Das Spielfeld wird durch 4 Markierungshütchen abgesteckt. Alle Spieler führen den Ball in dem begrenzten Spielfeld. Auf Kommando des Spielleiters lassen die Spieler ihren Ball liegen und laufen so schnell wie möglich um ein von 4 außerhalb des Dribbelfeldes stehendes Markierungshütchen. In der Zwischenzeit entfernt der Spielleiter einen oder mehrere Bälle. Ziel ist es, wieder einen Ball zu erobern. Wer einen Ball hat, bekommt einen Punkt. Nach jedem Durchgang bekommt wieder jeder Spieler einen Ball.

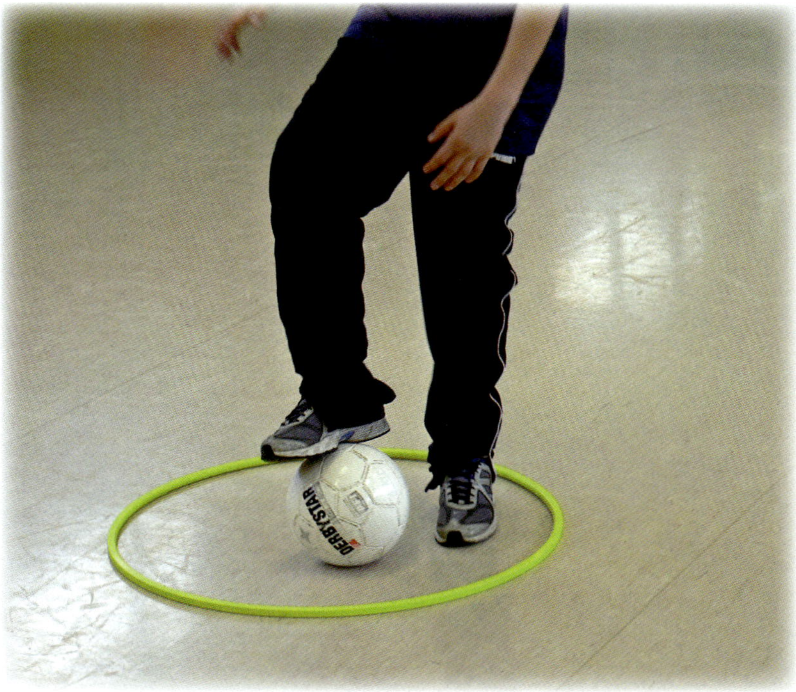

Ball im Tor

Spielidee:
Ziel ist es, einen Ball durch die gespreizten Beine eines Mitspielers zu spielen. 8–10 Spieler bilden einen Kreis und grätschen die Beine so, dass die Füße jeweils die des Nebenspielers berühren.

Basisregeln:
- Der Ball muss mit der Hand gerollt werden
- Die Beine müssen ungefähr in doppelter Schulterbreite gegrätscht werden und dürfen während des Spiels nicht geschlossen werden
- Die Spieler wehren die Bälle mit den Händen ab
- Wer ein Tor kassiert hat, scheidet so lange aus, bis der nächste Spieler ein Tor kassiert

Rahmenbedingungen:
- Spielerzahl: 8–10 Spieler in Kreisaufstellung
- Material: pro Kreis 1 beliebiger Ball

Variationen:
- Es scheidet niemand aus. Gewinner ist der Spieler, der die wenigsten Beinschüsse erlaubt hat
- 2 Mannschaften spielen gegeneinander, d. h. die Spieler versuchen nur durch die Beine der gegnerischen Mannschaft zu spielen. Spieler der Mannschaft A steht immer neben Spieler der Mannschaft B
- 4 Mannschaften spielen im Viereck gegeneinander mit 4–6 Spielern
- Der Spielball wird nach jedem Tor verändert (Flummi, Tennisball, kleiner Medizinball, American Football, Basketball)
- Es werden mehrere Bälle eingesetzt

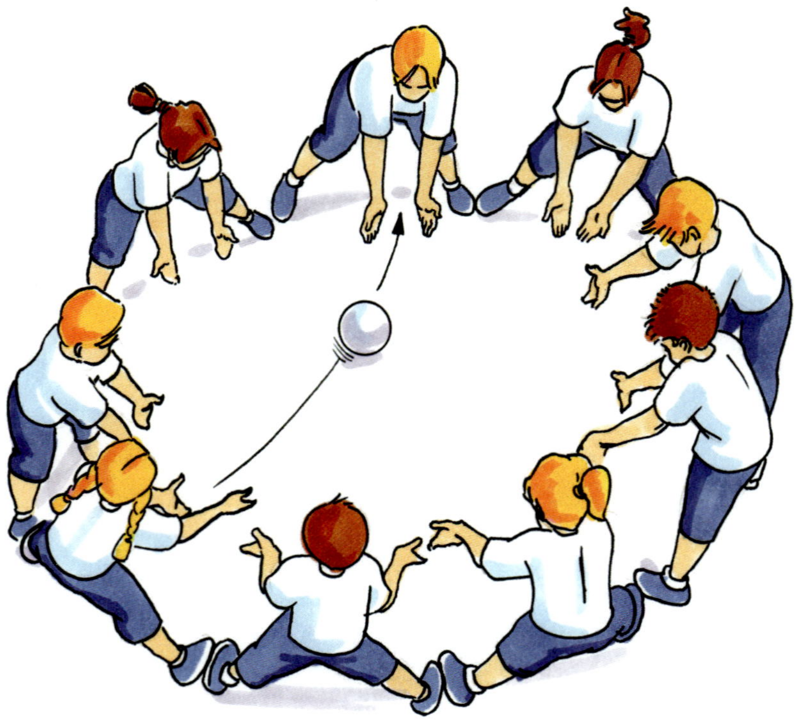

Ball-Hilfe von außen

Spielidee:
Fangspiel, bei dem die Gejagten sich retten können, indem sie einen Ball zugepasst bekommen.

Basisregeln:
- Auf jeweils einem kleinen Kasten in jeder Spielfeldecke steht ein Spieler mit Ball
- Im Spielfeld befinden sich 1 Fänger und die Gejagten
- Die Außenspieler mit Ball können verfolgten Spielern ihren Ball zuwerfen und diese somit vor dem Gefangenwerden retten
- Der Ballbesitzer wechselt sofort mit dem Kastenspieler, von dem er den Ball erhalten hat
- Wer gefangen wurde, wird neuer Fänger

Rahmenbedingungen:
- Spielerzahl: beliebig; 1 Fänger mit Mütze (bei Fängerwechsel ist eine Mütze leicht zu tauschen)
- Material:
  - 4 Bälle
  - 4 kleine Kästen

Variation:
- Wer gefangen wurde, wird zusätzlicher Fänger

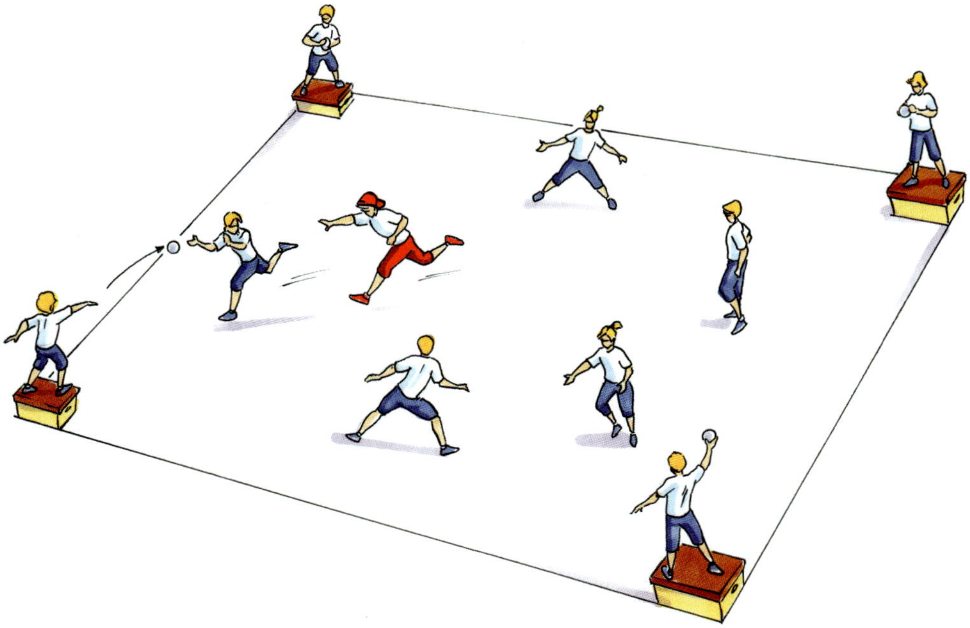

Balljagd

Spielidee:
2 Mannschaften A und B stellen sich so im Kreis auf, dass A immer neben B steht.
Ziel ist es, sich den Ball innerhalb der eigenen Mannschaft von Spieler zu Spieler möglichst schnell zuzupassen und so den gegnerischen Ball einzuholen.

Basisregeln:
- Die beiden Bälle sind bei Spielbeginn maximal weit voneinander entfernt
- Die Mannschaft, die den Ball des Gegners einholt, gewinnt
- Der Ball muss immer zum jeweils nächsten Spieler der eigenen Mannschaft gespielt werden

Rahmenbedingungen:
- Spielerzahl: mindestens 5 pro Mannschaft
- Material: 2 verschiedenfarbige Bälle

Variationen:
- Richtungswechsel
- Spiel mit dem Fuß
- Spiel mit der anderen Hand
- Spiel mit anderen Bällen
- Bodenpässe
- Spiel mit 3 Mannschaften und 3 Bällen

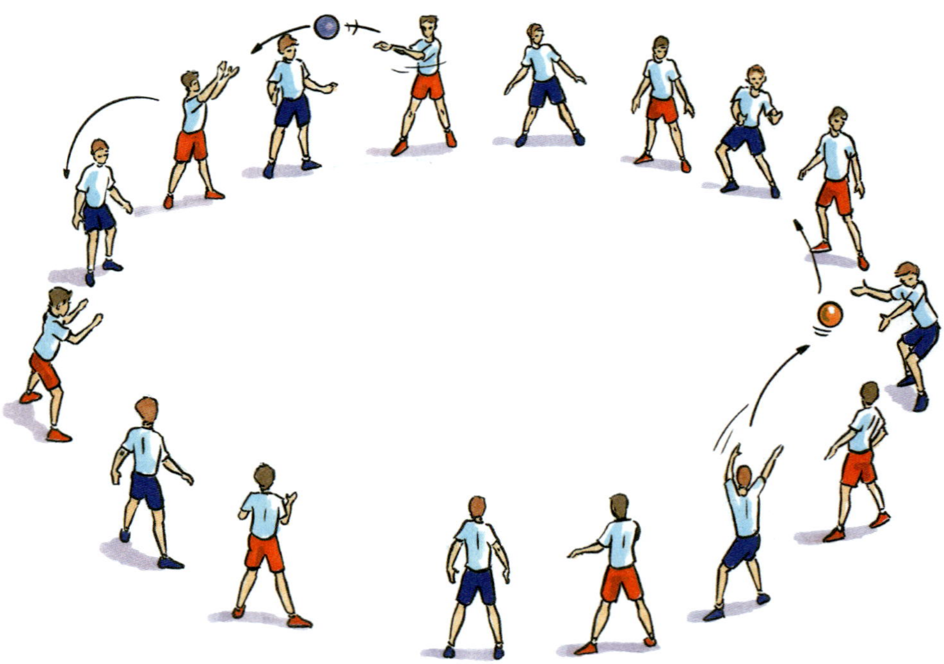

Ballkette

Spielidee:
Ziel ist es, als erste Mannschaft einen Ball über die Ziellinie zu bringen. Dazu stellt sich jede Mannschaft hintereinander vor der Startlinie auf. Der letzte Spieler hat den Ball. Nach dem Startsignal gibt er den Ball durch die Beine (über Kopf) an den Vordermann weiter, läuft sofort an die Spitze der Reihe und stellt sich dort wieder an.

Basisregeln:
- Die Bälle dürfen nicht geworfen, sondern nur übergeben werden

Rahmenbedingungen:
- Spielerzahl: mindestens 5 Spieler pro Mannschaft
- Material: Pro Mannschaft ein Ball (Medizinball, Tischtennisball,...)
- Spielfeld: Halle oder Sportplatz

Variation:
- Seitlich nebeneinander stehen: Die Füße müssen mit dem Fuß des Nebenmanns Kontakt halten

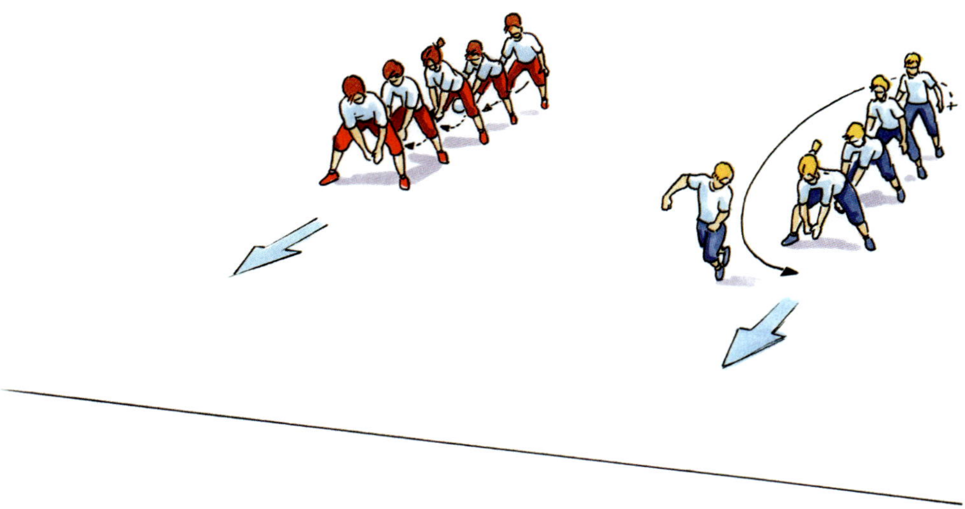

Ball über die Schnur

Spielidee:
Zwei Mannschaften spielen gegeneinander über eine Schnur oder ein Netz mit dem Ziel, einen Ball so in das gegnerische Feld zu spielen, dass er den Boden berührt oder nur fehlerhaft zurückgespielt werden kann.

Basisregeln:
- Gespielt wird bis 11 (15), jeder Punkt zählt
- Wer den Punkt macht, erhält den Aufschlag
- Es darf nur geworfen werden
- Bei jedem Ballbesitz darf der Ball dreimal innerhalb der eigenen Mannschaft gespielt werden

Rahmenbedingungen:
- Spielerzahl: Ab 3 Personen pro Mannschaft, maximal 6 Spieler in einer Mannschaft
- Material: Volleyball
- Spielfeld: Angriffsfeld des Volleyballfeldes
- Aufbau: Die Schnur oder das Netz sollte sich oberhalb der Reichhöhe des größten Spielers befinden

Variationen:
- Tennis, Badminton (Feld eventuell etwas größer), Ringtennis
- Wer den Ball über das Netz gespielt hat, muss die Seite wechseln. Das Spiel läuft weiter.
- Die Schnur wird niedriger gespannt. Ziel ist es, mit einem Aufsetzer oder direkt die sich am Kopfende befindliche gegnerische Wand zu treffen. Zusatzregel: Kein Spieler darf zweimal hintereinander den Ball auf die andere Seite werfen (Spielfeld hier halbes Hallendrittel)
- Auch als Kopfballspiel möglich
- Die eigene hintere Hallenwand oder Grundlinie berühren.

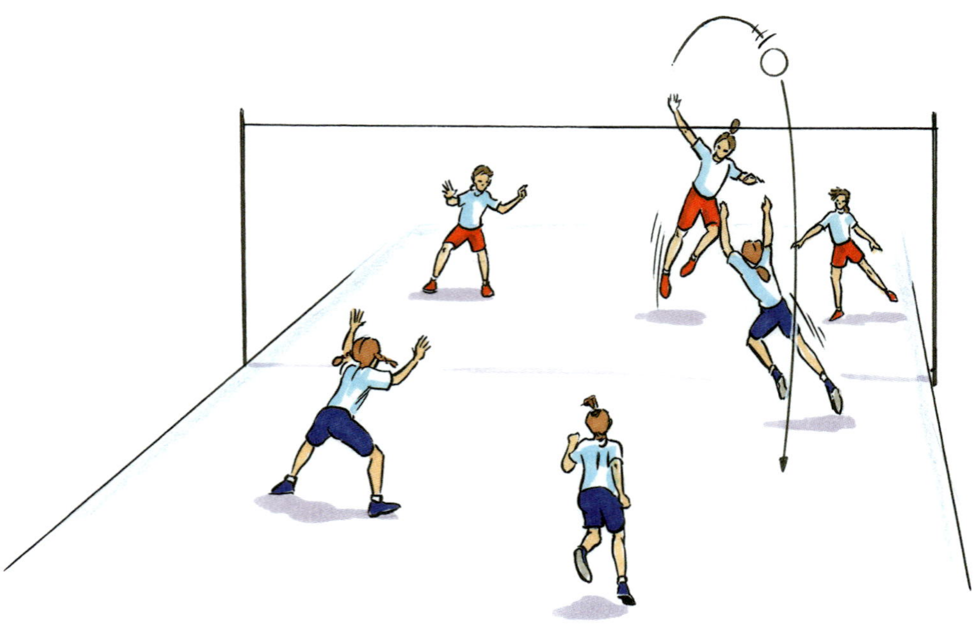

Ball unter der Schnur

Spielidee:
Zwei Mannschaften spielen gegeneinander. Ziel ist es, den Ball so unter einer ca. 50 cm über der Mittellinie gespannten Schnur durchzurollen, dass er im gegnerischen Feld die Hallenrückwand berührt. Gleichzeitig müssen die Spieler durch Fangen oder Hechten verhindern, dass der Ball beim gegnerischen Wurf die eigene Wand berührt.

Basisregeln:
- Der Ball darf die Schnur nicht berühren oder über die Schnur gespielt werden (dann ist er ungültig)
- Der Ball darf nicht mit dem Fuß ins gegnerische Feld geschossen werden, jedoch mit dem Fuß verteidigt werden
- Der Ball darf innerhalb der Mannschaft bei jedem Angriff maximal dreimal zugepasst werden
- Jede Mannschaft erhält einen Punkt, wenn der Ball die gegnerische Hallenwand berührt

Rahmenbedingungen:
- Spielerzahl: 6 Mannschaften (3:3 oder 4:4)
- Material: Pro Spielfeld 1 Ball (Soft-, Volley-, Gymnastik-, Tennis-, Fuß-, Hand- oder Basketball); 1 Zauberschnur; 4 kleine Kästen; Langbänke
- Spielfeld: Pro Hallenteil oder in einer kleinen Halle sind 3 kleine Quer-Spielfelder möglich
- Aufbau:
  - Die Zauberschnur wird mit den jeweiligen Enden an den Griffen aufgestellter kleiner Kästen festgeknotet. Damit die Schnur nicht durchhängt oder so stark gespannt ist, dass die Kästen umkippen, wird sie durch die Griffe zweier weiterer hochgestellter kleiner Kästen gezogen (immer zwischen den Spielfeldern).
  - Zur seitlichen Begrenzung der Spielfelder können Langbänke aufgestellt werden
- Organisatorischer Hinweis: Nach einer vorgegebenen Zeit werden die Gegner gewechselt

Variationen:
- Mit 2 oder mehr Bällen spielen, maximal ein Ball für jeden Spieler
- Hütchen als Ziele an der Wand aufstellen, die 3 Punkte zählen
- Flachball: Der Ball darf nur mit dem Fuß verteidigt werden und unter der Schnur hindurch geschossen werden mit dem Ziel, die gegnerische Wand zu berühren. In unmittelbarer Nähe der Zauberschnur befindet sich eine Freizone, aus der heraus direkt kein Tor erzielt werden darf. Auch hier kann mit einem Ball gespielt werden bis hin zu einem Ball pro Teilnehmer.

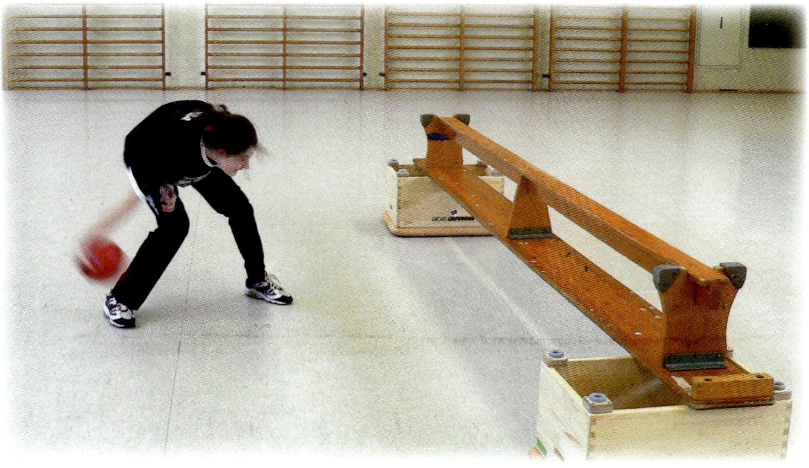

Ball verteidigen – Ball rauben

Spielidee:
In einem begrenzten Feld spielt jeder gegen jeden mit dem Ziel, seinen eigenen Ball zu verteidigen und allen anderen Spielern den Ball herauszuspielen.

Basisregeln:
- Jeder Spieler dribbelt oder führt seinen Ball
- Das Verlassen des Spielfeldes gilt als herausgespielt
- Jeder zählt, wie viele Bälle er herausspielt und wie oft ihm der Ball herausgespielt wurde

Rahmenbedingungen:
- Spielerzahl: pro Feld 10–15 Spieler
- Material: Pro Spieler ein Ball (Fußball, Handball, Basketball, Gymnastikball, Hockeyschläger und -ball)
- Spielfeld: 2 Querspielfelder in einem Hallendrittel
- Aufbau: Spielfeld mit Hütchen oder Fähnchen begrenzen

Variation:
- Wer seinen Ball verloren hat, muss in die „Umlaufbahn“, d. h. einmal den Ball um das Spielfeld dribbeln oder führen

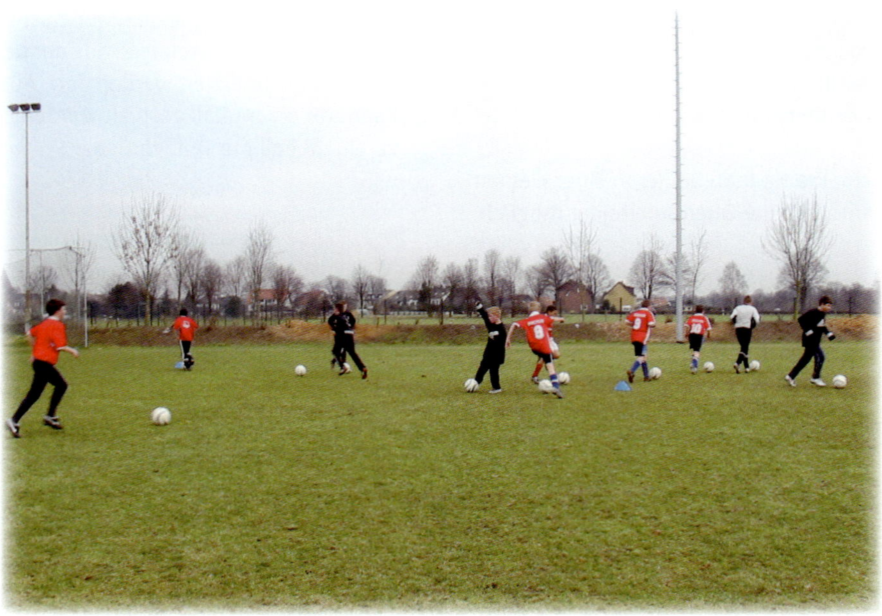

Baseball-Brennball

Spielidee:
Ein Spieler der Feldmannschaft wirft dem Schläger der Läufermannschaft einen Tennisball durch ein hochgestelltes Kastenteil zu. Der Schläger schlägt den zugeworfenen Ball mit einem Tennis- oder Baseballschläger ins Feld und läuft zu den Bases/Freimalen (Matten). Wenn die Feldmannschaft den Ball zu ihrem Werfer zurückgespielt hat, ist der Durchgang beendet.

Basisregeln:
- Die Feldspieler haben auch Tennisschläger
- Trifft der Schläger den Ball beim dritten Versuch nicht, erhält die Feldmannschaft einen Punkt
- Wird der Ball nicht durch das Kastenteil oder sehr schlecht geworfen, erhält die Feldmannschaft einen Punktabzug
- Der Ball muss nicht im Feld aufkommen, sondern kann auch gegen eine Wand oder die Decke gespielt werden
- Gespielt wird auf Zeit

Rahmenbedingungen:
- Spielerzahl: mindestens 7 pro Mannschaft
- Material: Fähnchen oder Matten als Freimale; Tennisschläger für alle Spieler oder Baseballschläger für die Werfer und Tennisschläger für die Feldspieler; Offenes Kastenteil
- Spielfeld: Die große Halle, ein Hallendrittel oder der Sportplatz

Variation:
- Es können Hindernisse zwischen die Freimale (Bases) gebaut werden.
- Es darf sich immer nur ein Spieler an jeder Base befinden oder ggf. auch zwei.

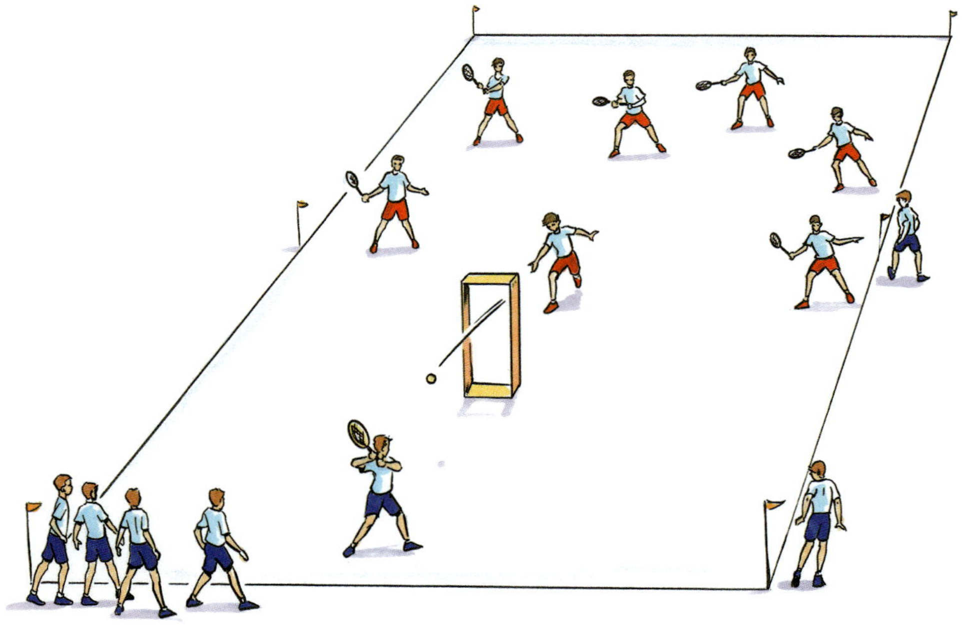

Basketball-Biathlon

Spielidee:
4 Mannschaften spielen gegeneinander in Form einer Staffel auf 2 Körbe. Jeder Spieler dribbelt von der Grundlinie auf den gegenüberliegenden Korb und hat dort 3 Korbwürfe. Für jeden nicht getroffenen Wurf muss eine Strafrunde gedribbelt werden.

Basisregeln:
- Die Wurfposition und Wurfart sind jedem Spieler überlassen
- Der Ball darf auf dem Rückweg ab der Mittellinie zum nächsten Starter gepasst werden
- Erst nach kompletter Absolvierung der 3 Würfe werden die Strafrunden begonnen

Rahmenbedingungen:
- Spielerzahl: mindestens 4 Spieler pro Mannschaft
- Material: pro Mannschaft 1 Basketball
- Spielfeld: ein Hallendrittel
- Organisatorische Hinweise:
  - Die Mannschaften A und B starten links und werfen auf den rechten Korb, Mannschaften C und D umgekehrt
  - Die Strafrunde wird mit Hütchen markiert, es bietet sich an, die Runde etwas größer zu machen als der Mittelkreis ist

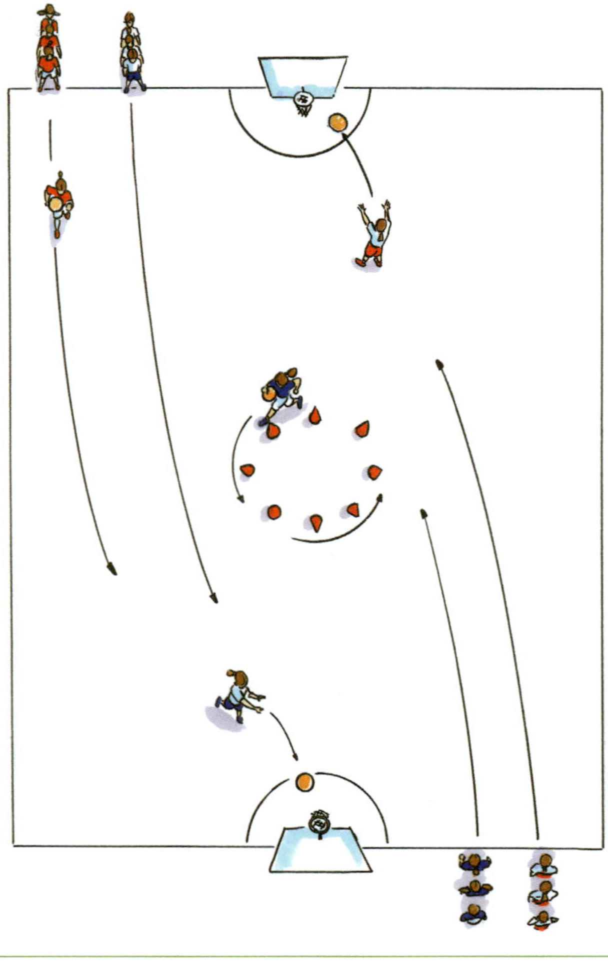

Basketball-Dart

Spielidee:
2 oder mehrere Mannschaften spielen gegeneinander. Ziel ist es, so schnell wie möglich 21 Punkte abzubauen. Sieger ist die Mannschaft, die zuerst 0 Punkte hat.

Basisregeln:
- Innerhalb der Mannschaften wird nacheinander geworfen
- Jeder Spieler hat immer einen Wurf (oder zwei)
- Das Spielfeld wird in 3 Zonen eingeteilt: Zone 1 (Birne): Treffer zählen 1 Punkt, Zone 2 (zwischen 3er-Linie und Birne): 2 Punkte, Zone 3 (außerhalb der 3er-Linie): 3 Punkte

Rahmenbedingungen:
- Spielerzahl: 3–4 Spieler pro Mannschaft
- Material: Pro Mannschaft 1 Basketball
- Ziel: 2–4 Mannschaften spielen gleichzeitig auf einen Korb
- Aufbau: Falls keine 3er-Linie in der Halle markiert sein sollte, mit Kreide kennzeichnen

Variationen:
- Der letzte Wurf darf kein 1-Punkte-Wurf sein
- Die Startpunktzahl kann beliebig erhöht werden

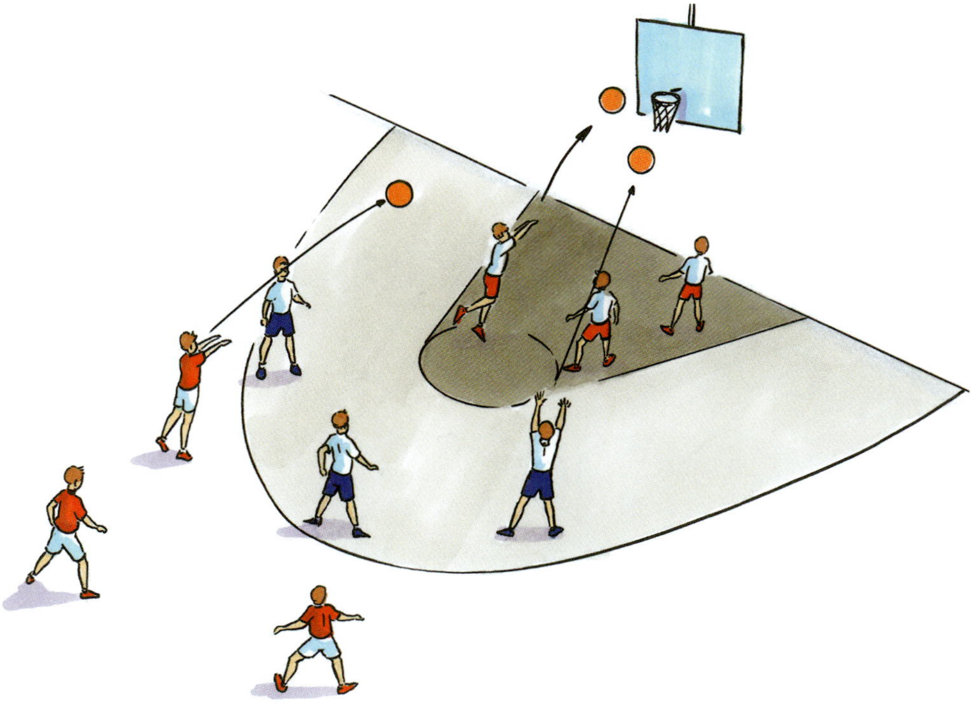

Basketball mit dem American Football

Spielidee:
2 Mannschaften spielen gegeneinander Basketball mit einem American Football.

Basisregeln:
- Es wird nach Basketballregeln gespielt
- Der Football kann nicht gedribbelt, sondern nur gepasst werden
- 2 Schritte mit dem Football in der Hand sind erlaubt

Rahmenbedingungen:
- Spielerzahl: 5 Spieler pro Mannschaft
- Material: 1 American Football
- Ziel: 2 Basketballkörbe
- Spielfeld: Basketballfeld

Variationen:
- Basketball mit einem Flummi: Es gelten die Basketballregeln. Wenn man sich an den Flummi gewöhnt hat, gelingt es auch, ihn zu dribbeln
- Handball mit einem American Football

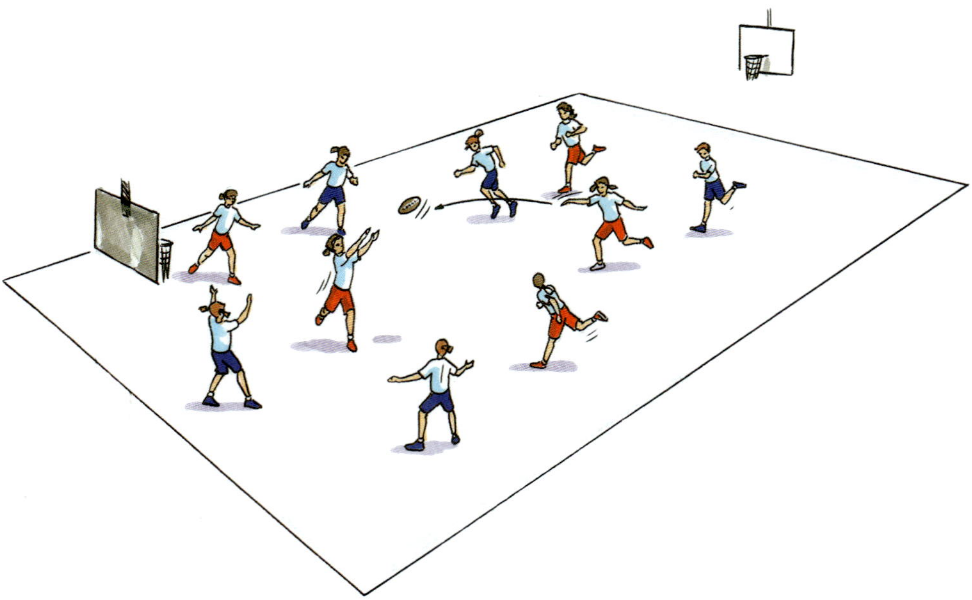

Basket-Fuß-Ball

Spielidee:
2 Mannschaften spielen gegeneinander mit dem Ziel, den gegnerischen Korb bzw. das gegnerische Tor zu treffen. In der einen Spielhälfte wird nur Basketball gespielt, in der anderen Hälfte nur Fußball.

Basisregeln:
- Es gelten die Basketball- und Fußballregeln
- Zur Halbzeit werden die Seiten gewechselt, d. h. die Mannschaft, die auf das Tor gespielt hat, spielt nun auf den Korb

Rahmenbedingungen:
- Spielerzahl: 4–6 Spieler pro Mannschaft
- Material: Hallenfußball oder Basketball
- Ziel: Basketballkorb und Tor
- Spielfeld: Basketballfeld
- Aufbau: Eventuell besondere Markierung der Mittellinie

Variationen:
- Statt Basketball wird Handball gespielt
- Statt Fußball wird Handball gespielt

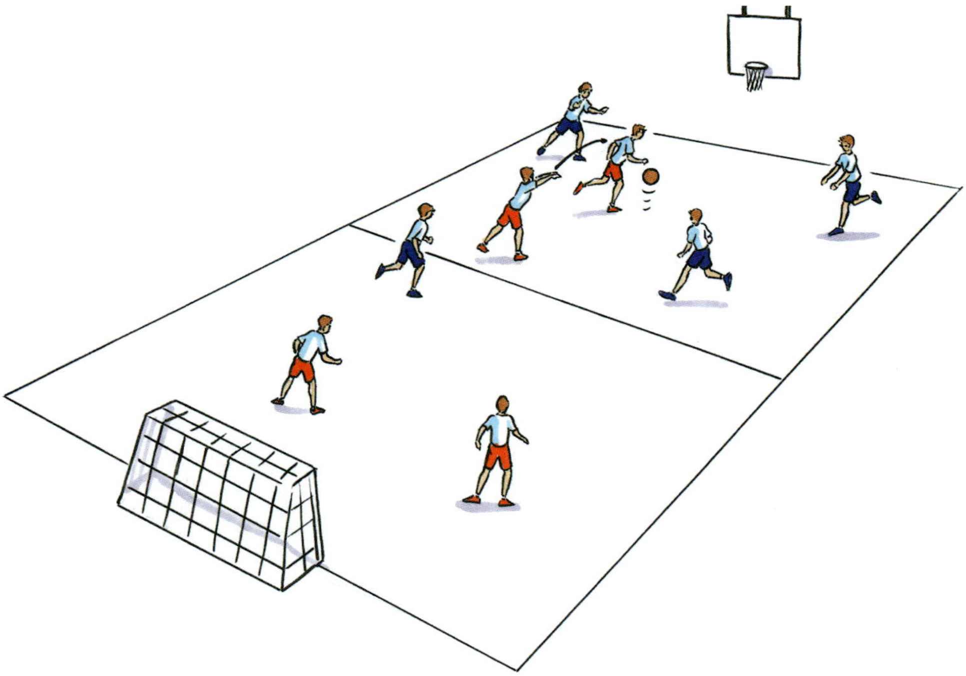

Basket-Volleyball

Spielidee:
Jede Mannschaft versucht in 2–3 Minuten, durch oberes oder unteres Zuspiel so viele Körbe wie möglich zu erzielen.

Basisregeln:
- Der Ball darf nur mit Volleyballtechniken gespielt werden
- Fällt der Ball auf den Boden, darf der erste Pass nicht direkt auf den Korb gespielt werden
- Die erzielten Körbe werden gezählt
- Die Mannschaft mit den meisten Körben gewinnt

Rahmenbedingungen:
- Spielerzahl: Gespielt wird in 4er- bis 6er-Mannschaften
- Material: Pro Gruppe ein Volleyball und ein Basketballkorb

Variationen:
- Bei geringerem Könnensstand der Gruppe darf der Ball bei jedem Spieler vor dem Spielen des Balles einmal aufticken
- Basketball-Fußball: Der Ball darf nur mit dem Fuß gespielt werden, Ziel ist es, in den Korb zu schießen

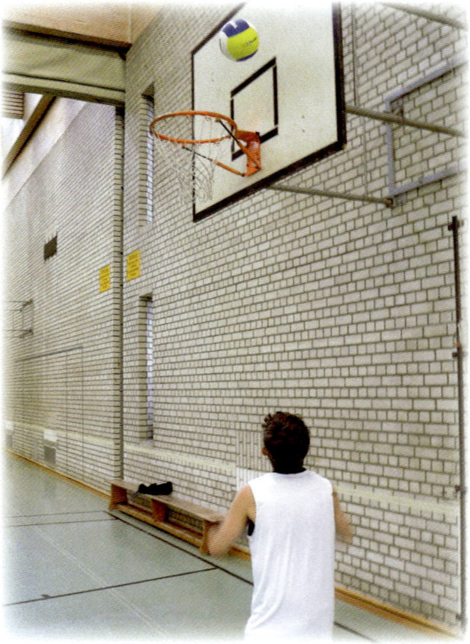

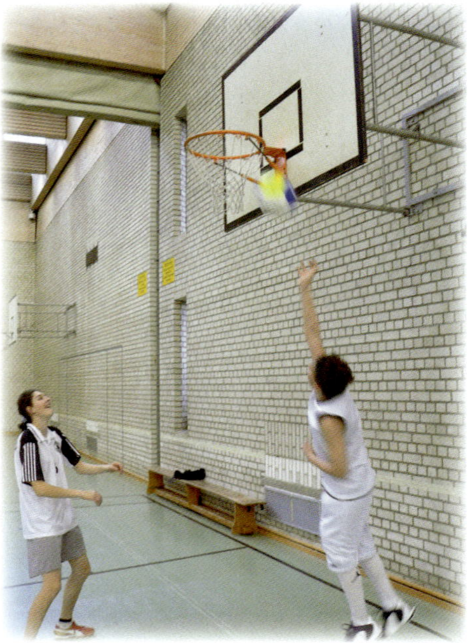

Begrüßungsspiel

Spielidee:
Alle Spieler bewegen sich mit einem beliebigen Ball kreuz und quer durch die Halle. Begegnen sich zwei Spieler, nennen sie ihren Namen und tauschen ihre Bälle aus.

Basisregeln:
- Jeder Spieler wählt zu Beginn des Spiels einen beliebigen Ball, den er entsprechend mit dem Fuß führt, mit der Hand prellt oder pritscht
- Jeder Ball muss immer so fortbewegt werden, wie es die Sportart verlangt

Rahmenbedingungen:
- Spielerzahl: beliebig
- Material: Fußbälle, Basketbälle, Handbälle, Volleybälle
- Spielfeld: 1 Hallendrittel

Variationen:
- Es werden Fortbewegungsarten vorgegeben: rückwärts, Hopserlauf, mit links...
- Jeder Spieler bekommt 2 Bälle
- Wer tauscht in einer vorgegebenen Zeit die meisten Bälle?
- Wer kennt die meisten Namen?

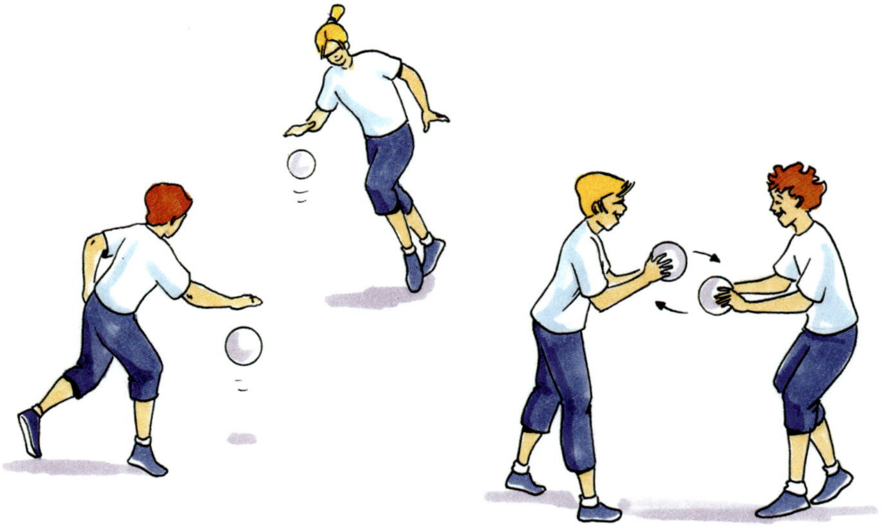

Bewegliches Tor

Spielidee:
2 Mannschaften spielen gegeneinander Fußball. Auf der gegnerischen Grundlinie befinden sich 2 Spieler der eigenen Mannschaft als bewegliches Tor. Sie halten einen Gymnastikstab hüfthoch. Welche Mannschaft schießt in der vorgegebenen Zeit mehr Tore?

Basisregeln:
- Gespielt wird nach Fußballregeln
- Die beweglichen Tore dürfen sich nur auf der Grundlinie bewegen und den Gymnastikstab nicht los lassen
- Ein Tor ist erzielt, wenn der Ball flach durch das Tor geschossen wird
- Die beweglichen Tore werden nach jedem Torerfolg ausgetauscht

Rahmenbedingungen:
- Spielerzahl: 6:6, 7:7, 8:8
- Material: 1 Fußball, 2 Gymnastikstäbe
- Spielfeld: 1 Hallendrittel

Variationen:
- Jeweils ein Spieler jeder Mannschaft hält einen großen, leeren Papierkorb oder Gymnastikreifen hoch, den beweglichen Korb und es wird Basketball gegeneinander gespielt
- Jede Mannschaft bildet zwei bewegliche Tore

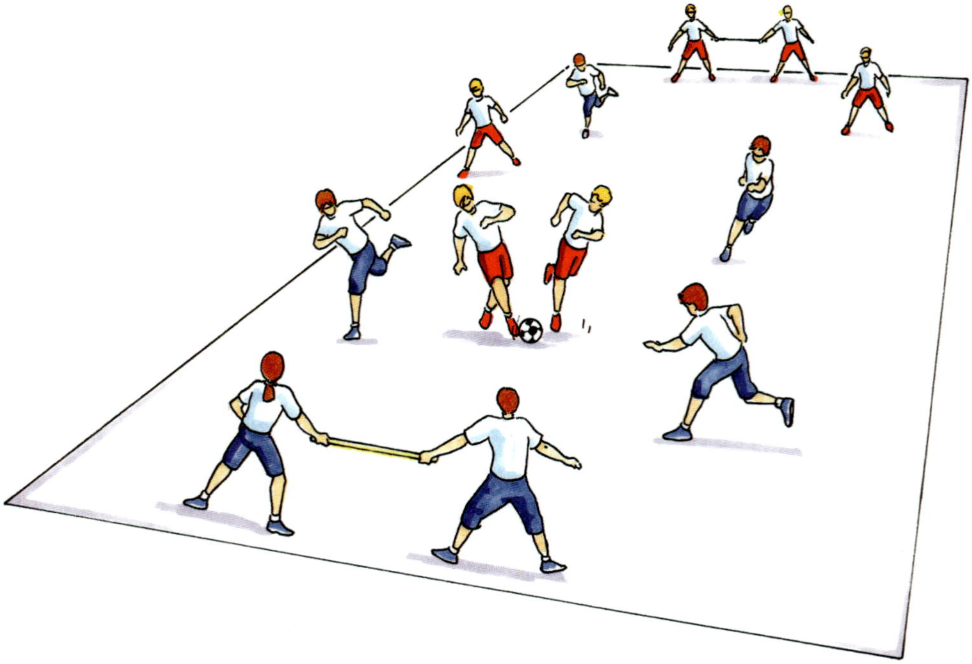

Bodentischtennis

Spielidee:
Zwei oder vier Spieler spielen gegeneinander Tischtennis, allerdings nicht auf einer Tischtennisplatte, sondern in einem Badmintonfeld, das durch eine Bank als Netz in 2 Spielhälften geteilt ist.

Basisregeln:
- Gespielt wird nach Tischtennisregeln entweder Doppel oder Einzel.

Rahmenbedingungen:
- Spielerzahl: 2–4 Spieler
- Material: Tischtennisschläger für jeden Spieler (auch Speckbrett möglich); Langbank als Netz

Variationen:
- Es wird Rundlauf gespielt mit beliebig vielen Spielern
- 2 Spieler sitzen auf einer Langbank und spielen ein Tischtennis-Einzel nach Tischtennisregeln. Das Spielfeld ist die Sitzfläche der Bank, das Netz beispielsweise ein Medizinball

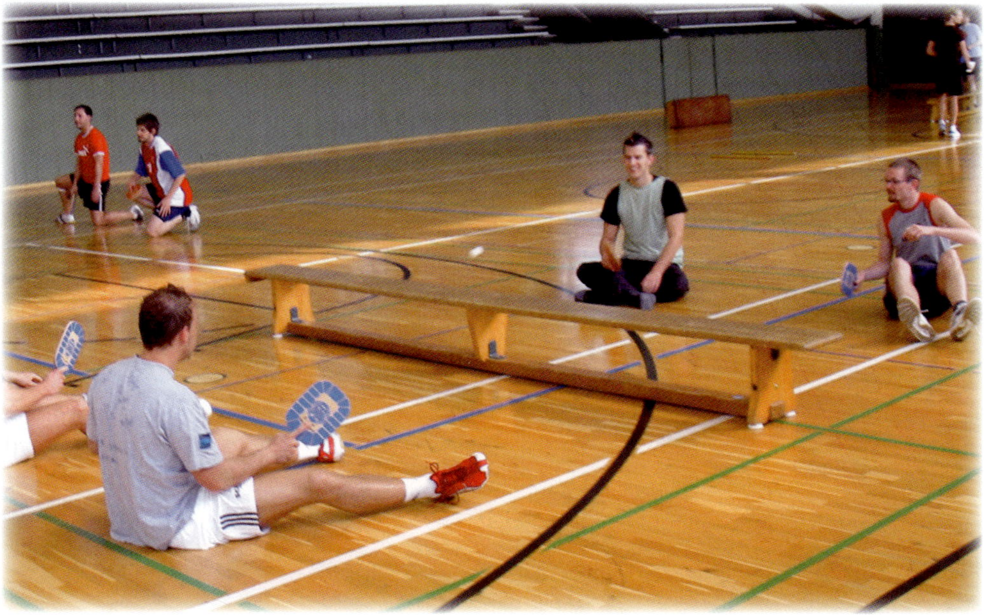

Brennball

Spielidee:
Zwei Mannschaften spielen gegeneinander: eine Laufmannschaft, auch Werfer genannt, und eine Feldmannschaft. Die Läufer stellen sich hinter die Startmarkierung, die Feldspieler verteilen sich im Feld. Der erste Läufer wirft einen Ball in das durch die Freimale markierte Feld und versucht, ein Freimal zu erreichen, bevor die Feldmannschaft den Ball in ihr Brennmal (einen umgedrehten kleinen Kasten, Reifen oder auf eine Teppichfliese) befördert und laut „verbrannt" ruft. Alle Werfer, die in diesem Augenblick nicht an oder auf einem Freimal sind, verbrennen und müssen sich wieder am Ende der Werferreihe anstellen.

Basisregeln:
- Gespielt wird auf Zeit, z. B. 10 Minuten, dann wechseln die Rollen.
- Für jeden Spieler, der das Parcoursende erreicht, gibt es einen Punkt.
- Homeruns zählen doppelt oder dreifach.
- Das Team mit den meisten Punkten gewinnt das Spiel.

Modifizierungen:
Die Feldspieler
- dürfen mit dem Ball nicht laufen, sondern müssen passen
- dürfen den Gegner nicht blockieren oder behindern
- müssen beim Wurf mindestens drei Meter Abstand halten..

Rahmenbedingungen:
- Spielerzahl: ab 14
- Material: mindestens 2 Matten als Freimale, 1 kleiner Kasten/Reifen, mindestens 1 Wurfgegenstand

Variationen:
- Der Werfer ist sofort verbrannt, wenn der Ball direkt aus der Luft gefangen wurde.
- Der Brennmeister wechselt nach jedem Wurf.
- Der Brennmeister muss mit einem Fuß im Kasten oder Reifen bleiben.
- Es dürfen mehrere Spieler der Werfermannschaft gleichzeitig laufen - das Team entscheidet, wie viele.
- Die Anzahl der Spieler an einem Freimal wird auf 2-3 begrenzt.
- Andere Wurfgeräte wie Frisbees, Tennisbälle, Flummis, unberechenbare unförmige Bälle, Wurfringe oder Heuler erleichtern schwachen Werfern den Lauf.
- Es gibt mehrere Brenner im Feld. Erst, wenn der Ball in jedem Brenner einmal war, pfeift der Spielleiter.
- Der Ball darf auch nach hinten gegen die Decke oder Wand geworfen werden, nicht aber in Geräteräume oder auf Tribünen.
- Aufwärm-Brennball: Zwischen den Freimalen wechselt die Fortbewegungsart für die Läufer, z. B. Hüpfen auf einem Bein, Sidesteps oder Schlusssprünge. Alle Feldspieler sind in Bauchlage, wenn der Brennmeister den Ball in den Kasten wirft.

Brennball-Fangen

Spielidee:
2 Mannschaften spielen gegeneinander Brennball. Die Werfer starten paarweise. Der eine bringt den Ball in das Feld und absolviert den Parcours, der andere läuft ohne Ball in das gegnerische Feld. Der Durchgang ist beendet, wenn der Partner im Feld von der Feldmannschaft mit dem Ball abgeworfen oder berührt wurde.

Basisregeln:
- Der Läufer wirft den Ball ins Spiel
- Die Fänger dürfen die Läufer nicht behindern
- Gespielt wird auf Zeit, die Mannschaft mit den meisten Punkt gewinnt
- Kopftreffer zählen nicht
- Der Gejagte wird markiert, um besser erkannt zu werden
- Schafft der Läufer einen home-run, bevor sein Partner gefangen wurde, bekommt die Läufermannschaft einen Punkt

Rahmenbedingungen:
- Spielerzahl: mindestens 7 pro Mannschaft
- Material: 1 Softball, Markierungshütchen, Fähnchen oder Matten als Freimale; eventuell Hindernisse für den Parcours
- Spielfeld: Ein Hallendrittel

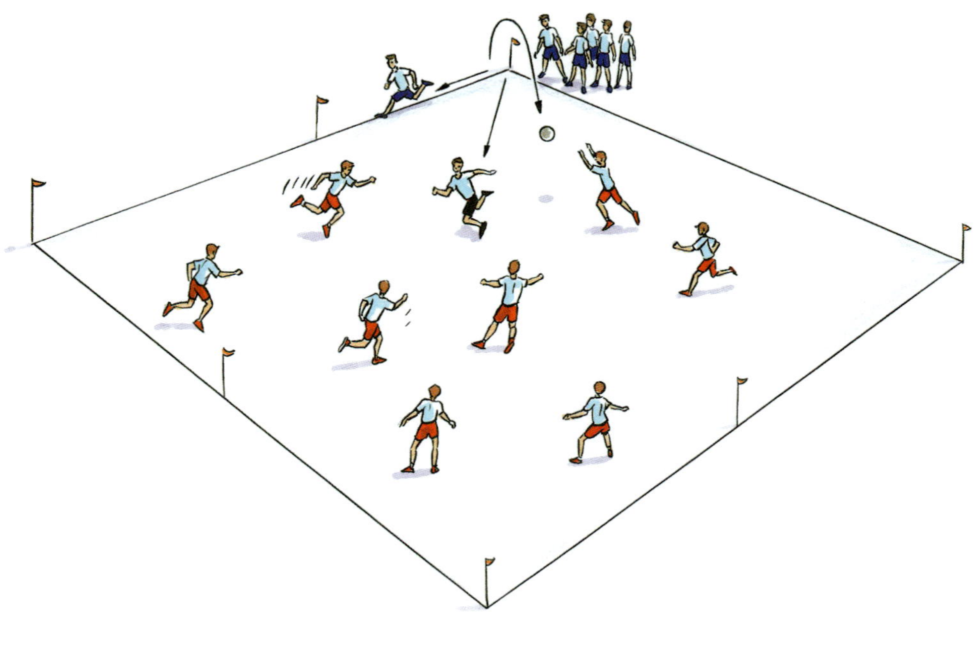

Brennball mit Dribbling

Spielidee:
Es spielen eine Feld- und eine Werfer- (Läufermannschaft) gegeneinander. Ziel der Werfer ist es, ein Freimal zu erreichen oder einen home-run zu laufen, ohne „verbrannt“ zu werden. Ziel der Feldmannschaft ist, so viele Werfer wie möglich zu verbrennen, indem der Ball so schnell wie möglich zum Brennmeister geworfen wird, der ihn wieder in einen umgedrehten kleinen Kasten legen muss, bevor die Werfer ein Mal erreicht haben. Jeder Werfer erhält zwei Bälle.
Einen wirft / schießt / schlägt er in das Feld, mit dem anderen dribbelt er so schnell wie möglich durch den Parcours zu den Freimalen.

Basisregeln:
- Wer nicht ein Freimal oder das Parcoursende erreicht, bevor der Ball im Brenner ist, ist „verbrannt“ und muss sich bei der Werfermannschaft wieder hinten anstellen
- Die Fänger dürfen die Läufer nicht behindern
- Es darf auch gegen die Wand oder Decke geworfen werden
- Pro erfolgreich absolviertem Parcours erhalten die Werfer einen Punkt
- Ein „home-run“ zählt doppelt
- Der Brennmeister wird nach jedem Wurf gewechselt
- Gespielt wird auf Zeit, die Mannschaft mit den meisten Punkten gewinnt oder: 1 Durchgang dauert so lange, wie es noch „unverbrannte“ Werfer gibt, verbrannte Spieler scheiden aus

Rahmenbedingungen:
- Spielerzahl: mindestens 7 pro Mannschaft
- Material:
  - 1 Handball, Fußball, Basketball oder Hockeyschläger plus Ball oder pro Spieler zum Dribbeln
  - Einen beliebigen Wurfball für alle
  - Fähnchen oder Matten als Freimale
  - Eventuell Hindernisse für den Parcours
  - Ein umgedrehter kleiner Kasten als Brenner
- Spielfeld: Die große Halle oder ein Hallendrittel

Variationen:
- Den Parcours durch Hinzufügen oder Entfernen von Freimalen variieren
- Dribbelvorgaben machen: nur mit rechter oder linker Hand, mit dem linken oder rechten Fuß oder abwechselnd
- Jeder Fänger muss einmal am Ball gewesen sein, bevor der Ball den Brenner erreicht
- 2–8 Werfer spielen gleichzeitig Bälle ins Feld und beginnen den Parcours. Erst wenn der letzte Ball den Brenner erreicht, ist ein Durchgang beendet
- Es dürfen maximal 2 bis 3 Personen an einem Mal stehen
- Als Brenner Korbballständer, das Basketballbrett, ein kleines Kastenteil, ein kleines Tor nutzen
- Hockeyschläger für alle Spieler, auch für die Feldmannschaft. Auch Tennisschläger oder Tischtennisschläger sind möglich

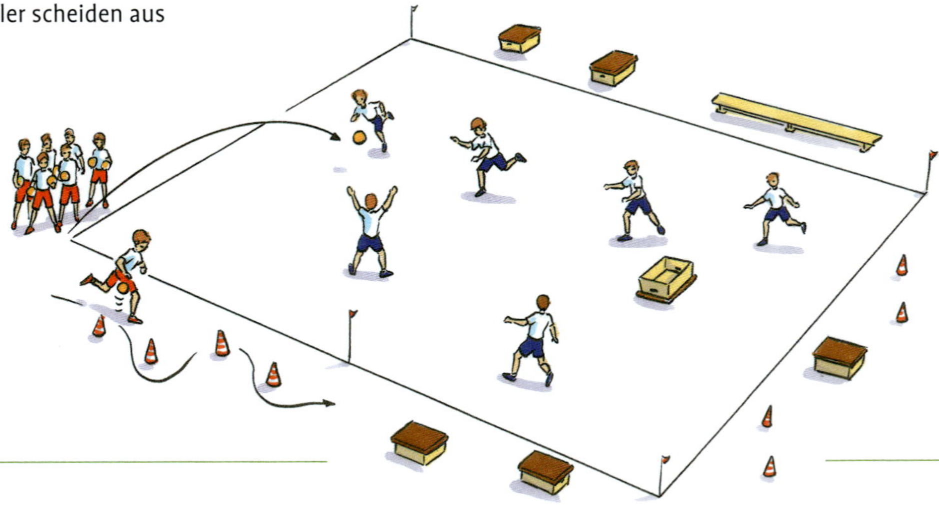

Brennball mit Freimatte

Spielidee:
2 Mannschaften spielen gegeneinander Brennball. 3–4 Läufer laufen mit einer Matte um das Spielfeld, nachdem einer von ihnen den Ball ins Feld geworfen hat. Die eigene Matte gilt als Freimal. Droht das Verbrennen, muss die Gruppe die Matte schnell auf den Boden legen und sich komplett darauf stellen.

Basisregeln:
- Der Ball darf beliebig ins Spiel gebracht werden
- Wer zu spät auf der Matte steht, ist verbrannt
- Pro verbrannten Spieler gibt es einen Punkt für die Feldmannschaft
- Jede Matte, die ins Ziel kommt, gibt einen Punkt für die Läufermannschaft
- Die Laufstrecke sollte nicht zu lang sein
- Gespielt wird auf Zeit

Rahmenbedingungen:
- Spielerzahl: 12–16 Spieler pro Mannschaft
- Material: 1 Ball; 1 Brenner: kleiner Kasten oder Basketballkorb
- Spielfeld: Ein Hallendrittel

Variationen:
- Es dürfen immer nur 3–5 Spieler der Feldmannschaft aktiv sein. Diese wechseln nach jedem Wurf
- Brennmeister sind zwei Spieler mit einem Handtuch. Damit müssen sie den Ball auffangen
- Jeder der 4 Läufer bringt einen Ball ins Spiel
- Alle Spieler der Feldmannschaft müssen zuerst die gegenüberliegende Wand berührt haben, bevor der Ball „verbrannt“ wird

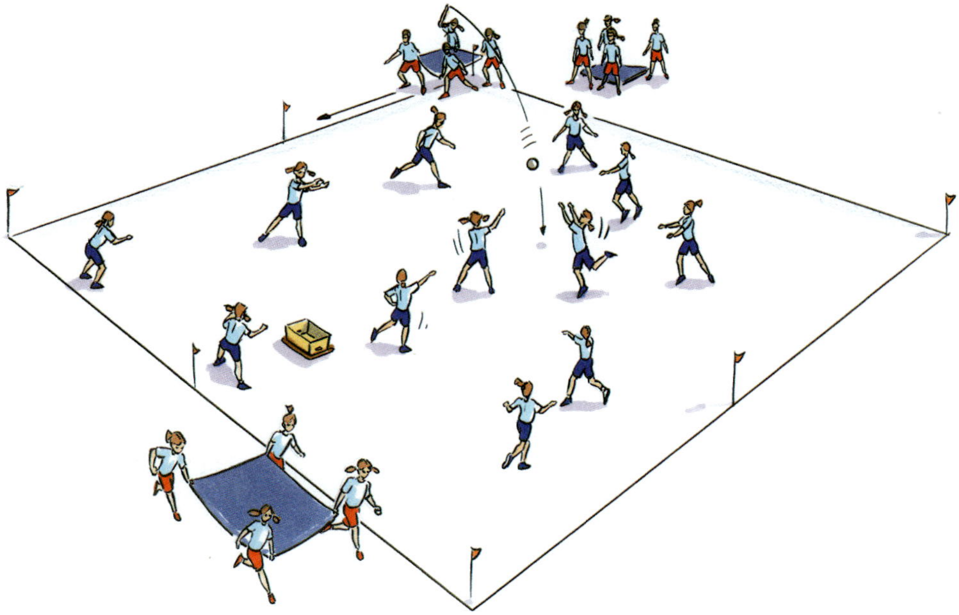

Brettball (Reboundball)

Spielidee:
2 Mannschaften spielen gegeneinander mit dem Ziel, einen Ball so gegen das gegnerische Basketballbrett zu spielen, dass ein Mitspieler den abprallenden Ball aus der Luft fangen kann.

Basisregeln:
- Jeder gefangene Ball zählt einen Punkt
- Nach jedem Punktgewinn ist die gegnerische Mannschaft in Ballbesitz
- Fällt der abprallende Ball auf den Boden oder wird er vom Gegner gefangen, gibt es keinen Punkt. Das Spiel wird fortgesetzt
- Kein Dribbling, nur passen
- Berührt der Ball den Ring, entweder Ballbesitz für den Gegner oder der gefangene Ball zählt doppelt

Rahmenbedingungen:
- Spielerzahl: 5–6 Spieler pro Mannschaft
- Material: Basketball, Volleyball, Gymnastikball, Handball
- Spielfeld: Basketballfeld

Variation:
- Den Ball so gegen das gegnerische Brett spielen, dass er anschließend den Boden berührt

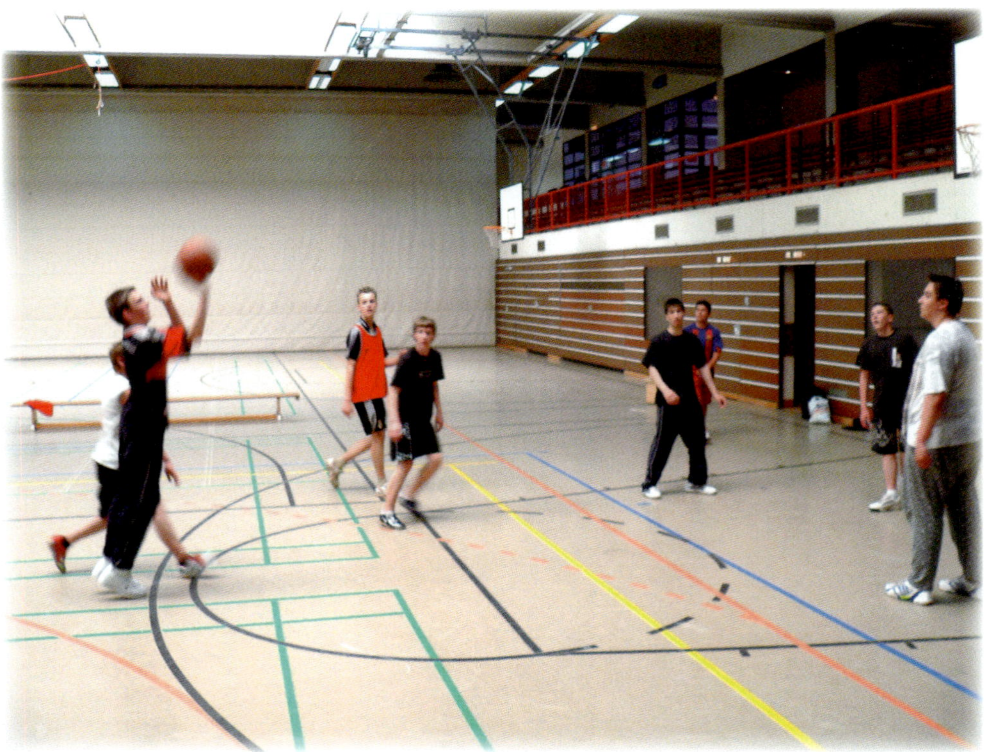

Büßerball

Spielidee:
Die Spieler bilden einen Kreis und werfen sich den Ball beliebig zu. Wer ihn nicht fängt oder so ungenau passt, dass der Ball nicht gefangen werden kann, muss „büßen“, d. h., er muss aus einer erschwerten Position weiter spielen.

Basisregeln:
- Nach dem 1. Fehler wird im Kniestand weiter gespielt
- Nach dem zweiten Fehler im Sitzen
- Nach dem dritten Fehler in Bauchlage
- Fängt der „Büßer“ einen Ball, darf er wieder in die Ausgangsposition zurück

Rahmenbedingungen:
- Spielerzahl: 5–10 Spieler pro Kreis
- Material: 1 beliebiger Ball
- Spielfeldgröße an das Können anpassen

Variationen:
- Täuschungen, Finten und irreführende Zurufe sind erlaubt.
- Bodenpässe
- Pritschen

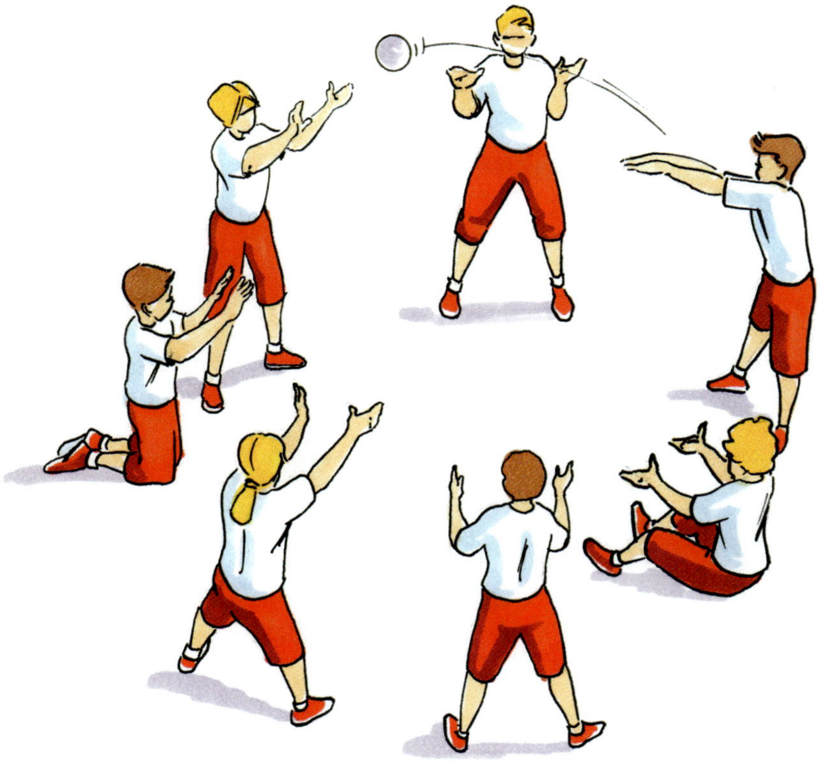

Bump (Shoot Out)

Spielidee:
Alle Spieler stellen sich in einer Reihe hintereinander an einer vorgegebenen Abwurflinie vor einem Basketballkorb auf. Ziel ist es, in den Korb zu treffen, bevor der Hintermann trifft.

Basisregeln:

- Der 1. Spieler beginnt mit einem Korbwurf von der festgelegten Markierung. Trifft dieser Spieler direkt, holt er seinen Ball, passt ihn zum 3. Spieler und stellt sich hinten wieder an
- Der Hintermann darf sofort werfen, wenn der Vordermann seinen Ball abgeworfen hat
- Trifft der erste Spieler den Korb nicht direkt, holt er so schnell wie möglich den Rebound und wirft so lange von einer jetzt beliebigen Position, bis er trifft
- Trifft er eher als sein Hintermann, bleibt er im Spiel, passt seinen Ball zum ersten der Reihe und stellt sich hinten wieder an
- Trifft der Hintermann eher, scheidet der Vordermann aus
- Absichtliches Ballwegspielen oder Behindern ist nicht erlaubt
- Sieger ist, wer zuletzt übrig bleibt

Rahmenbedingungen:

- Spielerzahl: beliebig
- Material: 2 Basketbälle
- Ziel: Basketballkorb

Variationen:

- Würfe von der Freiwurflinie, „Dreierbump" (von der 3-Punkte-Linie)
- Je nach Größe der Gruppe Spiel auf mehrere Körbe
- Dirty Bump: Absichtliches Wegschlagen der gegnerischen Bälle ist erlaubt

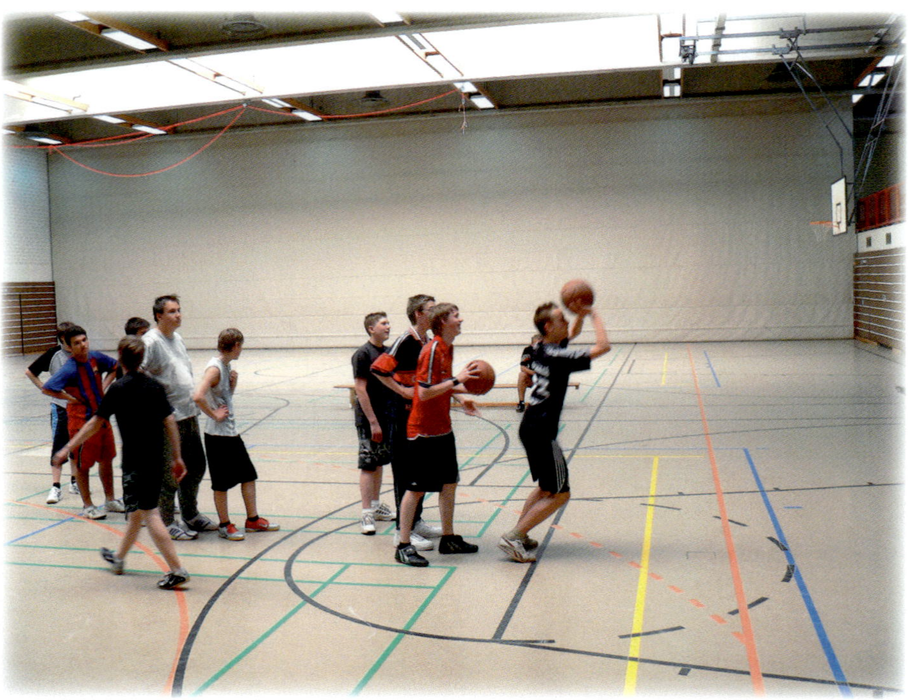

Burgball

Spielidee:
Zwei Mannschaften spielen gegeneinander. Ziel der Angreifer ist es, die gegnerische Burg durch gezielte Würfe zu zerstören. Ziel der Verteidiger ist es, ihre Burg zu verteidigen.

Basisregeln:
- Es darf nur gepasst und nicht gedribbelt werden
- Es wird um die Burg herum gespielt
- Kein Angreifer darf den Schutzkreis betreten
- Fängt ein Verteidiger den Ball ab, tauscht er mit dem Angreifer, der zuletzt den Ball geworfen hat.

Rahmenbedingungen:
- Spielerzahl:
  - Die Mannschaftsgröße ist variabel: Es kann 4:1, 5:2, 6:3, 5:3 gespielt werden
  - Die Angreifer sollten allerdings in Überzahl sein
- Material: Als Burg wird auf einen Bock oder großen Kasten ein Markierungshütchen (Medizinball oder leere Plastikflasche) gestellt
- Spielfeld: Es bietet sich an, die Burg in die Mitte eines Basketballkreises zu bauen, da man den Ring als Schutzzone nutzen kann (andernfalls muss man mit Kreide eine Zone markieren)

Taktische Hinweise:
- Die Angreifer sollten schnell zusammenspielen, um die Verteidiger laufen zu lassen
- Durch geschicktes Überzahlspiel sollte man freie Räume nutzen
- Die Abwehrspieler müssen sich ballnah verschieben

Variationen:
- Bei Anfängern kann auch ein großer Kasten als Ziel dienen. Treffer auf die breite Seite zählen 1 Punkt, Treffer auf die schmale Seite 2 Punkte. Es darf von allen Seiten auf die Kästen geworfen werden, daher ist es sinnvoll, mehrere Verteidiger einzusetzen
- Spielt man mit dem Fuß, werden Hütchen oder Kegel auf den Boden in den Kreis gestellt, die umgeschossen werden müssen
- 3 Mannschaften mit 4–6 Spielern spielen gegeneinander. Mit Hütchen wird die Burg abgesteckt. 2 Mannschaft sind die angreifenden Ritter, 1 Mannschaft die Burgverteidiger. 1 Spion jeder Ritter-Mannschaft wird in die Burg geschickt. Ziel der Ritter ist es, ihren Ritter in der Burg von außen anzuspielen. Ziel der Burgverteidiger ist es, ein Anspiel zu verhindern. Gespielt wird mit 2 Bällen, jede angreifende Mannschaft hat einen

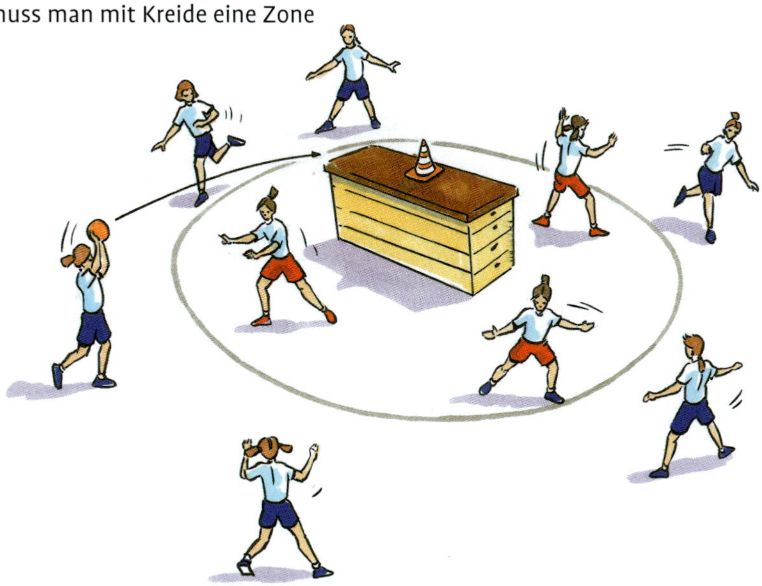

Burgwächter

Spielidee:
3–5 Burgwächter spielen gegen alle anderen Spieler, die Angreifer. Ziel der Burgwächter ist es, ihre Burg von gegnerischen Kanonenkugeln (Sprengladungen, Müll) zu befreien, welche die Angreifer auf und in die Burg werfen.
Ziel der Angreifer ist es, so viele Kanonenkugeln wie möglich in die Burg zu werfen.
Ein Burggraben um die Burg darf von den Angreifern nur zum Holen der Kanonenkugeln betreten werden.

Basisregeln:
- Es wird auf Zeit gespielt, zum Beispiel 2 min, dann werden alle in der Burg befindlichen Kanonenkugeln gezählt
- Die Angreifer dürfen die Bälle nur von außerhalb des Burggrabens in die Burg werfen oder legen.
- Burgwächter können die Kanonenkugeln direkt abfangen und zurückwerfen
- Die Bälle dürfen nicht geschossen werden
- Weder Angreifer noch Wächter dürfen Kanonenkugeln horten, um sie dann kurz vor Schluss alle auf einmal zu werfen
- Nach Ablauf der Spielzeit werden die Burgwächter gewechselt
- Welche Burgwächter haben die wenigsten Kanonen in der Burg?

Rahmenbedingungen:
- Spielerzahl: beliebig
- Material: 4 Bänke und an den Ecken 4 kleine Kästen begrenzen die Burg; es müssen mehr Bälle als Spieler im Spiel sein (Tennisbälle, Gymnastik- oder Handbälle, Bierdeckel, Basketbälle, Medizinbälle, Fußbälle)
- Spielfeld: große Halle
- Aufbau: Um die Burg wird mit Hütchen ein Burggraben markiert

Variationen:
- Der Ball muss vorher einmal im Burggraben aufticken bevor er in der Burg landet
- Die Bälle dürfen von den Burgwächtern und Angreifern nur mit dem Fuß gespielt werden

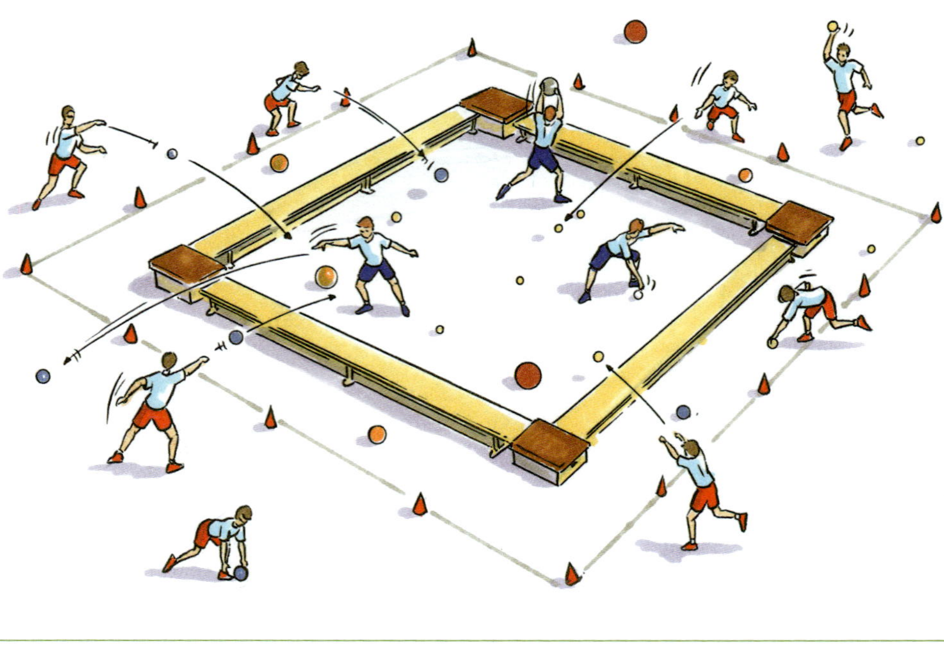

Carree-Passen

Spielidee:
Ein Spielfeld wird in vier gleichgroße Carrees aufgeteilt. Zwei Mannschaften spielen gegeneinander und besetzen jedes Carree mit jeweils 3 Spielern. Ziel ist es, sich den Ball so oft wie möglich im Uhrzeigersinn durch die Carrees zu zu passen. Welche Mannschaft schafft die meisten Pässe?

Basisregeln:
- Der Ball darf innerhalb eines Carrees beliebig oft zugepasst werden
- Der Ball wandert im Uhrzeigersinn
- Jedes erfolgreich überbrückte Carree wird laut mitgezählt und gibt einen Punkt
- Schafft es die gegnerische Mannschaft, den Ball abzufangen, kann sie Punkte sammeln
- Ist der Ball im Aus, kommt die gegnerische Mannschaft in Ballbesitz
- Es kann Basketball, Fußball, Handball oder Hockey gespielt werden

Rahmenbedingungen:
- Spielerzahl: 24
- Material: 1 Ball, Markierungsleibchen für eine Mannschaft

Variationen:
- Es wird mit 2 Bällen gespielt, die sich zu Beginn des Spiels diagonal gegenüber befinden
- Es wird mit einem Handball und einem Fußball gespielt
- Innerhalb jedes Carrees muss der Ball mindestens zweimal gepasst werden, bevor er ins nächste Carree gespielt werden darf

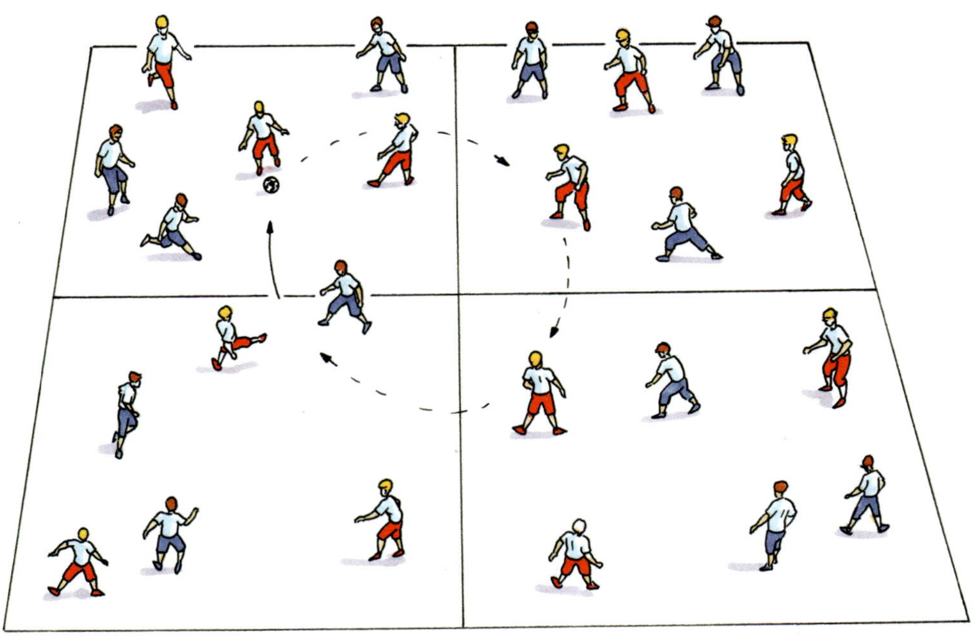

Chaos am Korb

Spielidee:
4 Mannschaften spielen von 4 vorher festgelegten Positionen auf einen Korb mit dem Ziel, möglichst viele Körbe zu erzielen. Alle Spieler einer Mannschaft stellen sich hintereinander auf.

Basisregeln:
- Auf das Startkommando werfen die 4 ersten Spieler jeder Mannschaft auf den Korb, holen ihren Ball wieder (Rebound) und passen ihn zum jeweils nachrückenden zweiten Spieler ihrer Mannschaft
- Die eigenen Treffer werden laut mitgezählt
- Hat eine Mannschaft 10 Treffer erreicht, rotieren alle Mannschaften sofort im Uhrzeigersinn auf die nächste Position
- Auf der neuen Position werden die Treffer fortlaufend weiter gezählt
- Gewonnen hat die Mannschaft, die zuerst 40 Punkte erzielt

Rahmenbedingungen:
- Spielerzahl: 4–5 Spieler pro Mannschaft
- Material: 1 Basketball pro Mannschaft
- Ziel: Basketballkorb

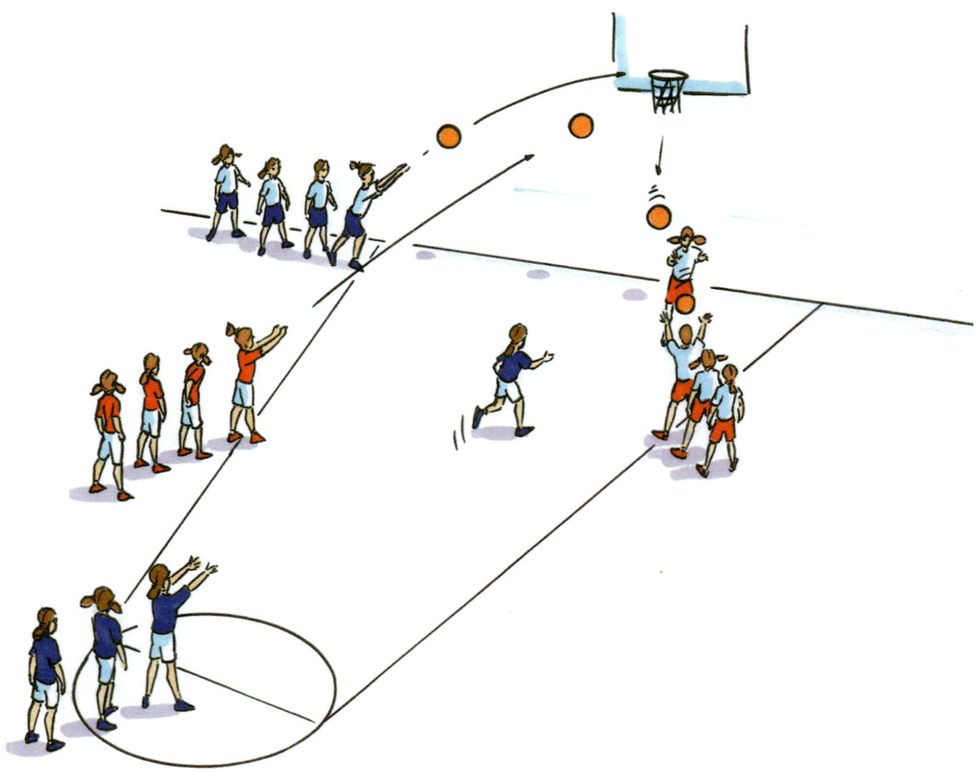

Counterstrike

Spielidee:
Ziel des Spiels ist es, die gegnerische Mannschaft durch Abwerfen auszuschalten. Jedes Team bekommt zu Beginn identische Gegenstände, um daraus in der eigenen Hälfte eine Deckung aufzubauen. Auf der Mittellinie liegen 10 Softbälle.

Rahmenbedingungen:
- Spielerzahl: ab 20
- Material: Markierungshemden, 10 Softbälle, Kästen, Bänke, Matten
- Spielfeld: Hallenteil

Basisregeln:
- Gestartet wird auf Kommando von der eigenen Grundlinie.
- Die Spieler versuchen, möglichst viele Bälle zu sichern.
- Dann beginnt das Abwerfen im kompletten Spielfeld. Wer getroffen wird, verlässt das Spielfeld.
- Trifft ein Spieler das gegenüberliegende Basketballbrett, darf der Mitspieler, der am längsten außen wartet, wieder ins Spiel.
- Welches Team schafft es, alle Gegner zu treffen?

Hinweis: Auch wer den Ball fängt, ist abgetroffen.

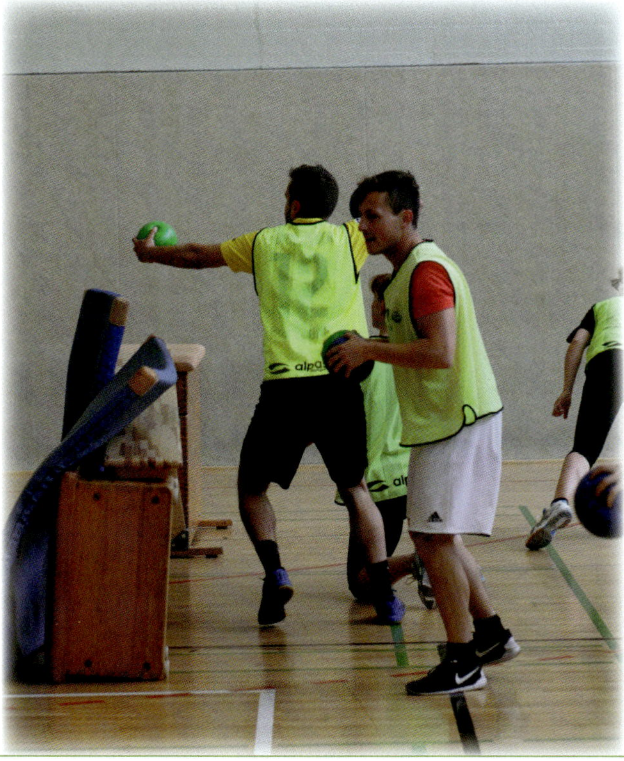

Doing-Ball

Spielidee:
2 Mannschaften spielen gegeneinander und versuchen, einen Flummi so auftickentzu lassen, dass er anschließend direkt das gegnerische Basketballbrett berührt.

Basisregeln:
- Mit dem Flummi darf nicht gelaufen werden
- Die Wände dienen als Bande, der Ball ist nie aus

Rahmenbedingungen:
- Spielerzahl: 5:5, 6:6 oder 7:7
- Material: Flummi
- Ziel: 2 Basketballbretter
- Spielfeld: ein Hallendrittel oder kleine Halle
- Hinweis: gespielt wird auf Punkte oder Zeit

Variation:
- Es werden 2 Hallendrittel genutzt und es kann somit jeweils auf beide Basketballbretter angegriffen werden

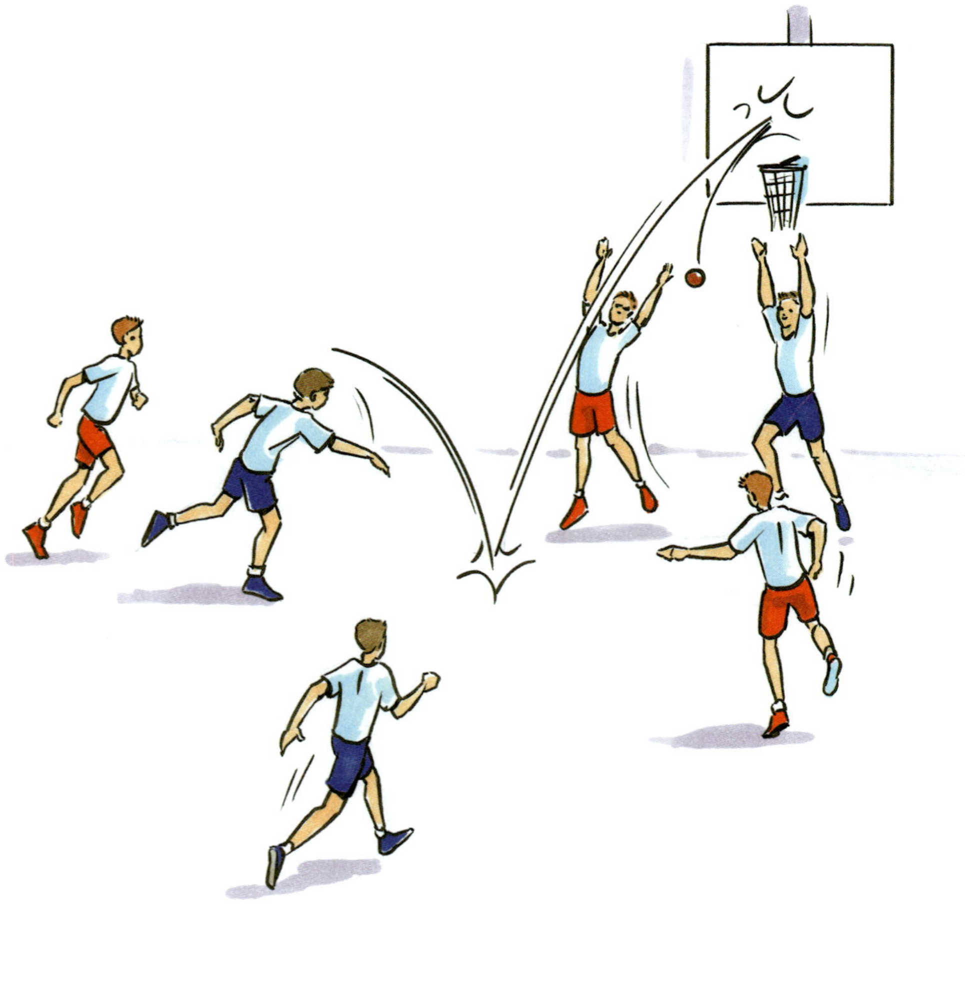

Doppeltor

Spielidee:
2 Mannschaften spielen gegeneinander auf 3 im Raum verteilte Hütchentore. Ziel ist es, die Tore so von einer Seite zu durchspielen, dass ein Mitspieler diesen Pass durch das Tor annehmen kann, ohne dass ein Gegner an den Ball kommt.

Basisregeln:
- Es darf nicht zweimal hintereinander durch dasselbe Tor gespielt werden
- Bei Hand- oder Basketball ist dribbeln nicht erlaubt
- Es kann Handball, Basketball, Fußball oder Hockey gespielt werden

Rahmenbedingungen:
- Spielerzahl: 6–12 Spieler pro Mannschaft
- Material: 1 Ball (Fußball, Handball, Basketball oder Hockeyschläger und -ball bzw. Puck); 6 Hütchen
- Ziel: 3 Hütchentore (maximal 1m groß)
- Spielfeld: kleine Halle oder ein Hallendrittel

Variationen:
- Es können auch drei Mannschaften gleichzeitig gegeneinander spielen
- 4 Hütchentore oder mehr

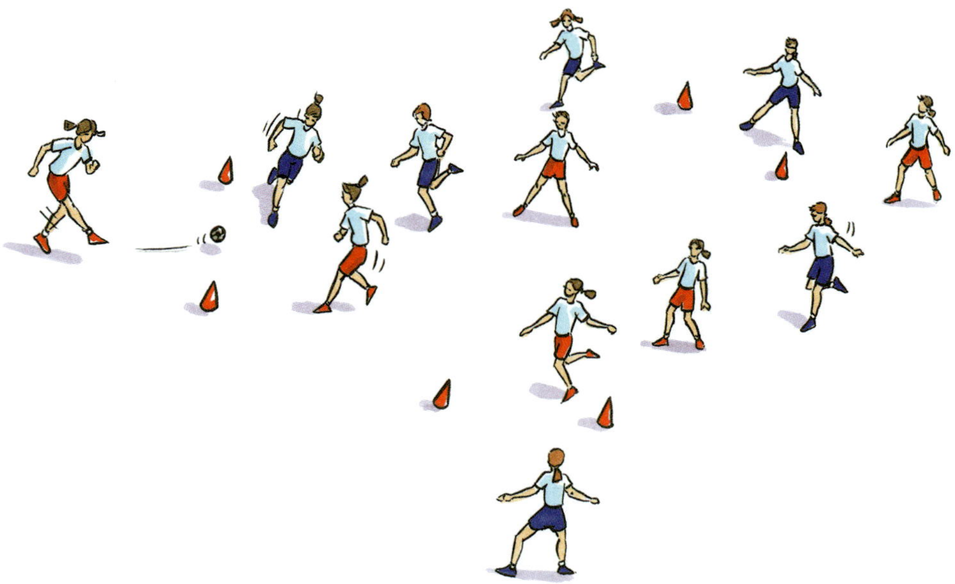

Drei-Bälle-Brennball

Spielidee:
2 Mannschaften spielen gegeneinander Brennball. Den Werfern stehen 3 verschiedene Bälle zur Verfügung (z. B. American Football, Basketball und Fußball).
3 Werfer bringen gleichzeitig jeweils einen Ball in das Spielfeld und beginnen den Laufparcours. Erst wenn der letzte Ball den für ihn vorgesehen Brenner erreicht, ist der Durchgang beendet.

Basisregeln:
- Die Feldmannschaft muss jeden Ball der Sportart entsprechend in ein unterschiedliches Ziel befördern, z. B. den Basketball in den Basketballkorb oder gegen das Brett, den Fußball in einen vorne offenen kleinen Kasten und den American Football durch ein umgedrehtes Kastenteil schießen oder werfen
- Die Feldmannschaft darf sich den Fußball nur mit dem Fuß zupassen, mit dem Basketball maximal 2 Schritte laufen und mit dem American Football gar nicht laufen
- Die ins Spiel gebrachten Bälle sind nie aus

Rahmenbedingungen:
- Spielerzahl: Mindestens 9 Spieler pro Mannschaft
- Material: 3 verschiedene Bälle; 3 verschiedene Ziele; Markierungen der Freimale

Variationen:
- Andere Bälle
- Andere Ziele
- Den Laufparcours durch Veränderung der Anzahl der Freimale oder durch Hindernisse verändern

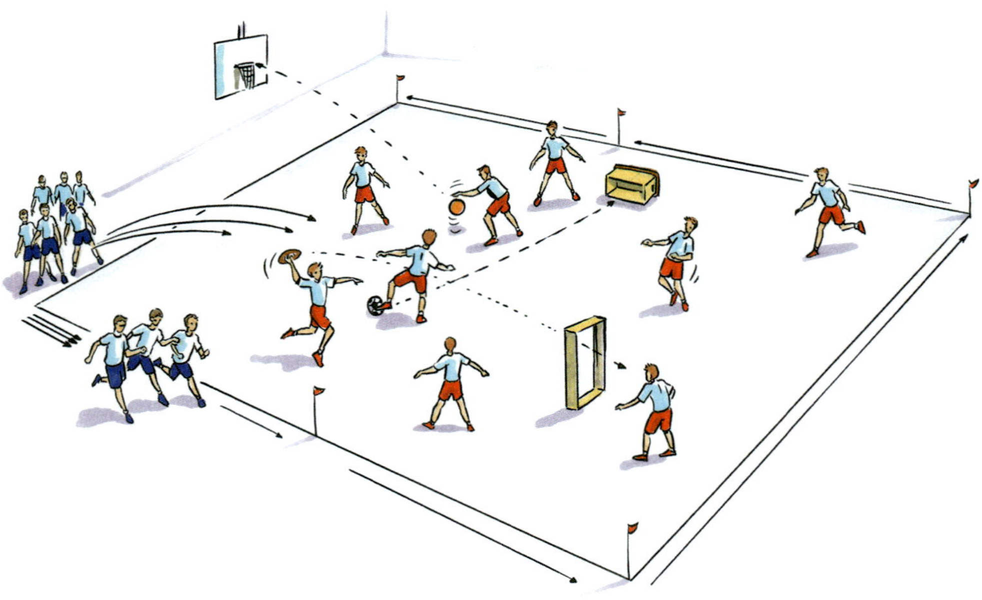

Dribbelfänger

Spielidee:
Ziel der 3 Fänger mit Ball ist es, alle Gejagten ohne Ball zu fangen.

Basisregeln:

- Die Fänger müssen regelgerecht dribbeln
- Wer gefangen wurde, bekommt einen Ball und wird auch Fänger
- Die letzten 3 Gejagten, die übrig bleiben, werden neue Fänger

Rahmenbedingungen:

- Spielerzahl: mindestens 10 Spieler
- Material: Pro Spieler einen Ball (Fußball, Handball, Basketball, Hockeyschläger und -ball)
- Spielfeld: ein Hallendrittel
- Aufbau:
  - Zu Beginn erhalten die 3 Fänger jeweils einen Ball und eine deutliche Markierung (Bändchen / Leibchen)
  - Ausreichend Bälle für die weiteren Fänger liegen in kleinen Kästen bereit
  - Ausreichend Markierungsbänder / Leibchen liegen bereit

Variationen:

- Alle Spieler dribbeln einen Ball, die Fänger einen andersfarbigen, sofortiger Rollentausch
- Alle Gejagten dribbeln einen Ball, 2 Fänger fangen als Paar ohne Ball, dürfen sich aber nicht loslassen; sobald sie 2 Spieler gefangen haben, werden diese das neue Paar

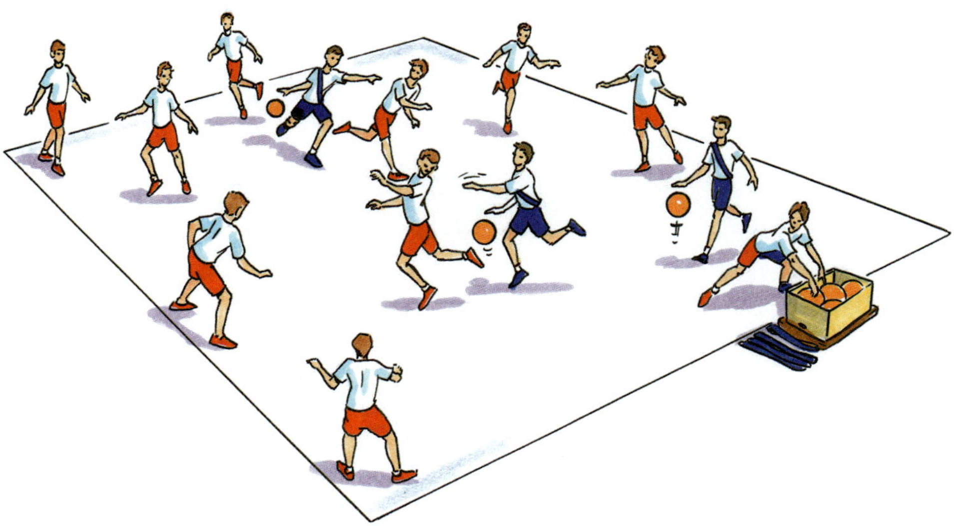

Dribbelfußball

Spielidee:
2 Mannschaften spielen gegeneinander Fußball. Gleichzeitig muss jeder Spieler einen Basketball dribbeln.

Basisregeln:
- Gespielt wird nach Fußballregeln
- Nur derjenige darf passen oder Tore erzielen, der seinen Basketball unter Kontrolle hat; bei einem Fehler bekommt der Gegner den Ball

Rahmenbedingungen:
- Spielerzahl: 4–8 Spieler pro Mannschaft
- Material: 1 Hallenfußball, für jeden Spieler einen Basketball
- Spielfeld: Halle

Variation:
- Die Spieler dribbeln einen Handball

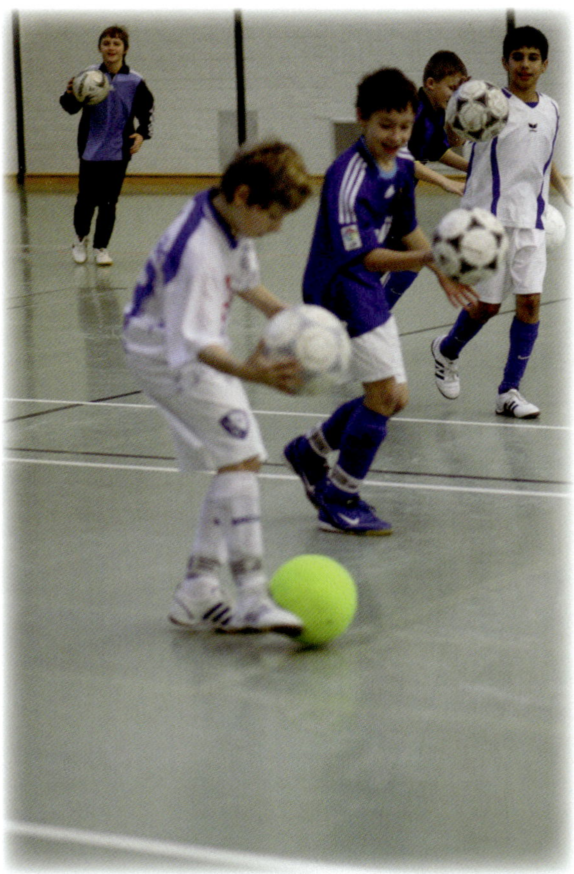

Dribbelkönig

Spielidee:
Alle Spieler verteilen sich mit Ball etwa gleichmäßig hinter beiden Grundlinien. In der Mitte des Spielfeldes steht ein Spieler ohne Ball, der Fänger. Ziel der Spieler mit Ball ist es, die andere Grundlinie zu erreichen, ohne dass der Mittelspieler den Ball berührt oder den Ball herausspielt.

Basisregeln:
- Hinter den Grundlinien sind die Spieler in Sicherheit. Allerdings dürfen die Spieler nicht lange hinter einer Grundlinie verharren.
- Sie dürfen den Dribbelversuch zur anderen Seite auch abbrechen und zur Grundlinie zurückdribbeln
- Spielt der Fänger den Ball deutlich heraus, wird man auch Fänger
- Wer zum Schluss übrig bleibt, wird Dribbelkönig und neuer Fänger
- Fußball, Handball, Basketball, Hockey

Rahmenbedingungen:
- Spielerzahl: beliebig
- Material: Pro Spieler einen Ball (Fußball, Handball, Basketball, Hockeyschläger und -ball)

Variationen:
- Berührt der Fänger den Ball oder spielt er den Ball heraus, so wird der Spieler zum nächsten Fänger und der aktuelle dadurch erlöst. Falls er zwei oder mehr Bälle berührt, ersetzen ihn zwei oder mehr neue Fänger
- Der Fänger darf ansagen, wie gedribbelt wird: mit der Hand rechts-links, mit dem Fuß rechts-links, abwechselnd rechts und links
- Der Spielleiter ruft von außen rein, wer dribbeln muss, z. B. alle die im ersten Jahresquartal Geburtstag haben; alle, die Geschwister haben; alle, die ein rotes T-Shirt tragen usw.

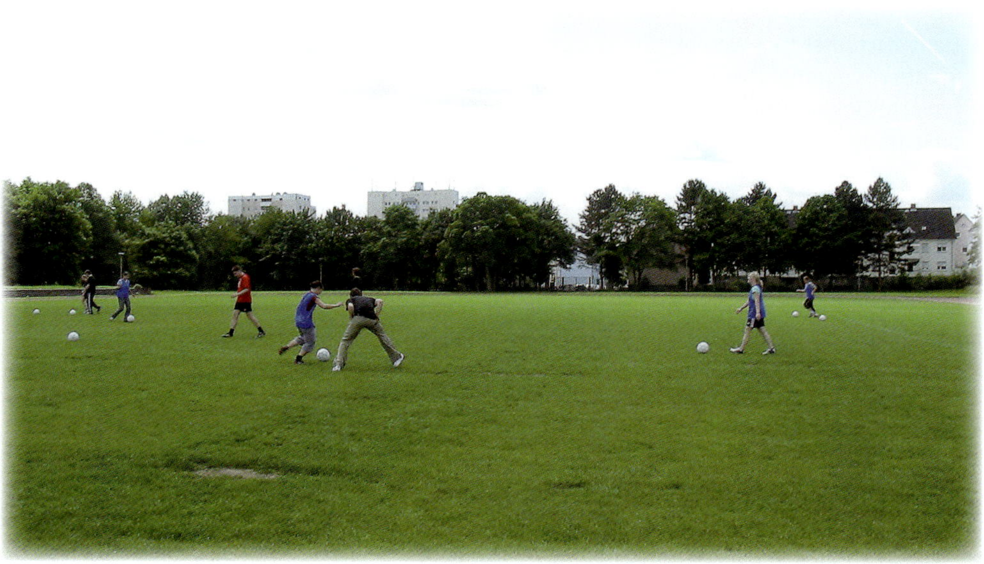

Dribbelspiel

Spielidee:
Alle Spieler führen ihren Ball auf einem Kunstrasenplatz im Mittelkreis durcheinander mit einem Hockeyschläger (nur mit der Vorhand oder Rückhand, indisches Dribbling oder beliebig) oder einen Fußball (Innenseite, Außenseite, Spann, links, rechts). In der Halle wird im Mittelkreis ein Basketball gedribbelt oder ein Handball geprellt. Das Feld muss in Abhängigkeit von der Spielerzahl mit Hütchen abgesteckt werden.

Basisregeln:

- 4 Hütchen in 4 unterschiedlichen Farben befinden sich auf der Kreislinie bei 12, 3, 6 und 9 Uhr. Dadurch entstehen die Abschnitte 1-4.
- *Zone erreichen:* Der Spielleiter nennt Zahlen von 1-4: Die Spieler versuchen, so schnell wie möglich ihren Ball über das entsprechende Kreissegment zu führen, zu dribbeln oder zu prellen. Wer zuletzt ankommt, erhält einen Strafpunkt.
  - Der Spielleiter stellt Rechenaufgaben, deren Ergebnisse 1, 2, 3, oder 4 sind.
  - Den Abschnitten 1-4 werden Länder oder Städte zugeordnet. Der Spielleiter fragt typische Besonderheiten dieser Länder oder Städte ab.
  - Der Spielleiter kombiniert Zahlen und Länder/Städte.
- *Hütchen finden:* Der Spielleiter nennt die Farbe eines Hütchens. Es gilt, den Ball so schnell wie möglich aus dem Mittelkreis heraus hinter das genannte Hütchen zu führen, zu dribbeln oder zu prellen.
  - Statt die Farbe zu rufen, hält der Spielleiter eine Farbkarte hoch.
  - Der Spielleiter hält eine Farb-Wort-Karte hoch. Nur die Farbe bestimmt das Hütchen.
  - Während die Spieler den Ball im Mittelkreis führen, verändert der Spielleiter die Farben der Hütchen (entweder durch Vertauschen oder indem er ein weiteres Hütchen mit einer anderen Farbe über das erste setzt).
  - Statt eine Farbe zu nennen, stellt der Spielleiter sich an ein Hütchen und hebt den Arm.
- Der Spielleiter und ein passiver Spieler stellen sich an zwei unterschiedliche Hütchen. Nur einer von beiden hebt den Arm.
- Partner finden: Parteibänder oder Markierungshemden in 4 verschiedenen Farben werden an die Spieler verteilt. Alle äußeren Hütchen sind z. B. weiß. Ziel ist es, dass sich die Spieler mit derselben Bänderfarbe nach einem akustischen oder optischen Signal des Spielleiters so schnell wie möglich an einem äußeren Hütchen treffen.
- Jede Farbe muss an jedem Hütchen mindestens einmal vertreten sein.

Rahmenbedingungen:

- Material: für jeden Spieler einen Ball, 4 Hütchen in 4 verschiedenen Farben, 4 Farbkarten, 4 Farb-Wort-Karten
- Spielerzahl: ab 8
- Spieldauer: 10 Minuten
- Ort: Kunstrasen oder Halle

Eckenball

Spielidee:
Zwei Mannschaften spielen gegeneinander. Die Werfermannschaft muss durch geschicktes Zusammenspiel die Feldmannschaft abwerfen (die Jäger müssen die Hasen abwerfen).

Basisregeln:
- Die Werfer stehen in Reifen oder auf Matten außerhalb des Spielfeldes, die sie nicht verlassen dürfen
- Gespielt wird auf Zeit, danach werden die Rollen gewechselt. Die Mannschaft, die am Ende mehr Treffer erzielt hat, ist Sieger
- An einer Matte/einem Reifen sollte eine Kiste mit ausreichend Ersatzbällen stehen, damit keine Zeit durch das Ballholen vergeudet wird

Rahmenbedingungen:
- Spielerzahl: mindestens 4 Personen pro Mannschaft
- Material: 1 Softball
- Spielfeld: Spielfeld ab 9 x 9 (halbes Volleyballfeld)

Variation:
- Ein Spieler der Werfermannschaft befindet sich in der Mitte der Feldmannschaft und kann angespielt werden

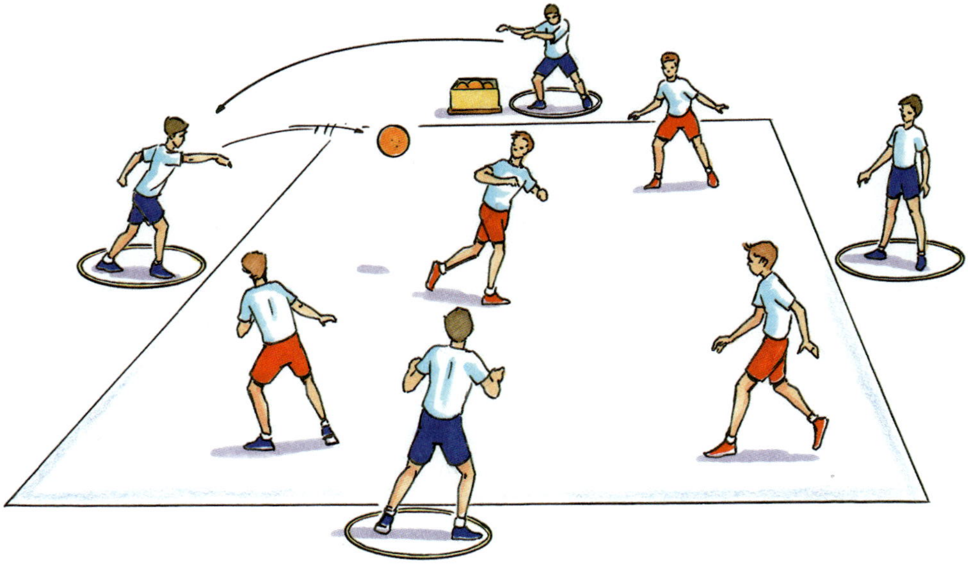

Elefanten-Fußball

Spielidee:
Zwei Mannschaften spielen mit einem Pezziball Fußball gegeneinander. Wer die meisten Tore erzielt, gewinnt. Die Spieler müssen sich auf das etwas behäbige Flug- und Rollverhalten des Pezziballs einstellen und entsprechend reagieren. Spieler ohne Erfahrung haben hier meist größere Erfolgserlebnisse. Gute Alternative zum Fußball in heterogenen Gruppen.

Basisregeln:
- Gespielt wird nach Fußballregeln
- Der Ball ist nie aus

Rahmenbedingungen:
- Spielerzahl: 6–11 Spieler pro Mannschaft
- Material: Pezziball
- Ziel: hoch gestellte Matten
- Spielfeld: die große Halle oder ein (halbes) Fußballfeld
- Aufbau: Gespielt wird auf 2 oder 4 Tore

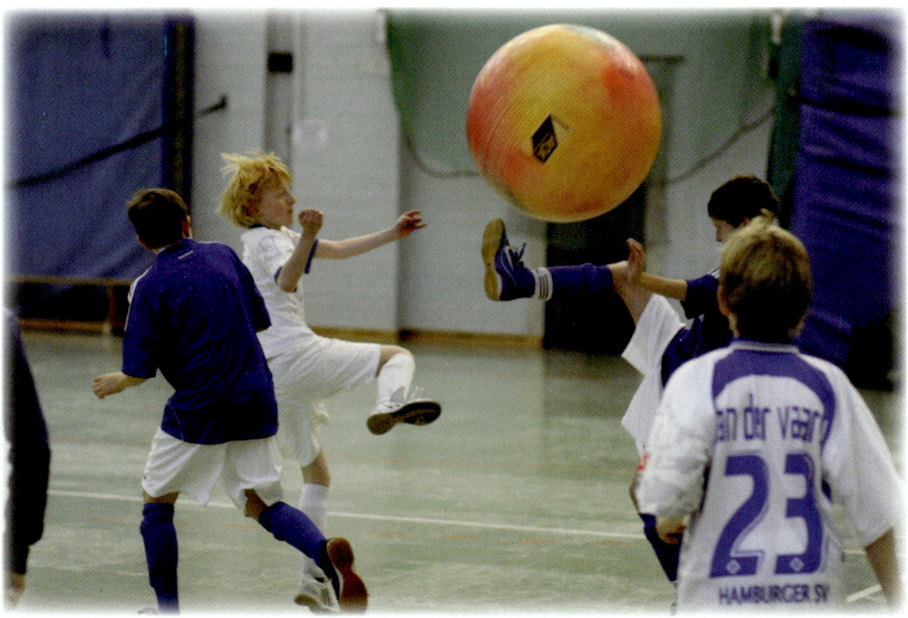

Elefanten-Rugby

Spielidee:
2 Mannschaften spielen gegeneinander mit dem Ziel, einen Pezziball auf einem Weichboden abzulegen.

Basisregeln:
- Der Ball darf nicht nach vorne gespielt werden, nur nach hinten oder zur Seite
- Mit dem Ball in der Hand darf beliebig gelaufen werden
- Der Gegner darf am Körper umschlungen und zu Boden gezogen werden
- Der Gegner darf nicht am Hals gefasst werden
- Jeder abgelegte Ball gibt einen Punkt
- Gespielt wird auf Zeit oder auf Punkte

Rahmenbedingungen:
- Spielerzahl: 5 bis 8 Spieler pro Mannschaft
- Material: 2 Weichböden; 1 Pezziball
- Spielfeld: ein Hallendrittel oder größer

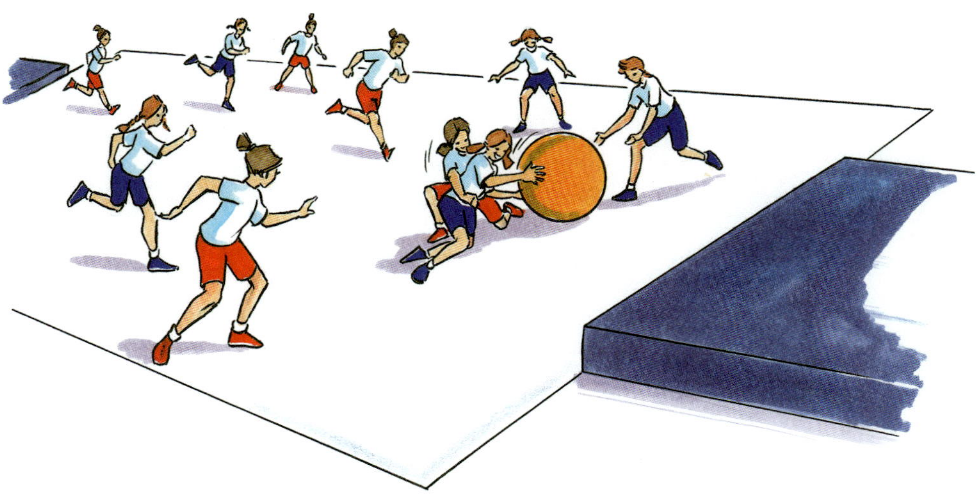

Elefanten-Volleyball

Spielidee:
2 Mannschaften spielen gegeneinander Volleyball mit einem Pezziball.

Basisregeln:
- Es gelten die Volleyballregeln
- Der Pezziball fliegt langsamer und wird besser getroffen. Dadurch kommt es zu längeren Ballwechseln als beim Volleyball

Rahmenbedingungen:
- Spielerzahl: 6 Spieler pro Mannschaft
- Material: Pezziball
- Spielfeld: Volleyballfeld
- Aufbau: Statt über ein Netz kann auch über eine Schnur gespielt werden

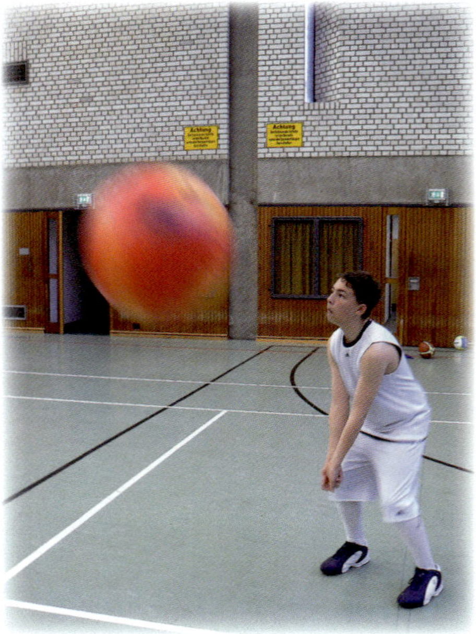

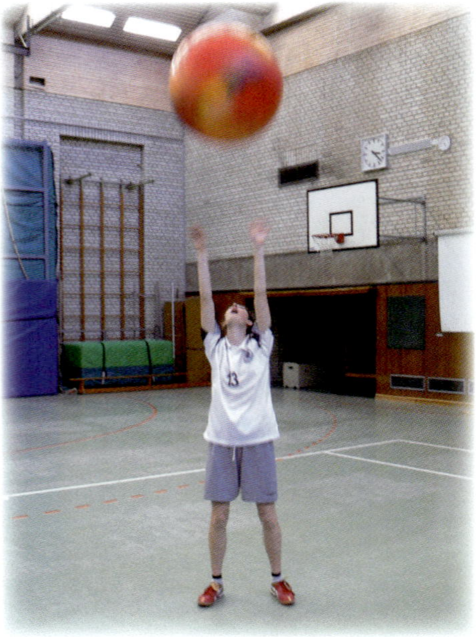

Elferkönig

Spielidee:
Ziel des Spiels ist es, durch gut geschossene Elfmeter die Punkte des im Tor stehenden Spielers zu verringern.

Basisregeln:
- Begonnen wird mit Lattenwerfen, um den ersten Torwart zu bestimmen. Alle Spieler werfen von einer vorgegebenen Markierung auf die Latte. Alle die treffen, müssen nicht ins Tor. Alle, die nicht getroffen haben, werfen solange weitere Durchgänge, bis nur noch ein Spieler übrig bleibt, der nicht getroffen hat. Er ist dann erster Torwart
- Zu Beginn des Spiels haben alle Spieler 5 Punkte, der Torwart 6.
  Auch andere Werte sind möglich
- Der erste Spieler schießt einen Elfmeter. Hält der Torwart oder geht der Schuss vorbei, muss der Schütze ins Tor. Trifft der Spieler, bekommt der im Tor stehende Spieler einen Punkt abgezogen
- Wer keinen Punkt mehr hat, scheidet aus
- Der Spieler, der als letzter übrig bleibt, ist Elfmeterkönig

Rahmenbedingungen:
- Spielerzahl: beliebig. Damit das Spiel nicht zu lange dauert, sollte man mit maximal 15 Spielern auf ein Tor schießen und bei mehr Spielern mit einer zweiten Gruppe auf ein zweites Tor schießen
- Material: 1 Ball; 1 (Fußball)tor

Variationen:
- Siebenmeterkönig beim Handball
- Alle Spieler haben zu Beginn 10 Punkte, der Torwart 11. Alle Schützen werden durchnummeriert. In der ersten Runde schießt jeder Schütze einen Elfmeter. Trifft einer der Schützen, bekommt der Torwart einen Punkt abgezogen. Verschießt ein Schütze oder hält der Torwart, bekommt der Schütze einen Punkt abgezogen.
  Ist die erste Runde beendet, wird Schütze Nummer 2 Torwart. Es beginnt ein kompletter zweiter Durchgang, die Punkte werden übernommen und laut gezählt. Wer den Torwart „raus" schießt, so dass er 0 Punkte hat, wird sofort neuer Torwart. Alle Spieler, die 0 Punkte haben, scheiden aus. Sieger ist, wer zuletzt mindestens noch einen Punkt hat
- Abschuss: Ein Spieler steht seitlich auf der Grundlinie und rollt den Ball zum ersten Schützen. Dieser muss den Ball direkt schießen, aber so lange warten, bis der Ball aus einer markierten Zone (z. B. Strafraum) herausgerollt ist. Hält der Torwart den Ball oder geht er daneben, wird er automatisch der neue Zuspieler.

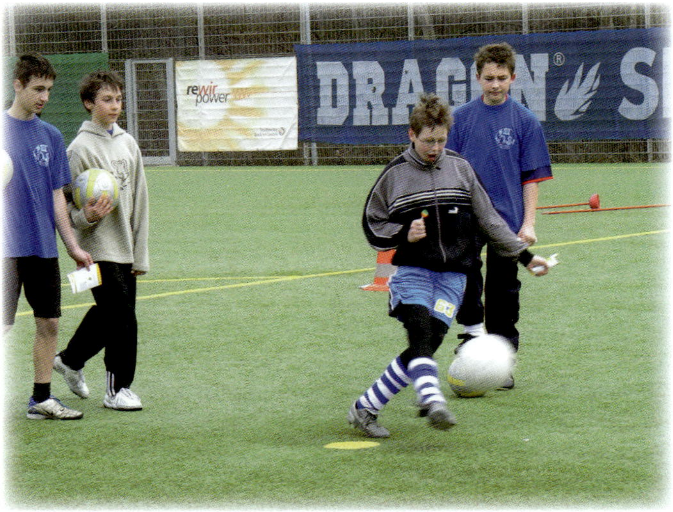

Faustball

Spielidee:
Auf einem Spielfeld, das in der Mitte durch ein 2 m hohes Netz, Band oder eine Leine in zwei Hälften geteilt ist, spielen zwei Mannschaften mit je 5 Spielern gegeneinander. Jede Mannschaft hat das Ziel, den Ball so über das Netz zu schlagen, dass dem Gegner der Rückschlag nicht gelingt oder erschwert wird.

Basisregeln:
- Die gesamte Hallendecke gehört bei Ballaufnahme und Zuspiel zum Feld; ein Ball, der sie berührt, darf weitergespielt werden. Berührung bei der Angabe oder beim Rückschlag ist jedoch ein Fehler
- Jeder Spielgang beginnt mit der Angabe von der 3-m-Linie und endet mit dem ersten Fehler
- Nach jedem Fehler wird der Ball von der Mannschaft, die den Fehler machte, neu angegeben
- Berührung von Netz (Band/Leine) oder Pfosten während eines Spielganges durch Spieler oder Ball ist ein Fehler
- Der Ball darf mit der Faust oder mit dem Arm nur einmal geschlagen werden.
- Die Angabe darf von jedem Spieler ausgeführt werden
- Bei der Angabe muss der Anschläger den Ball aus der Hand sichtbar abwerfen und direkt über das Netz (Band/Leine) schlagen
- Der Ball darf in jedem Feld
  - nur einmal von demselben Spieler gespielt werden
  - von jeder Mannschaft pro Spielzug höchstens drei Mal direkt oder indirekt gespielt werden, d. h. zwischen zwei Spielerberührungen darf eine Bodenberührung erfolgen
- Als Fehler gelten:
  - Berühren des Spielbandes durch Ball oder Spieler
  - Zweimaliges Aufspringen des Balles auf dem Boden
  - Aufspringen des Balles außerhalb des Spielfeldes
  - Mehr als drei Ballberührungen innerhalb einer Mannschaft
  - Spielen mit einem anderen Körperteil als der Faust bzw. dem Arm.

Rahmenbedingungen:
- Spielerzahl: 5 Spieler pro Mannschaft
- Material: Faustball oder alternativ Volleyball
- Spielfeld: Die Spielfeldgröße beträgt 40 m x 20 m. 3 m von der Mittellinie wird eine Angabelinie gezogen.

Variation:
- 2:2 auf einem 9 m x 3 m Kleinfeld mit einer Bank oder Schnur als Netz

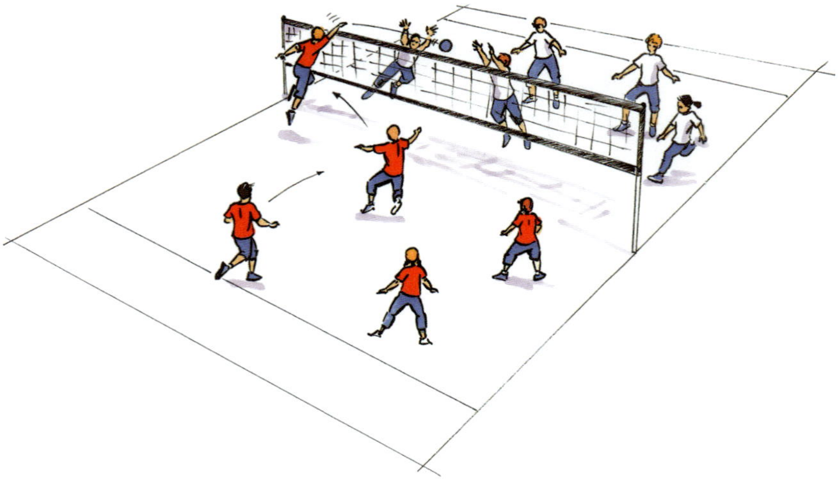

Felderwechsel

Spielidee:
4 Mannschaften spielen gegeneinander mit dem Ziel, so schnell wie möglich mit dem Fußball in ein anderes Feld zu gelangen. Es werden im Viereck 4 Felder markiert, jedes Feld erhält einen (Länder)Namen. Die Felder dürfen sich nicht berühren. Der Spielleiter gibt bestimmte Aufgaben vor, die die Spieler in dem Feld ausführen sollen: dribbeln, jonglieren, hochspielen und verarbeiten, Finten. Plötzlich ruft der Spielleiter zwei Ländernamen. Die Spieler der Mannschaften, die sich in dem Augenblick in dem Land befinden, wechseln so schnell wie möglich mit dem Ball am Fuß ihre Felder. Die Mannschaft, die zuerst komplett mit Ball im anderen Land ist, bekommt einen Punkt.

Basisregeln:
- Jede Mannschaft besetzt ein Feld
- Jeder Spieler hat einen Fußball
- Ruft der Spielleiter zwei Ländernamen, wechseln die beiden Mannschaften, die das Land gerade besiedeln, ihre Plätze
- Ruft der Spielleiter „Wechsel“, wechseln alle Mannschaften im Uhrzeigersinn in das nächste Land
- Ruft der Spielleiter „diagonal“, wechseln alle Mannschaften in das diagonal gegenüberliegende Feld

Rahmenbedingungen:
- Spielerzahl: ab 4 Personen
- Material: Pro Spieler einen Fußball; Markierungshütchen
- Spielfeld: große Halle oder Sportplatz
- Aufbau: 4 Felder mit Markierungshütchen kennzeichnen

Variationen:
- Es kann auch mit einem Handball oder Basketball gespielt werden
- Zwischen die Felder wird ein kleiner Kasten gestellt, um den beim Felderwechsel jeder Spieler einmal herumdribbeln muss

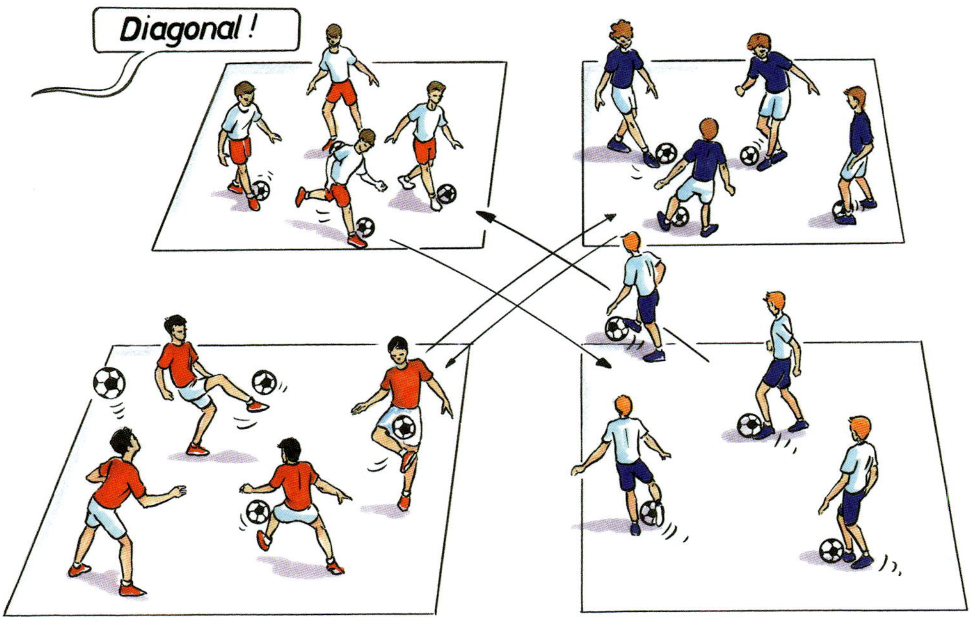

Fischer, Fischer wie tief ist das Wasser

Spielidee:
Ziel ist es, auf die andere Seite zu gelangen, ohne von dem Fischer oder seinen Helfern abgeschlagen zu werden.

Rahmenbedingungen:
- Spielerzahl: beliebig
- Material: Pro Spieler ein Ball
- Spielfeld: ein Hallendrittel

Basisregeln:
- Alle Spieler dribbeln einen Ball
- Wer berührt wurde, wird Helfer des Fischers
- Der Fischer gibt vor, wie der Ball transportiert wird (mit dem Fuß, mit der Hand prellen, rollen ...)
- Der Fischer und seine Helfer dürfen pro Durchgang so viele Spieler wie möglich fangen
- Die Spieler können so lange gefangen werden, bis sie die andere Seite erreicht haben
- Gewonnen hat derjenige Spieler, der zuletzt übrig bleibt

Variationen:
- Der Ball wird mit dem Fuß geführt
- Der Ball wird gerollt
- Der Ball wird mit einem Hockeyschläger geführt
- Es gibt zwei feste Fischer. Wer gefangen wurde, setzt sich an der Stelle der Gefangennahme auf den Boden. Jeder Gefangene darf vom Boden aus versuchen, Spieler zu fangen

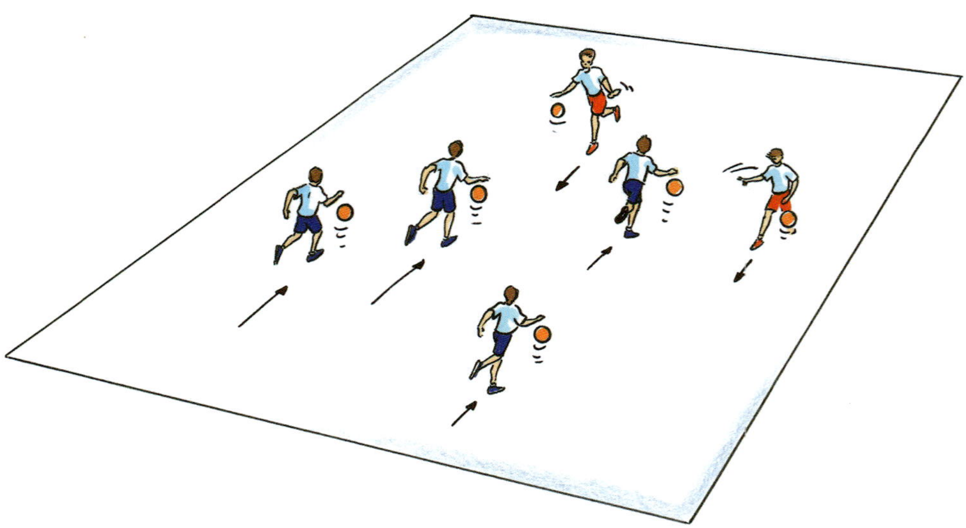

Flagfootball (vereinfachte Form)

Spielidee:
2 Mannschaften spielen gegeneinander mit dem Ziel, einen Football hinter der gegnerischen Linie abzulegen (Touch down).

Basisregeln:
- Mit dem Football in der Hand darf beliebig gelaufen werden
- Zieht der Gegner dem ballführenden Spieler ein Band heraus, muss der Ball sofort zu einem Mitspieler abgespielt werden oder: wechselt der Ballbesitz sofort zur gegnerischen Mannschaft
- Wer nicht im Besitz von 3 Bändern ist, darf nicht aktiv in das Spielgeschehen eingreifen
- Der Gegner darf körperlich nicht attackiert oder festgehalten werden, der Angriff erfolgt lediglich auf die Bänder
- Die Mannschaft mit den meisten Touch downs gewinnt

Rahmenbedingungen:
- Spielerzahl: mindestens 7 Spieler pro Mannschaft
- Material: American Football
- Spielfeld: Sportplatz oder große Halle
- Aufbau: Jeder Spieler bekommt rechts, links und hinten in den Hosenbund 3 aus Mülltüten zurechtgeschnittene 5–10 cm breite Plastikbänder oder Mannschaftsbänder gesteckt. Diese müssen mindestens 20 cm heraushängen und dürfen nicht durch die Kleidung verdeckt werden. Falls vorhanden kann man natürlich auch die entsprechenden Flagfootball-Gürtel verwenden, an denen die Bänder mit Klettband befestigt werden

Variation:
- Wird der Gegner abgeschlagen, muss er den Ball sofort zu einem Mitspieler abspielen. Der Ball darf in alle Richtungen gepasst werden

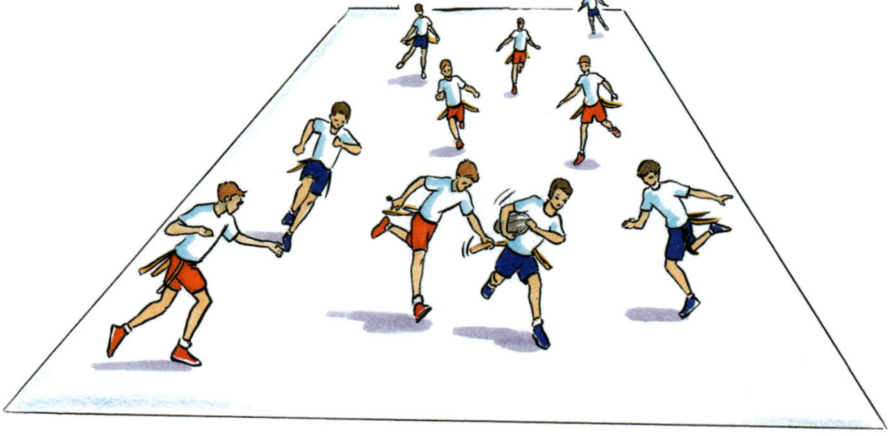

Flaschenfußball

Spielidee:
Ziel ist es, so viele gegnerische Flaschen wie möglich umzuschießen, ohne dass die eigene Flasche oder der eigene Kegel umfällt.

Basisregeln:
- Die Spieler verteilen sich im Spielfeld und stellen ihre Plastikflasche/ihren Kegel auf den Boden.
- Der Spielleiter rollt nach und nach 10 Bälle in das Spielfeld.
- Fällt die eigene Flasche um, entweder durch einen Ball oder durch den Spieler selbst, scheidet man aus.

Rahmenbedingungen:
- Material: 10 Bälle, für jeden Spieler eine Plastikflasche oder einen Kegel
- Spielerzahl: ab 10
- Spieldauer: ab 5 Minuten

Flitztor

Spielidee:
2 Mannschaften spielen gegeneinander mit dem Ziel, den Ball in das „Flitzende Tor“ der Gegenmannschaft zu treffen. Jede Mannschaft bestimmt 1–2 Spieler, die die „Flitzenden Tore“ sind.

Basisregeln:
- Die „Flitzenden Tore“ dürfen den Ball nicht mit dem Körper oder den Füßen abwehren, sondern nur das Tor wegziehen
- Das Tor muss immer am Boden bleiben
- Mit dem Ball darf man nur 2 oder 3 Schritte laufen
- Bei erzieltem Tor wechselt der Ballbesitz

Rahmenbedingungen
- Spielerzahl: 4:4, 5:5 oder 6:6
- Material: beliebiger Ball; 2–4 Reifen oder Bananenkartons; 2–4 Seilchen
- Ziel: Bananenkartons
- Spielfeld: kleine Halle, ein Hallendrittel
- Aufbau: Das „Flitzende Tor“ wird mit einem Seilchen gezogen. Es ist ein Reifen oder Bananenkarton

Variationen:
- Gespielt wird ohne Dribbeln
- Bei mehr Spielern jeweils 2 „Flitzende Tore“
- Es wird Fußball gespielt und das „Flitzende Tor“ stellen 2 Spieler dar, die einen Gymnastikstab auf Hüfthöhe zwischen sich halten
- Es wird ein Tor auf jeder Grundlinie hin und her geschoben

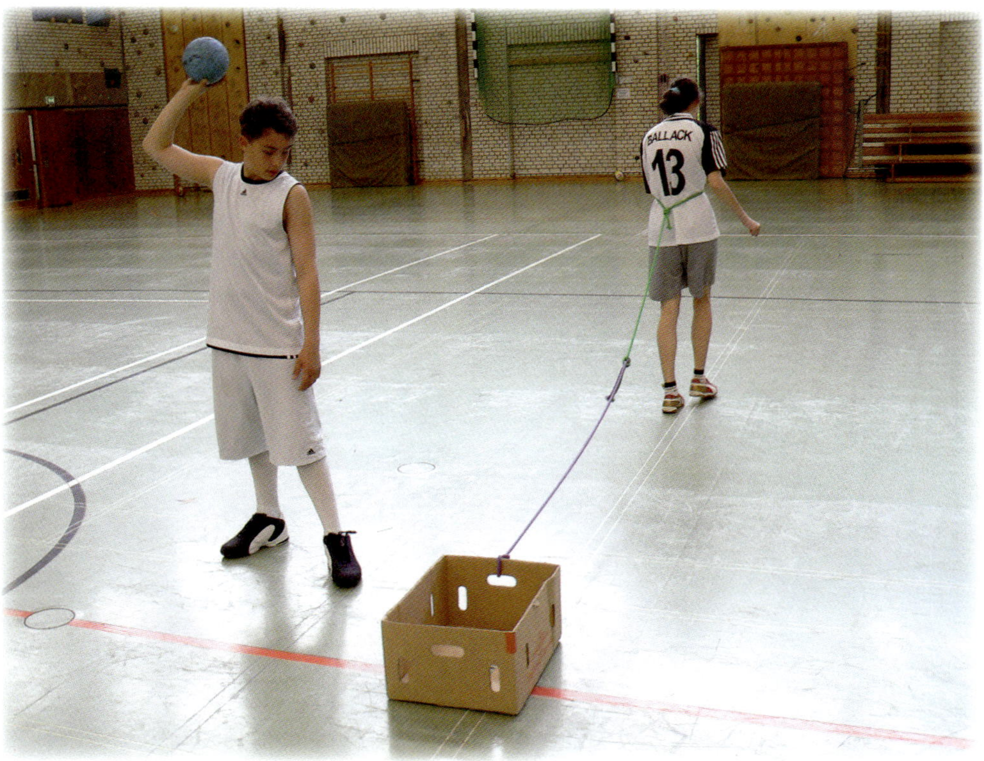

Förderband

Spielidee:
Ziel ist es, eine bestimmte Anzahl von Bällen so schnell wie möglich von einem Kasten zum anderen Kasten zu befördern.

Basisregeln:
- Die Spieler einer Mannschaft verteilen sich zwischen beiden Kästen
- Die Bälle werden in Form einer Acht von Spieler zu Spieler gerollt

Rahmenbedingungen:
- Spielerzahl: Maximal 4 Spieler pro Mannschaft
- Material:
  - Pro Mannschaft ca. 10 Bälle
  - Pro Mannschaft 2 Kästen

Variationen:
- Die Bälle werden geworfen
- Die Bälle werden mit dem Fuß, mit dem Hockeyschläger oder mit einem Tennis-, Badminton- oder Tischtennisschläger zugepasst
- Medizinbälle oder American Footbälle
- Es werden Hindernisse auf der Wegstrecke eingebaut, z. B. durch ein Hütchentor, durch ein offenes Kastenteil oder über eine Schnur spielen

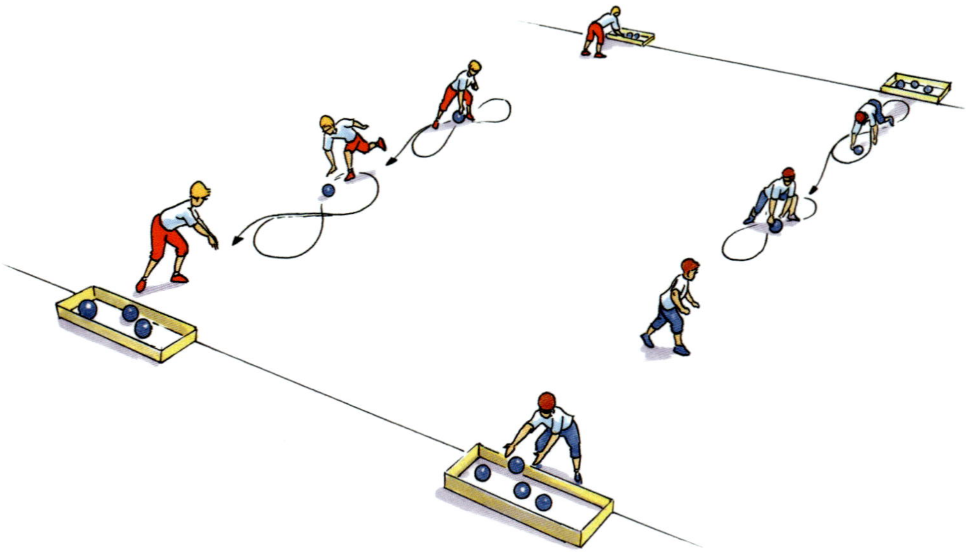

Foursquare / Ali-Ball

Spielidee:
Jedes der vier Felder wird von einem Spieler besetzt. Die übrigen Spieler stellen sich hinter Feld 1 an. Ziel ist es, in das vierte Feld, in dem Ali steht, vorzudringen und dort so lange wie möglich zu bleiben.

Basisregeln:
- Ali beginnt das Spiel, indem er, ähnlich wie beim Tischtennisaufschlag, den Ball so spielt, dass dieser zuerst in seinem Feld und dann in einem anderen Feld auftickt.
- Der Spieler dort spielt den Ball so, dass er nur noch in einem der drei anderen Feldern auftickt. Es ist egal, welches Feld er wählt.
- So setzt sich das Spiel fort, bis ein Spieler einen Fehler macht. Fehler sind
  - zweimaliges Aufticken
  - kein Feld treffen
  - den Ball nicht spielen können.
- Macht ein Spieler einen Fehler, scheidet er aus, stellt sich hinten in der Reihe vor Feld 1 wieder an und alle anderen Spieler unter ihm rücken ein Feld weiter.
- Ein neuer Spieler betritt Feld 1 und spielt mit.

Rahmenbedingungen
- Spieler: 5-15
- Material: ein gut springender Ball
- Spielfeld: 5 x 5 m großes Quadrat mit Klebeband oder Kreide markieren und dieses in vier gleich große Quadrate unterteilen. Anschließend die Felder gegen den Uhrzeigersinn nummerieren.

Frantic

Spielidee:
Die Aufgabe der Spieler besteht darin, alle vom Spielleiter eingerollten Bälle so lange wie möglich in Bewegung zu halten.

Basisregeln:
- Der Spielleiter rollt zuerst von einer Spielfeldecke alle 1–2 Sekunden einen Ball ein, für jeden Spieler einen
- Nach ungefähr 30 Sekunden rollt er alle 10 Sekunden einen zusätzlichen Ball ein
- Bleibt der erste Ball liegen, ruft der Spielleiter laut „eins". Sobald beispielsweise der fünfte Ball liegen bleibt, wird das Spiel beendet und die Zeit gestoppt
- Die Bälle dürfen beliebig in Bewegung gehalten werden

Rahmenbedingungen:
- Spielerzahl: ab 10
- Material: mindestens doppelt so viele Bälle wie Spieler, z. B. Tennisbälle, Handbälle, Fußbälle
- Spielfeld: Hallendrittel

Variationen:
- Zuerst wird ein Ball eingerollt, anschließend alle 5 Sekunden weitere Bälle
- Die Gruppe versucht, im zweiten Durchgang die Zeit zu überbieten
- 2 Mannschaften spielen abwechselnd gegeneinander
- Alle Bälle werden aus einem Balleimer auf einmal in das Spielfeld geschüttet

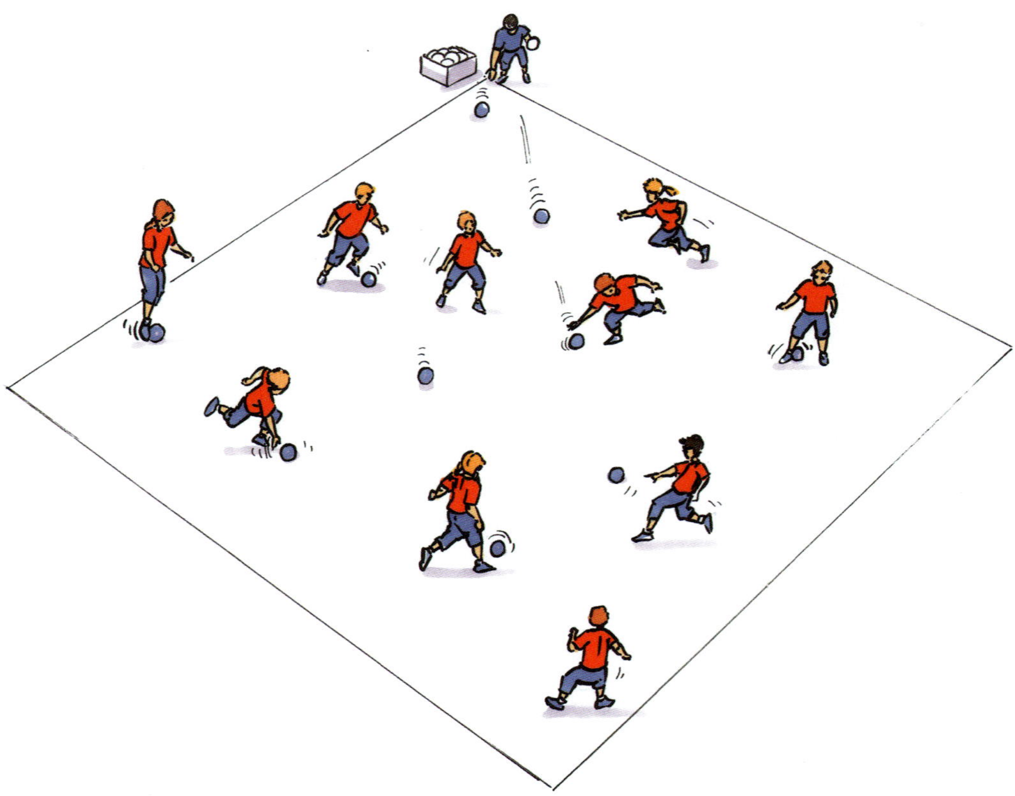

Fußball-Billard

Spielidee:
2 Mannschaften spielen gegeneinander Fußball. Jeder Torschuss und jedes Abspiel muss allerdings über die Hallenwände als Bande erfolgen.

Basisregeln:
- Gespielt wird nach Fußballregeln
- Jede Mannschaft greift auf 3 Tore an
- Die Tore befinden sich 80–100 cm von der Wand entfernt im Feld, ein Tor jeweils parallel zur Grundlinie und jeweils zwei parallel zu jeder Seitenlinie
- Tore zählen nur, wenn sie indirekt nach einem Spiel über die Bande erfolgen
- Jeder Pass zum Mitspieler muss über die Band erfolgen
- Gespielt wird auf Zeit

Rahmenbedingungen:
- Spielerzahl: 5–7 Spieler pro Mannschaft
- Material: 1 Hallenfußball; 6 Kastenelemente als Tore
- Ziel: Kastenelemente
- Spielfeld: kleine Halle mit 4 Wänden

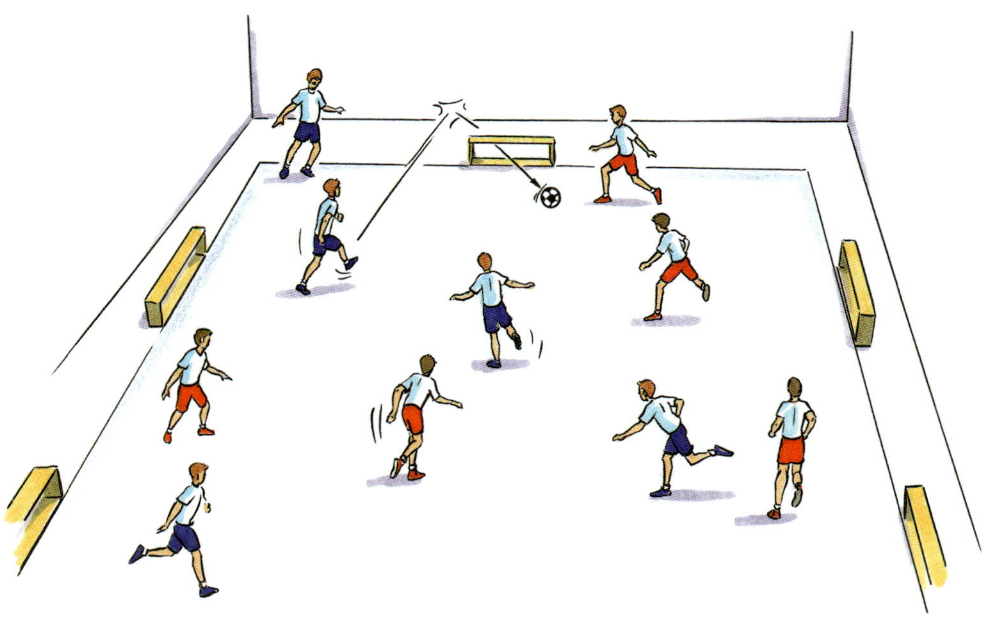

Fußball-Tennis

Spielidee:
2 Mannschaften oder Spieler spielen gegeneinander über ein Netz, eine Zauberschnur oder eine Bank. Ziel ist es, den Ball so in das gegnerische Feld zu spielen, dass der Ball nicht mehr oder nur fehlerhaft zurück gespielt werden kann.

Basisregeln:
- Der Ball wird durch einen Aufschlag ins Spiel gebracht
- Der Ball darf bei jedem Spieler einmal aufticken
- Der Ball darf bei jedem Angriff innerhalb der Mannschaft mehrfach gespielt werden
- Der Ball darf mit Fuß, Oberschenkel, Schulter, Brust oder Kopf gespielt werden
- Gespielt wird wei beim Tie-Break, d. h. man kann immer unabhängig vom Aufschlagsrecht punkten
- Die Mannschaft, die punktet, erhält das Aufschlagsrecht
- Wer zuerst 11, 15, 21 oder 25 Punkte hat, gewinnt den Satz
- Bei jedem erneuten Aufschlaggewinn wechseln die Spieler die Positionen

Rahmenbedingungen:
- Spielerzahl: 1–4 Spieler pro Mannschaft
- Material: Fußball oder Tennisball; Netz, Bank oder Zauberschnur
- Spielfeld: Volleyball-, Badminton- oder Tennisfeld
- Aufbau: 3 Felder können in ein Hallendrittel bzw. eine kleine Halle gebaut werden

Variationen:
- Der Ball darf bei jedem Angriff innerhalb der Mannschaft maximal dreimal/muss mindestens zweimal gespielt werden
- Der Ball darf bei jedem Ballwechsel innerhalb einer Mannschaft insgesamt nur einmal ticken

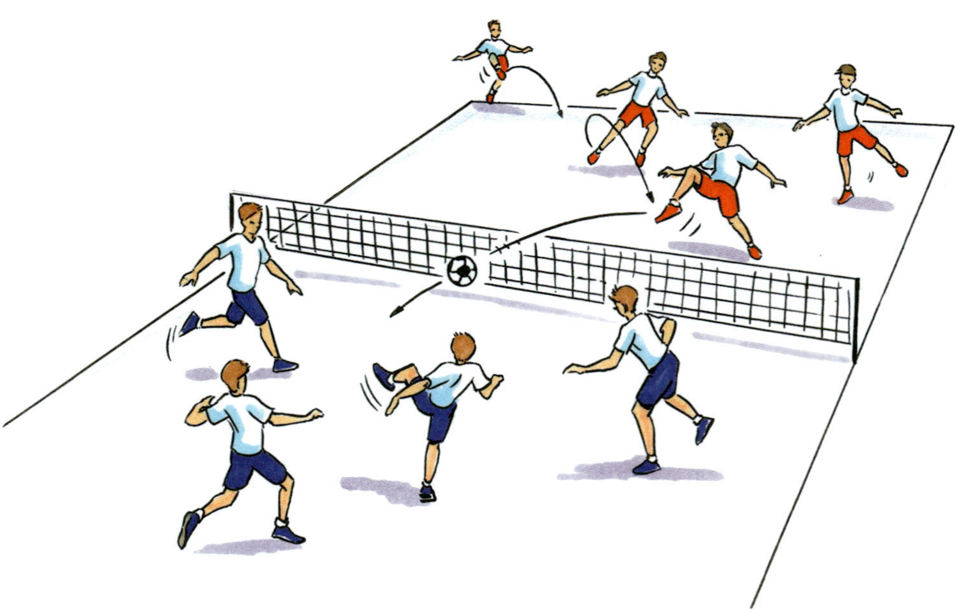

Fußball mit dem American Football

Spielidee:
Zwei Mannschaften spielen Fußball mit einem American Football gegeneinander. Wer die meisten Tore erzielt, gewinnt.
Die Spieler müssen sich immer neu auf das Flug- und Rollverhalten des Footballs einstellen und entsprechend reagieren. Wer sich für einen begnadeten Fußballspieler hält, kann „alt" aussehen und Spieler ohne Erfahrung haben Erfolgserlebnisse. Gute Alternative zum Fußball in heterogenen Gruppen.

Rahmenbedingungen:
- Spielerzahl: 6–11 Spieler pro Mannschaft
- Material: American Football
- Ziel: Fußballtore
- Spielfeld: die große Halle oder ein (halbes) Fußballfeld
- Aufbau: Gespielt wird auf 2 oder 4 Tore

Variation:
- Fußball mit einem großen Schaumstoffwürfel. Jedes Tor zählt so viele Punkte, wie der Würfel im Tor anzeigt

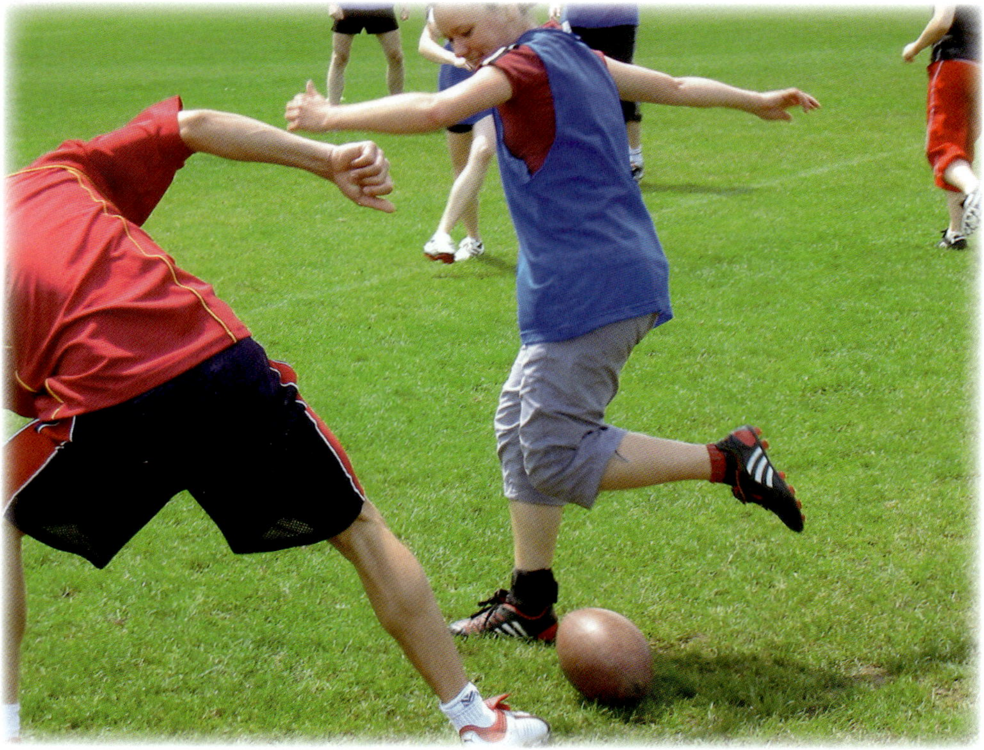

Fußball verrückt

Spielidee:
2 Mannschaften spielen Fußball gegeneinander mit dem Ziel, mehr Tore als der Gegner zu schießen.

Basisregeln:
- Bei jedem erzielten Tor bestimmt die Mannschaft, die es kassierte, mit welchem Ball weiter gespielt wird
- Es gibt keinen Anstoß, der Spielleiter spielt den Ball der jeweiligen Mannschaft zu

Rahmenbedingungen:
- Spielerzahl: 5–11 Spieler pro Mannschaft
- Material: je unterschiedlicher die zur Verfügung stehenden Bälle, desto besser (Tischtennisball, Football, Pezziball, Tennisball, Softball ...)
- Spielfeld: abhängig von der Spielerzahl, Hallendrittel oder größer, 2 Tore

Variation:
- Eine Mannschaft besteht aus 4–6 Spielern, gespielt wird 2:2, nach jedem Tor werden die Spieler ausgetauscht und der Ball gewechselt. Es passen 3 Spielfelder, z. B. durch Langbänke als Bande abgetrennt, in ein Hallendrittel.

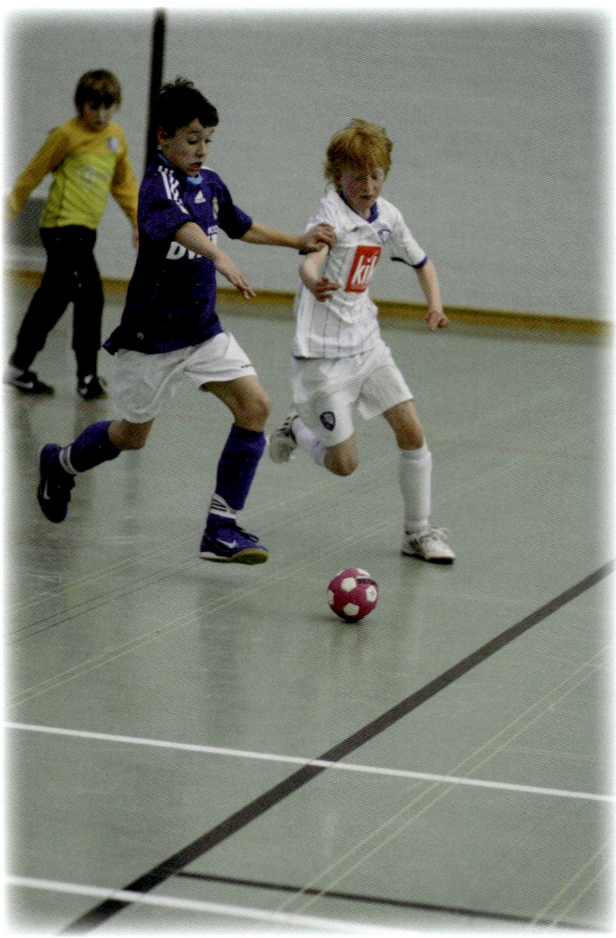

Gemetzel

Spielidee:
2 Mannschaften spielen gegeneinander ein Raufspiel mit dem Ziel, den eigenen Medizinball auf die gegnerische Matte zu legen und gleichzeitig zu verhindern, dass der Gegner seinen Ball auf die eigene Matte legt.

Basisregeln:
- Der Gegner darf angegriffen und festgehalten werden
- Die Medizinbälle dürfen nur gerollt werden und den Boden nicht verlassen

Rahmenbedingungen
- Spielerzahl: maximal 15:15
- Material: 2 Medizinbälle; 2 Matten
- Spielfeld: ein Hallendrittel, bei weniger Spielern ein kleineres Spielfeld

Variation:
- Gespielt wird mit 2 Pezzibällen

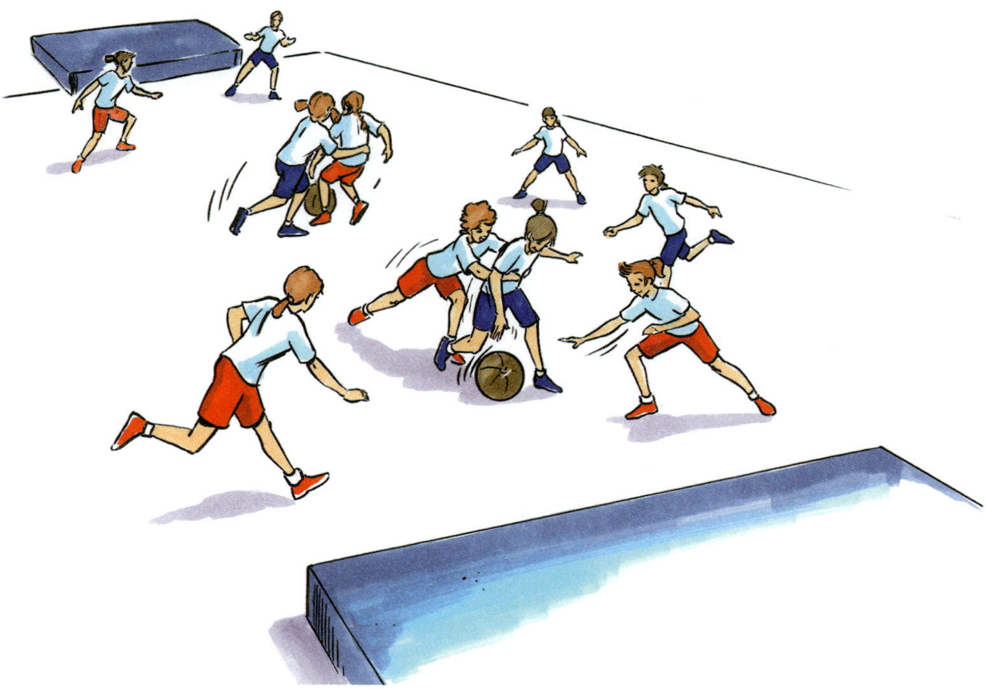

Gulli-Ball

Spielidee:
2 Mannschaften spielen gegeneinander mit dem Ziel, einen aufgeblasenen Badeball in den gegnerischen „Gulli" zu spielen, so dass er dort den Boden berührt oder nur fehlerhaft zurück gespielt werden kann.

Basisregeln:
- Jeder Ball, der im gegnerischen Gulli den Boden berührt oder nur fehlerhaft zurückgespielt werden kann, gibt einen Punkt
- Ein Ball ist fehlerhaft zurückgespielt, wenn der Gegner ihn nicht wieder über die Zauberschnur oben aus seinem Gulli heraus spielen kann
- Die Mannschaft mit den meisten Punkten am Ende der Spielzeit gewinnt
- Der Ball darf mit allen Körperteilen gespielt werden, der einzelne Ballkontakt ist dabei so minimal kurz wie beim Volleyball
- Der Ball darf nicht gefangen, getragen, geworfen oder geführt werden

Rahmenbedingungen:
- Spielerzahl: 5:5 bis 8:8
- Material: 4 Zauberschnüre; ein aufgeblasener Badeball
- Aufbau: Jeweils 2 in 2 m Höhe und einem Abstand von 2 m über die ganze Spielfeldbreite gespannte Zauberschnüre markieren einen Gulli

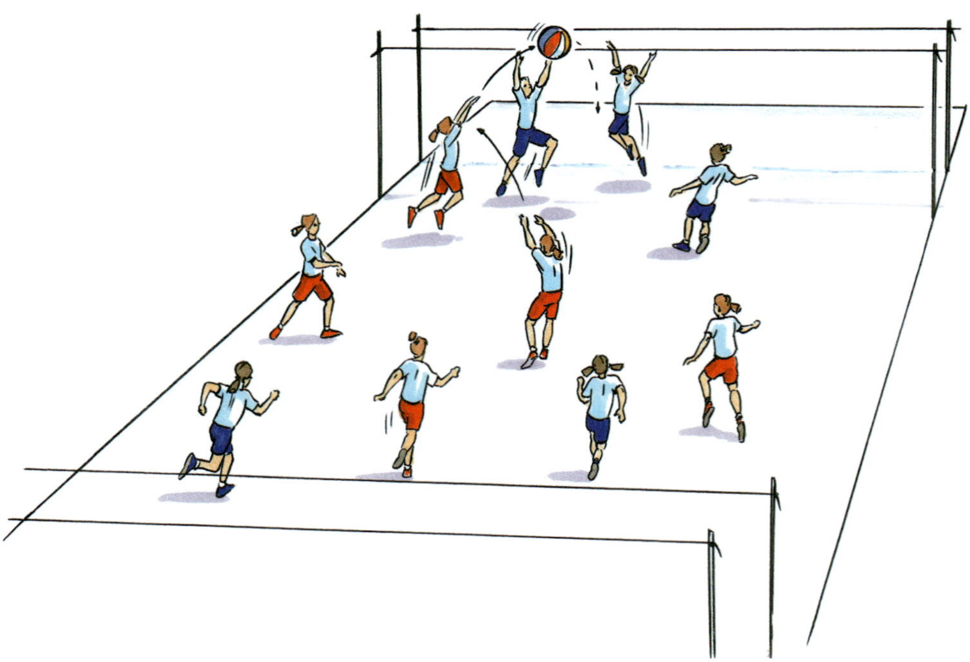

Hallenkicker

Spielidee:
2 Mannschaften spielen gegeneinander Fußball nach dem Prinzip des „Kickerns“ und versuchen, einen Ball über die gegnerische Torlinie zu schießen. Dazu steht jeder Spieler in einem Reifen, den er nicht verlassen darf, und schaut in Richtung gegnerisches Tor.

Basisregeln:
- Der Start erfolgt durch Einwurf des Spielleiters auf die Mittellinie
- Die Aufstellung der Mannschaften wird durch die Reifen vorgegeben und kann z. B. in 5 Reihen erfolgen: Torwart (1 Spieler), Abwehr (2 Spieler), Mittelfeld 1 (3 Spieler), Mittelfeld 2 (4 Spieler) und Sturm (3 Spieler) – sie kann aber natürlich auch beliebig verändert werden
- Ein Spieler darf seinen Reifen nicht verlassen oder verschieben; allerdings darf er alle Körperteile benutzen
- Der Torwart darf sich über die gesamt Breite der Torlinie bewegen und zum Abwehren Hände und Füße benutzen
- Fliegt der Ball aus dem Spielfeld oder kann er von keinem Spieler erreicht werden, erhält der Spieler den Ball, der den letzten Ballkontakt hatte
- Gespielt wird mit 2 oder mehr Pezzibällen

Rahmenbedingungen:
- Spielerzahl: maximal 13 pro Mannschaft
- Material: 2 oder mehr Pezzibälle, einen Reifen für jeden Spieler
- Spielfeld: Hallendrittel

Variation:
- Die Spieler halten sich in einer Reihe an den Händen fest oder sind jeweils durch ein Seil verbunden. Sie dürfen sich aber nur auf einer Linie bewegen.

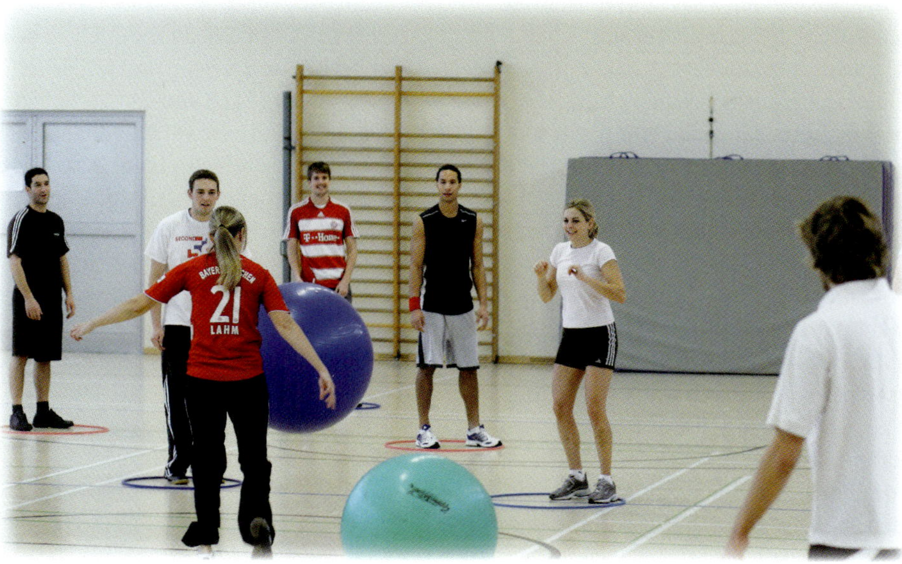

Haltet das Feld frei

Spielidee:
Zwei Mannschaften, die durch eine an der Mittellinie in ca. 50 cm Höhe gespannte Zauberschnur voneinander getrennt sind, spielen gegeneinander. In jeder Spielhälfte befinden sich mehr Bälle als Spieler.
Ziel ist es, so viele Bälle wie möglich in das andere Feld zu rollen oder zu werfen. Wer bei Abpfiff in seinem Feld weniger Bälle hat, ist Sieger.

Basisregeln:
- Die Bälle dürfen nur unter der Schnur durchgespielt werden
- Die Bälle dürfen nicht geschossen werden
- Nach dem Abpfiff darf kein Ball mehr gespielt werden
- Die Bälle dürfen nicht gesammelt werden
- Es gibt kein AUS

Rahmenbedingungen:
- Spielerzahl: beliebig
- Material:
  - Es werden mehr Bälle als Spieler benötigt, die Auswahl der Bälle ist beliebig
  - Es können auch Bierdeckel, Badmintonbälle, Taschentuchpäckchen oder zerknülltes Zeitungspapier genutzt werden.
- Spielfeld: ein Hallendrittel oder kleine Halle
- Organisatorischer Hinweis: Dauer pro Durchgang: 2 min

Variationen:
- Die Mannschaft, die nach Abpfiff als erste komplett auf einer Bank sitzt, bekommt 2 Zusatzpunkte. Dadurch wird verhindert, dass auch nach dem Schlusspfiff noch geworfen wird
- Es darf über die Schnur geworfen oder gespielt werden. Weil dabei die Gefahr besteht, dass ein Spieler aus kurzer Entfernung getroffen wird, sollte möglichst nur „ungefährliches" Material verwendet werden: Bierdeckel, Tischtennisbälle, Badmintonbälle
- Die Bälle werden ausschließlich mit dem Fuß gespielt
- Es kann auf beiden Seiten eine Abwurflinie markiert werden
- Es wird mit vielen Bierdeckeln (ca. 100) gespielt. Nach Abpfiff bauen beide Mannschaften aus den Bierdeckeln in ihrer Hälfte einen Turm. Anhand der Höhe kann man erkennen, welche Mannschaft gewonnen hat
- Burgverteidigung: Ein verteidigendes Team versucht ihre Burg (ein Viereck aus Langbänken) frei von Kanonenkugeln (Bällen) zu halten. Das angreifende Team will so viele Bälle wie möglich in die Burg werfen. Ein um die Burg verlaufender Burggraben darf von den Angreifern lediglich zum Holen der Kanonenkugeln betreten werden. Gespielt wird auf Zeit, z. B. 2 min, anschließend werden Angreifer und Burgwächter getauscht. Gewonnen hat die Mannschaft, die die wenigsten Kanonenkugeln nach abgelaufener Spielzeit in ihrer Burg hatte. Den Burgwächtern ist es gestattet, die Kanonenkugeln direkt abzufangen und zurückzuwerfen. Die Bälle dürfen zu keiner Zeit geschossen werden und weder von den Angreifern noch von den Verteidigern gesammelt und kurz vor Ablauf der Zeit auf einmal geworfen werden. Gespielt wird mit deutlich mehr Bällen als es Spieler gibt. Je unterschiedlicher die Bälle, desto interessanter. Man kann festlegen, dass die Bälle einmal im Burggraben aufticken müssen, bevor sie in die Burg gelangen, dass mit allen Körperteilen gespielt werden darf oder nur durch die Beine.
- Die Halle wird in 4 Felder geteilt, sodass 4 Teams gegeneinander spielen.

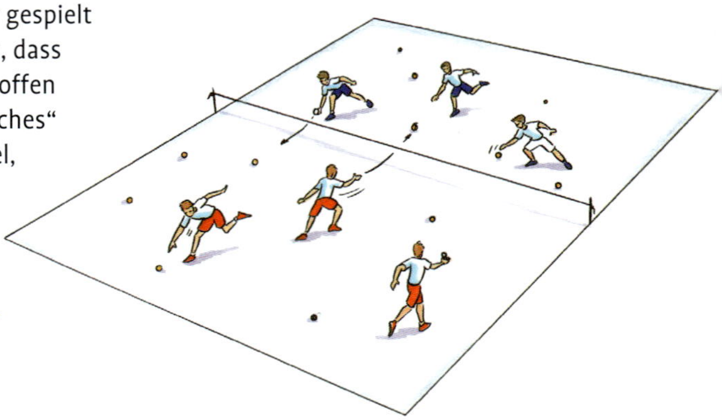

Handball-Fußball

Spielidee:
Zwei Mannschaften spielen gegeneinander mit dem Ziel, Tore innerhalb des 9-m-Raums zu erzielen. Außerhalb des 9-m-Raums wird nach Handballregeln gespielt, innerhalb Fußball nach Fußballregeln.

Rahmenbedingungen:
- Spielerzahl: 14
- Material: 2 Handballtore, 1 Handball, Markierungshemden
- Spielfeld: Handballfeld

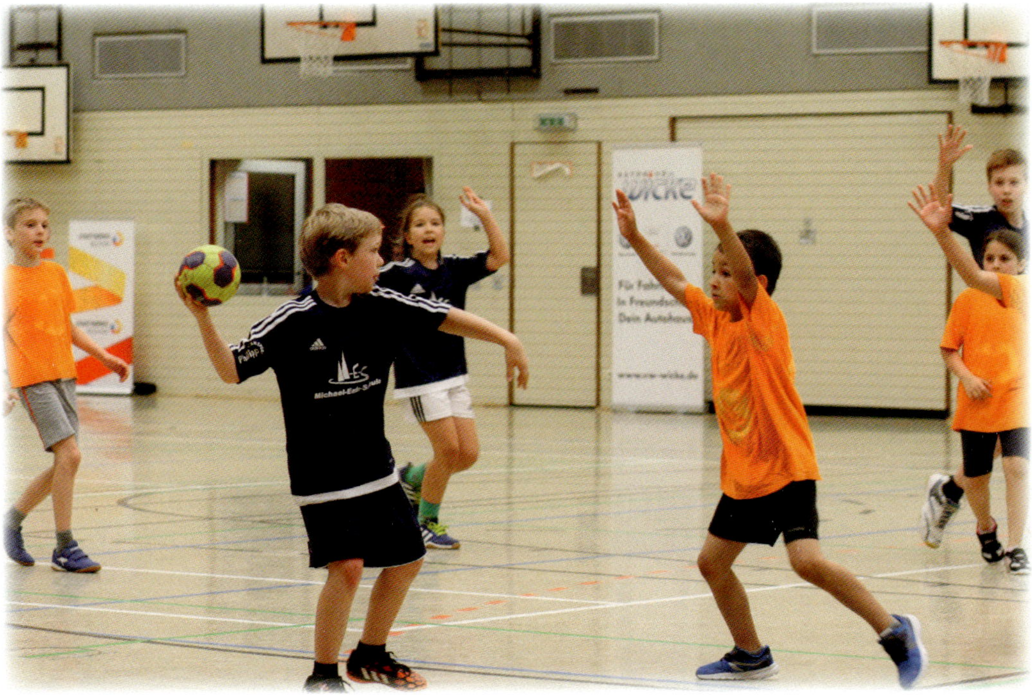

Handball-Fußball-Kopfball

Spielidee:
2 Mannschaften spielen gegeneinander mit dem Ziel, Tore mit dem Kopf zu erzielen.

Basisregeln:
- Jede Mannschaft wird aufgeteilt: Die eine Hälfte sind Handballspieler, die andere Hälfte sind Fußballspieler. Beide sollten entsprechend gekennzeichnet werden
- Die beiden Stirnwände sind die Tore. Es wird eine „Torlatte“ markiert als obere Begrenzung (Reichhöhe)
- Tore dürfen nur mit dem Kopf erzielt werden
- Es gelten Handball- und Fußballregeln
- Befindet sich der Ball unter Hüfthöhe, dürfen nur die Fußballer spielen, befindet sich der Ball über Hüfthöhe, spielen die Handballer weiter

Rahmenbedingungen:
- Spielerzahl: 6:6 oder 8:8
- Material: Softball oder Volleyball; Leibchen oder Mannschaftsbänder
- Ziel: Stirnwände
- Spielfeld: Handballfeld
- Aufbau: Markierungslinien an den Wänden

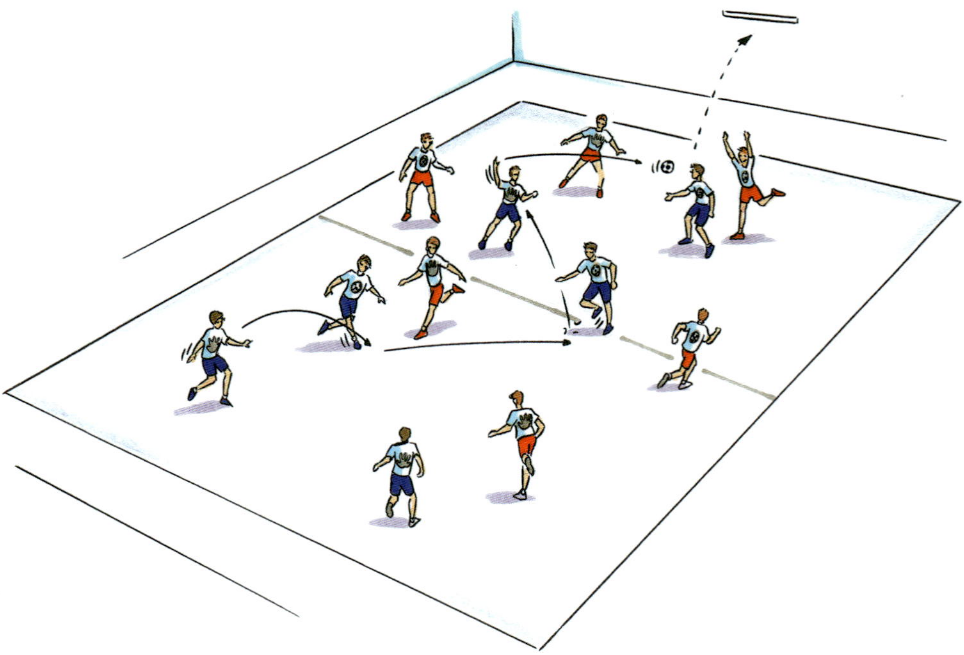

Handball-Kopfball

Spielidee:
2 Mannschaften spielen gegeneinander Handball auf zwei Linientore, zwei gegenüberliegende Hallenwände oder zwei normale Tore.

Basisregeln:
- Tore dürfen nur mit dem Kopf erzielt werden
- Der Ball darf sich nicht selber zum Kopfball angeworfen werden
- Es sind maximal 3 Schritte mit Ball erlaubt

Rahmenbedingungen:
- Spielerzahl: 3–7 Spieler pro Mannschaft
- Material: Volleyball, Fußball oder Softball
- Spielfeld: ein Hallendrittel oder kleine Halle

Variation:
- Der Ball muss nach der Wandberührung oder nach der Linienüberquerung noch von einem Mitspieler gefangen werden

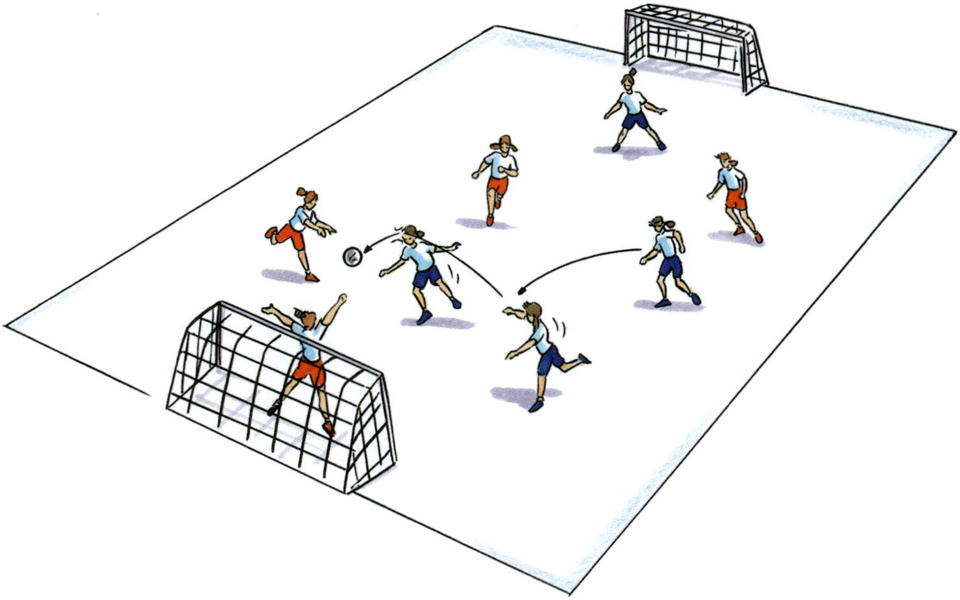

Handtuchball

Spielidee:
2 Mannschaften spielen gegeneinander mit dem Ziel, einen Ball so in das gegnerische Feld zu spielen, dass der Gegner ihn gar nicht oder nur fehlerhaft zurückspielen kann.

Rahmenbedingungen:
- Spielerzahl: 2:2 oder 4:4
- Material: Pro Spielerpaar ein Badetuch; 1 Ball pro Spielfeld
- Spielfeld: Badmintonfeld mit Netz

Basisregeln:
- Der Ball wird zunächst mit dem Handtuch aufgefangen und dann wieder herausgeschleudert
- 2 Spieler müssen bei der Ballberührung das Handtuch festhalten
- Gespielt wird nach Volleyballregeln
- Sieger ist, wer zuerst eine bestimmte Punktzahl erreicht hat

Variationen:
- Jeder Spieler hat ein normales Handtuch in den Händen, das er im Moment der Ballberührung spannen muss. So kann der Ball direkt ähnlich wie mit einem Schläger gespielt werden
- *Flingo:* Jeder Spieler bekommt ein dreieckiges Tuch aus dehnbarem Material. Dieses wird mit der großen Schlaufe um den Hals gehängt und an zwei weiteren Schlaufen mit beiden Händen straff gespannt. So entsteht eine Trampolin-Fläche, mit der der Ball gespielt wird.
- Handtuchball auf zwei Wände als Tore

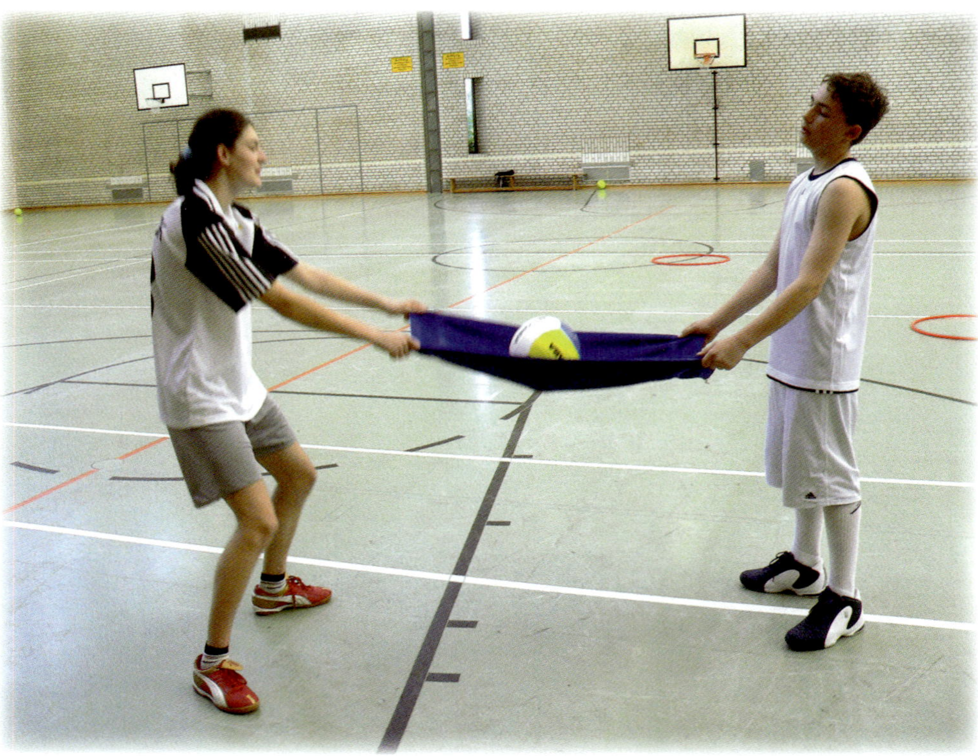

Hindernis-Brennball

Spielidee:
2 Mannschaften spielen gegeneinander Brennball. Das Umlaufen des Spielfeldes wird durch Hindernisse erschwert. Weil dadurch die Läufermannschaft erschwerte Bedingungen hat, werfen immer 3–8 Spieler gleichzeitig ihren Ball ins Feld. Erst wenn der letzte Ball im Brenner ist, ist der Durchgang beendet.

Basisregeln:
- Die Bälle dürfen beliebig ins Spiel gebracht werden
- Die Fänger dürfen die Läufer nicht behindern
- Wer nicht ein Freimal oder das Parcoursende erreicht, bevor der Ball im Brenner ist, ist „verbrannt“ und muss sich bei der Werfermannschaft wieder hinten anstellen
- Pro erfolgreich absolviertem Parcours erhalten die Werfer einen Punkt
- Ein „home-run“ zählt doppelt
- Gespielt wird auf Zeit, die Mannschaft mit den meisten Punkt gewinnt
- Jeder Ball muss in einen anderen Brenner gelegt werden

Rahmenbedingungen:
- Spielerzahl: 6–16 Spieler pro Mannschaft
- Material: 3–8 beliebige Bälle; kleine Kästen
- Spielfeld: ein Hallendrittel
- Aufbau:
  - Verschiedene umgedrehte kleine Kästen als Brenner im Spielfeld verteilen
  - Der aufgebaute Parcours darf auch bei schnellem Laufen nicht gefährlich sein
  - Teilnehmer können den Hindernisparcours selbst entwickeln und verändern
  - Die Hindernisse müssen so konzipiert werden, dass es zu keinen Staus kommt

Variationen:
- Parkour-Brennball: Die Hindernisse müssen mit zuvor geübten Parkourtechniken überwunden werden (z. B. Katzensprung über einen großen Kasten).
- Ebenso viele Brennmale im Feld verteilen wie Bälle im Spiel sind.

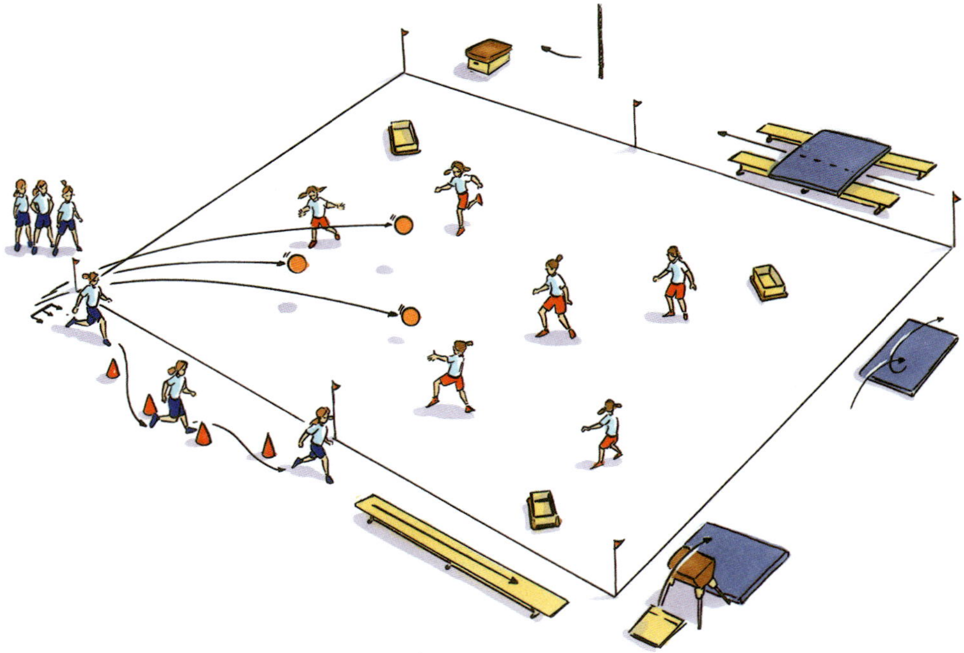

Hochball

Spielidee:
Jeder spielt gegen jeden mit dem Ziel, durch volley erzielte Tore die Punktzahl des im Tor stehenden Spielers zu verringern.

Basisregeln:

- Begonnen wird mit Lattenwerfen, um den ersten Torwart zu bestimmen: Alle Spieler werfen von einer vorgegebenen Markierung auf die Latte. Alle die treffen, müssen nicht ins Tor. Alle, die nicht getroffen haben, werfen solange weitere Durchgänge, bis nur noch ein Spieler übrig bleibt, der nicht getroffen hat. Er ist dann erster Torwart
- Tore dürfen nur direkt aus der Luft erzielt werden, also nach Vorlage eines Mitspielers
- Selbstvorlage zählt nicht, derjenige muss sofort ins Tor
- Aus dem inneren Feld heraus dürfen Tore nur mit dem Kopf, der Hacke oder dem Knie erzielt werden
- Aus dem äußeren Feld zählen Schüsse aller Art
- Fällt aus einem regelgerechten Torschuss ein Tor, bekommt der Torwart einen Punkt abgezogen. Er bleibt im Tor
- Geht der Ball ins Tor- oder Seitenaus, muss der Schütze ins Tor
- Latte und Pfosten retten, d. h. der Schütze muss nicht ins Tor
- Der Torwart bringt den Ball durch einen Einwurf wieder ins Spiel. Dieser Einwurf zählt auch als Vorlage
- Wer keinen Punkt mehr hat, scheidet aus
- Das Spiel ist beendet, wenn nur noch zwei Spieler übrig sind

Rahmenbedingungen:

- Spielerzahl: Mindestens 3 Spieler
- Material: Fußball; 1 Tor
- Ziel: Fußballtor
- Spielfeld:
  - Halbes Handballfeld: Der Kreis ist das innere Spielfeld, der Rest das äußere Spielfeld.
  - Halbes Fußballfeld: Der Fünfmeterraum ist das innere Spielfeld, der Strafraum das äußere Spielfeld.

Variation:

- Wenn ein Spieler 0 Punkte hat, bleibt ihm noch ein sogenannter „Gummipunkt“. Mit diesem kann er bestimmen, wie die im Spiel verbleibenden Spieler ihre Tore erzielen müssen

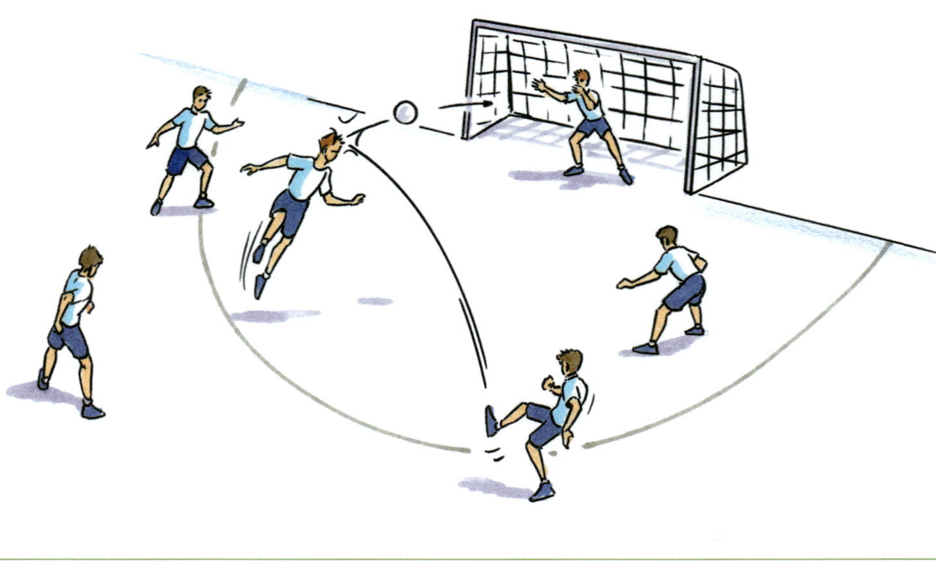

Hockey-Golf

Spielidee:
Ziel ist es, einen Hockeyball mit möglichst wenigen Schlägen von einem Startpunkt in oder an ein festgelegtes Ziel zu schlagen.

Basisregeln:
- Es wird von der Stelle weiter geschlagen, wo der Ball liegen bleibt
- Die benötigten Schläge bis ins Ziel werden wie beim Minigolf für jede Station aufgeschrieben
- Der Spieler mit den wenigsten Gesamtversuchen gewinnt
- Es werden bis zu 18 Stationen aufgebaut

Rahmenbedingungen:
- Spielerzahl: beliebig
- Material: Jeder Spieler hat einen Hockeyschläger und Hockeyball
- Spielfeld: ein Hallendrittel oder Sportplatz
- Aufbau: Beim Bau der Stationen ist der Kreativität keine Grenze gesetzt

Variationen:
- Es kann in mehreren Teams gespielt werden. Die Werfer wechseln bei jedem Schlag in einer festgelegten Reihenfolge
- Es wird auf Zeit gespielt. Wer zuerst das Ziel erreicht, gewinnt. Die Anzahl der benötigten Schläge zählt nicht. Bei dieser Form sollte aber unbedingt draußen gespielt werden, um auch größere Strecken überwinden zu müssen

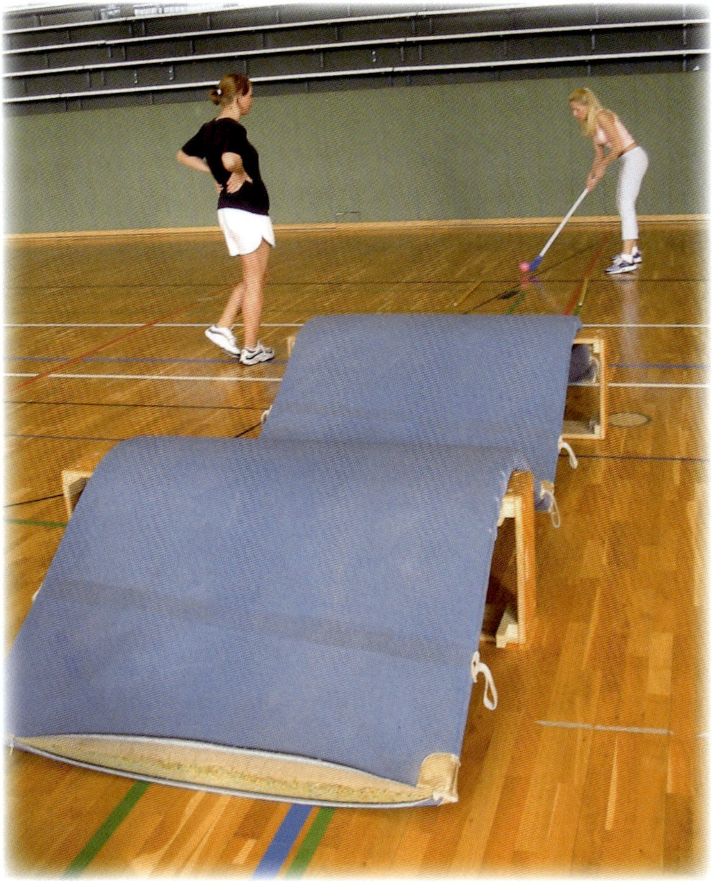

Hütchen-Hockey

Spielidee:
Zwei Mannschaften spielen mit Markierungsscheiben als Schläger gegeneinander Hockey auf zwei Tore. Als Ball wird ein Floorball (Lochball) eingesetzt.

Basisregeln:
- Ein absichtliches Spiel mit dem Fuß ist verboten.
- Der Ball darf nur mit dem Hütchen gespielt werden, auch vom Torwart.
- Es gibt kein Aus, die Hallenwände dienen als Bande.

Rahmenbedingungen:
- Spielerzahl: ab 6
- Material: Floorball, 1 Markierungshütchen für jeden Spieler, 2 Tore
- Spielfeld: ein Hallendrittel oder eine größere Halle

Variationen:
- Flaschenhockey mit einer PET-Flasche als Schläger
- Bierdeckelhockey
- Spiel auf 4 Tore

Intercrosse

Spielidee:
Intercrosse ist die körperlose Variante der Sportart Lacrosse. 2 Mannschaften, jeder Spieler hat einen Schläger, an dessen Ende sich ein Kunststoffkorb befindet, spielen gegeneinander mit dem Ziel, möglichst viele Tore zu erzielen.

Basisregeln:
- Kein Kontakt zwischen Körper/Körper und Körper/Stick
- Der Kontakt Stock/Stock ist dann regelwidrig, wenn er absichtlich herbeigeführt wird
- Der Ball darf nur mit dem Stick geführt werden
- Der Ball darf weder geschlagen noch mit dem Körper berührt werden
- Ein Spieler darf den Ball maximal 5 Sekunden im Korb halten. Andernfalls verliert die Mannschaft den Ball
- Der ballführende Spieler darf nur laufen oder einen Sternschritt am Ort machen, gehen ist verboten
- Fällt der Ball auf den Boden, darf man ihn mit dem Stick aufnehmen oder ihn „covern", also mit dem Kopf des Sticks bedeckt. Hat ein Spieler den Ball gecovert, so ist die Aktion abgeschlossen und kein anderer Spieler darf mehr versuchen, den Ball zu covern. Alle umstehenden Spieler müssen dem einen Spieler die Möglichkeit geben, den Ball aufzunehmen und einen Pass mit dem Ball auszuführen. Mindestabstand 2 m. Der Schuss darf nicht blockiert werden

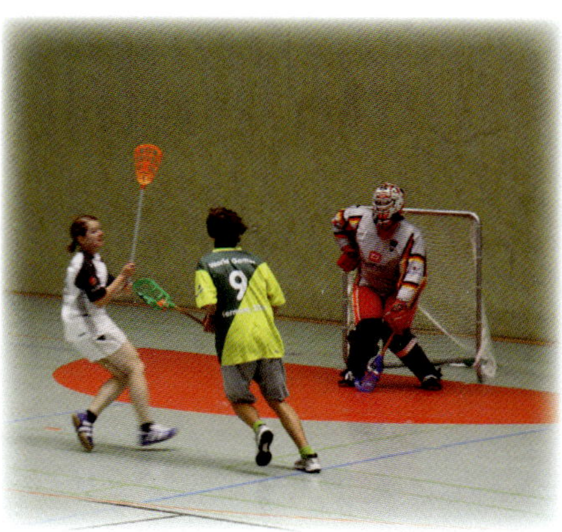

- Der Stick muss in beiden Händen gehalten werden; fangen, werfen und covern ist mit einer Hand gestattet
- Landet ein Ball im AUS, kann ein Spieler mit Ball einlaufen oder einen Pass spielen
- Es gibt einen Torkreis, der nur vom Torwart betreten werden darf
- Es muss Manndeckung gespielt werden
- Da der Verteidiger den Angreifer nicht attackieren darf, muss er versuchen, Pässe abzufangen und Laufwege zuzustellen
- Wird ein Spieler von einem Angreifer berührt, so geht der Ball an die andere Mannschaft. Es sei denn der Kontakt wurde vom stehenden Spieler provoziert

Rahmenbedingungen:
- Spielerzahl: 4 Feldspieler, 1 Torwart pro Mannschaft
- Material: für jeden Spieler einen Stick, spezieller Weichgummiball (etwas größer als ein Tennisball), 2 Tore (normalerweise 1,22 m x 1,22 m), der Torwart braucht eine Schutzausrüstung
- Spielfeld: Handballfeld (40 m x 20 m), falls nur ein Hallendrittel zur Verfügung steht, sollte nur mit 3 Feldspielern gespielt werden

Variationen:
- Intercrosse-Tchoukball: 2 Mannschaften spielen auf die Basketballbretter. Berührt der Ball nach Kontakt mit dem Brett in einem festgelegten Bereich den Boden, bekommt die angreifende Mannschaft einen Punkt. Fängt ein Verteidiger, der nicht behindert werden darf, den Ball, geht das Spiel weiter. Berührt der Ball Netz oder Ring, geht das Spiel ohne Punkt weiter
- Ultimate-Intercrosse: Wie beim Ultimate Frisbee wird ein Punkt erzielt, wenn ein Spieler der ballführenden Mannschaft einen Pass in der gegnerischen Endzone fangen kann. Jeder Spieler darf mit Ball lediglich einen Sternschritt machen, jedoch nicht laufen

Jägerball

Spielidee:
Ziel des Jägers ist es, mit einem Softball möglichst viele Hasen abzutreffen.

Basisregeln:
- Wer getroffen wurde, wird ebenfalls Jäger
- Bei mehr als einem Jäger darf mit dem Ball in der Hand nicht gelaufen werden
- Wer als Hase übrig bleibt, wird neuer Jäger
- Auch indirekte Treffer zählen
- Der Ball darf nicht von den Hasen gefangen werden

Rahmenbedingungen:
- Spielerzahl: beliebig, deutliche Kennzeichnung der Jäger durch Leibchen oder Mütze
- Material: 1 Softball
- Spielfeld: Das Spielfeld ist – je nach Spielerzahl – ein halbes Handballfeld, ganzes Volleyball- oder Handballfeld.

Variationen:
- Es gibt 2–3 „feste" Jäger, gespielt wird mit einem Handball in der ganzen Halle. Nur derjenige Jäger, der in Ballbesitz ist, darf die Hasen fangen. Gefangene Hasen scheiden aus und müssen Seilchen springen. Es wird entweder solange gespielt, bis 2–3 Sieger feststehen, oder bis die Jäger alle Hasen gefangen haben. Stellt man fest, dass die Jäger im Verlauf des Spiels Schwierigkeiten bekommen, die Hasen zu fangen, sollte das Spielfeld halbiert werden. Wichtig ist die Auswahl der beiden Jäger: Sie sollten einen Ball gut fangen und passen können.
- 4–5 Jäger bekommen je einen Tennisschläger und einen Softball (oder einen Tischtennisschläger und Tischtennisball). Ziel ist es, so viele Hasen wie möglich mit dem Ball abzutreffen. Wer getroffen wurde, scheidet aus und muss Seilchen springen.
- Mannschaftsjägerball auf Zeit: 2 Teams spielen gegeneinander. Ziel der Jäger ist es, so schnell wie möglich alle Hasen abzuwerfen. Wer getroffen wurde, verlässt das Feld. Die Zeit wird gestoppt und anschließend werden die Rollen gewechselt.

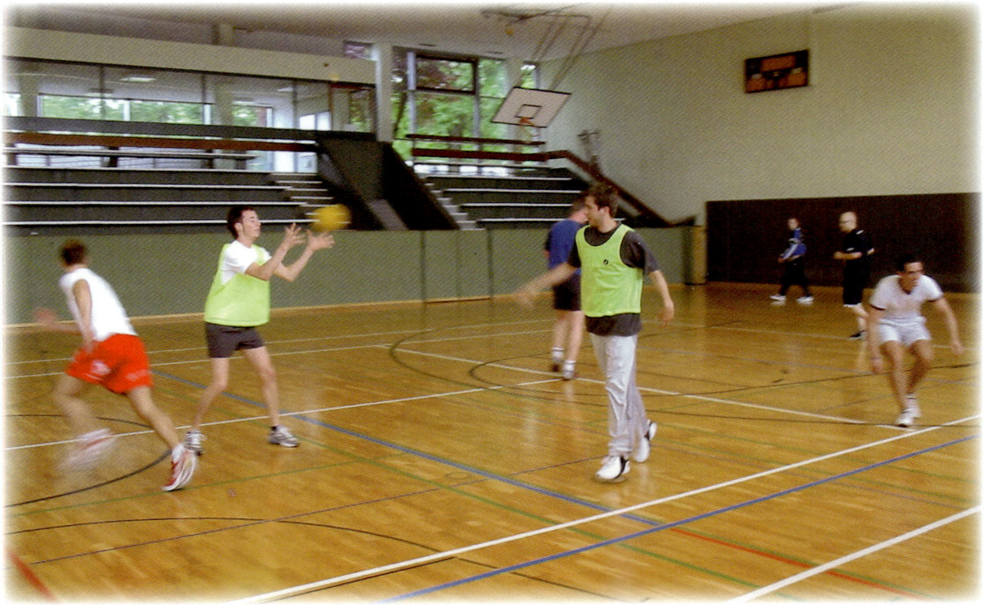

Kästen ausräumen

Spielidee:
3–5 Spieler versuchen, möglichst schnell alle Bälle aus den Kästen, die auf Rollbrettern stehen, auszuräumen. Die anderen Spieler versuchen zu verhindern, dass die Kästen leer werden, indem sie die „Speicher" immer wieder mit den Bällen auffüllen. Wenn sich kein Ball mehr im Kasten befindet, wird die Zeit gestoppt und neue Ausräumer bestimmt. Welche Gruppe schafft die schnellste Zeit?

Rahmenbedingungen:
- Spielerzahl: ab 12
- Material: 2–4 Kästen, 2–4 Rollbretter, 20–30 unterschiedliche Bälle
- Spielfeld: Hallendrittel

Basisregeln:
- Die Kästen dürfen verschoben werden
- Haben die Wächter einen Kasten geleert, drehen sie ihn um. Es dürfen dann nur noch die anderen Kästen gefüllt werden

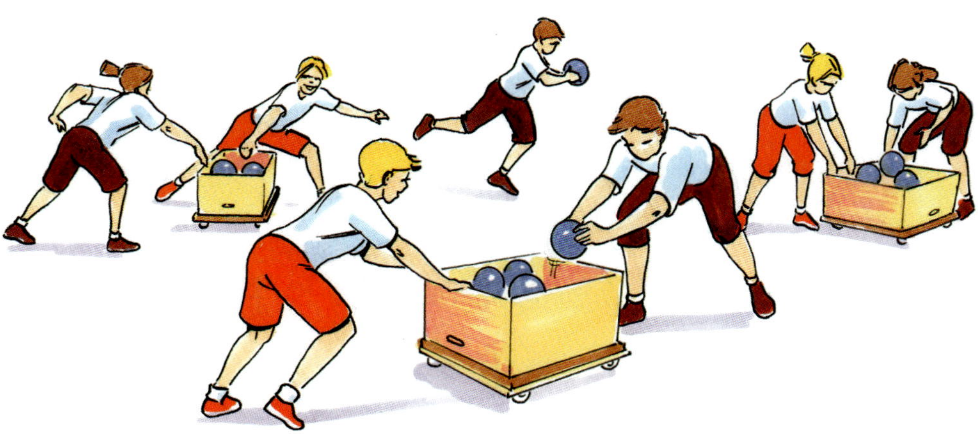

Kastenbasketball

Spielidee:
2 Mannschaften spielen gegeneinander mit einem Basketball auf kleine Kästen. Ziel ist es, den Basketball auf einem Kasten abzulegen.

Basisregeln:
- Die Angreifer müssen den Basketball auf einem Kasten ablegen, der nicht von einem Verteidiger besetzt ist
- Mit dem Ball darf wie beim Basketball gedribbelt und gepasst werden
- Die Verteidiger versuchen durch geschicktes auf die Kästen Setzen, das Ablegen des Basketballs zu verhindern
- Außerdem versuchen die Verteidiger den Ball abzufangen. Gelingt es ihnen, so müssen sie den Ball einmal über eine Auslinie spielen, um ihn dann ebenfalls auf einem Kasten ablegen zu können

Rahmenbedingungen:
- Spielerzahl: 4–7 Spieler pro Mannschaft
- Material: Basketball
- Ziel: Kasten
- Spielfeld: Spielfeldgröße je nach Anzahl der Spieler
- Aufbau: Die Kästen sind im Spielfeld verteilt; 1 Kasten mehr als Spieler einer Mannschaft

Variationen:
- Kästen unterschiedlich platzieren
- Falls die Mannschaften gut spielen, einen weiteren Kasten ins Spiel bringen
- Reifenball: 1 Reifen mehr als Spieler, gespielt wird Fußball, sobald ein Abwehrspieler einen Fuß im Reifen hat, darf dort kein Tor erzielt werden

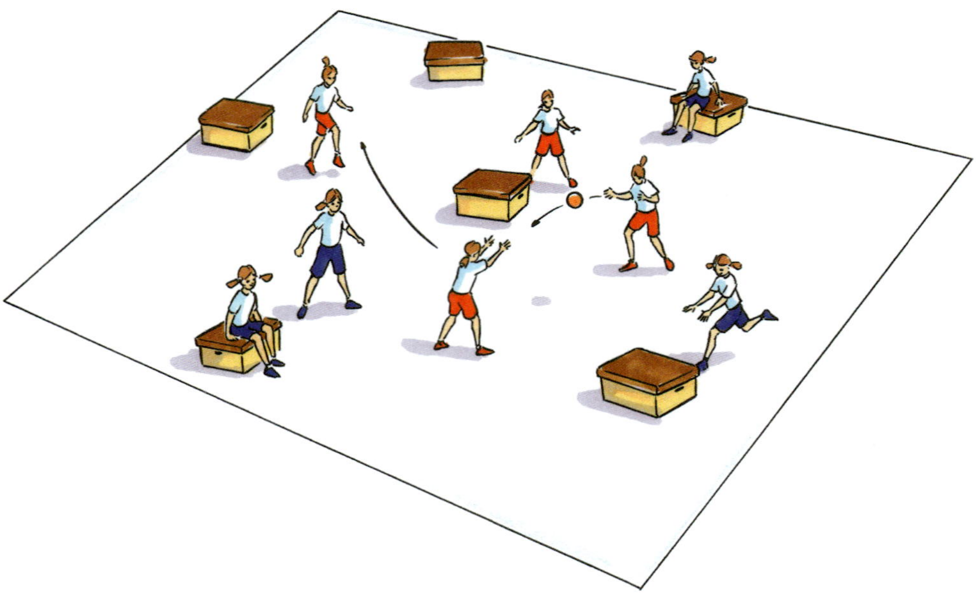

Kastenfußball

Spielidee:
2 Mannschaften spielen gegeneinander Fußball auf zwei Kastenelemente.

Basisregeln:
- Gespielt wird nach Fußballregeln
- Tore können von beiden Seiten erzielt werden

Rahmenbedingungen:
- Spielerzahl: 4–7 Spieler pro Mannschaft
- Material: 1 Fußball; 2 Kastenteile
- Ziel: 2 Kastenteile als Tore
- Spielfeld: ein Hallendrittel
- Aufbau: Die Tore stehen weit genug im Feld, so dass um sie herum gespielt werden kann

Variation:
- Mit jeweils 2 Toren pro Mannschaft, also insgesamt 4 Toren spielen

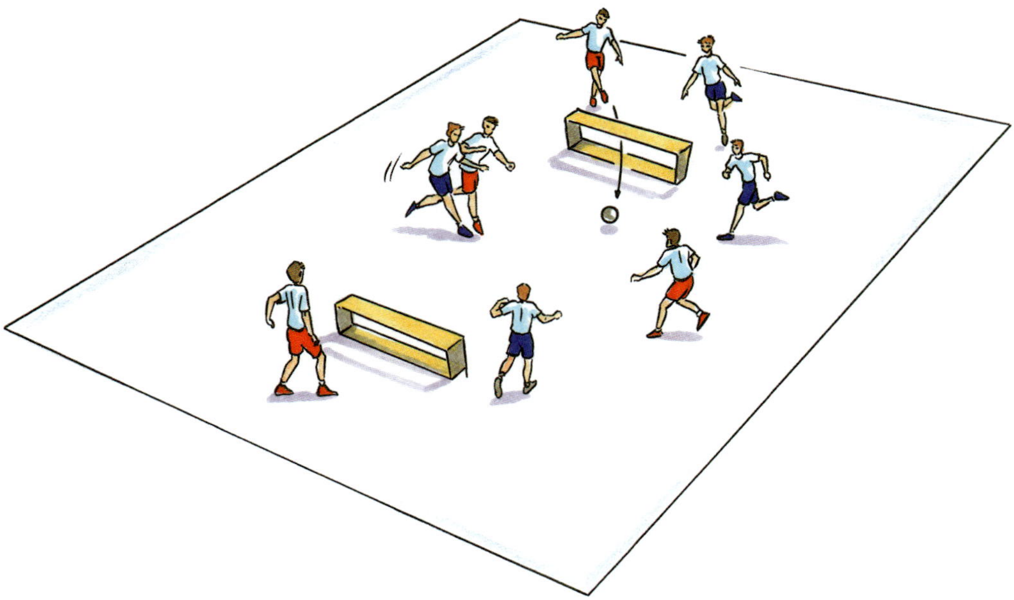

Kastenhandball

Spielidee:
2 Mannschaften spielen gegeneinander Handball auf zwei Kastenelemente.

Basisregeln:
- Tore können von beiden Seiten erzielt werden
- Mit einer Matte, Kreide oder Kreppband werden Kreise um die Kästen markiert, die nicht betreten werden dürfen
- Maximal 3 Schritte mit Ball sind erlaubt
- Es kann mit oder ohne Torwart gespielt werden

Rahmenbedingungen:
- Spielerzahl: 4–7 Spieler pro Mannschaft
- Material: Handball
- Ziel: 2 Kastenteile als Tore, Kreppband, Kreide oder Matten
- Spielfeld: Handballfeld
- Aufbau: Die Tore müssen weit genug im Feld stehen, so dass um sie herum gespielt werden kann

Variationen:
- Jeweils 2 Tore pro Mannschaft, also auf insgesamt 4 Toren spielen. Diese können parallel auf der Grundlinie oder im Viereck stehen
- Statt auf Kastenelemente wird auf kleine Kästen gespielt, also auf Tore, die 4 Seiten haben
- Kastenhockey

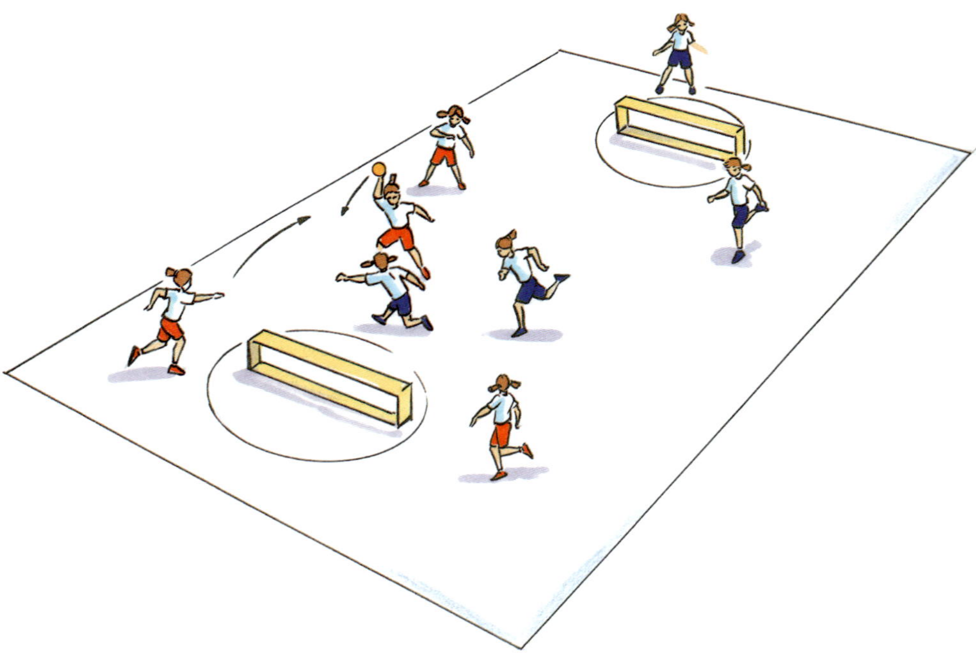

Kegelball

Spielidee:
2 Mannschaften spielen gegeneinander. Ziel ist es, die gegnerischen Kegel zu treffen und eigene Treffer zu verhindern. Wer zuerst alle gegnerischen Kegel getroffen hat, gewinnt.

Basisregeln:
- Gespielt wird nach Basketballregeln
- Es gibt kein Aus
- Bälle, die von der Wand abprallen, bleiben im Spiel

Rahmenbedingungen:
- Spielerzahl: 4–6 pro Mannschaft
- Material: beliebiger Ball, 4 Hütchen pro Mannschaft, jeder Spieler hat 1 Ball
- Spielfeld: Hallendrittel

Variationen:
- Hockey, Fußball
- Mit 2 markierten Torräumen, die nicht betreten werden dürfen

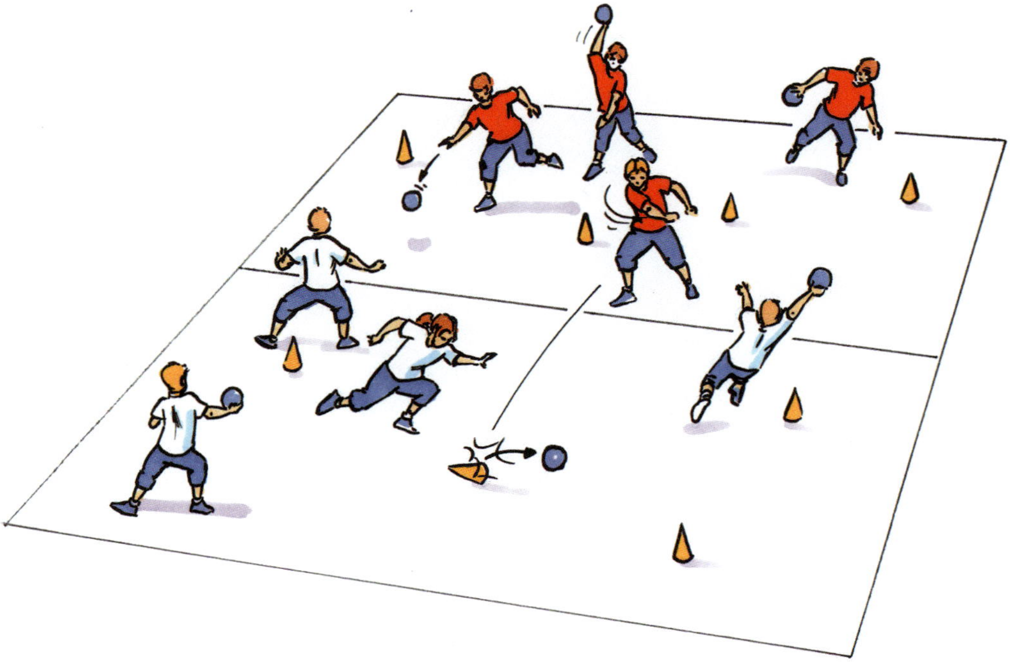

Kegelfußball

Spielidee:
4 Mannschaften spielen gegeneinander mit dem Ziel, die Kegel des Gegners umzuschießen und die eigenen Kegel zu beschützen.

Basisregeln:
- 3 Spieler bilden eine Mannschaft
- Jede Mannschaft stellt in einer Ecke 3 Kegel als Tor auf (Dreieck oder Reihe, ca. 50 cm Abstand)
- Kein Spieler darf mit der Hand spielen, es gibt also keinen Torwart
- Gespielt wird nach Fußball-Regeln
- Gespielt wird immer 2 Minuten, fällt in den 2 Minuten kein Kegel um, werden alle 4 Mannschaft ausgewechselt – fällt innerhalb der 2 Minuten ein (oder mehrere) Kegel, werden sofort alle 4 Mannschaften gewechselt
- Gewonnen hat am Ende der vorher festgelegten Spielzeit die Mannschaft, bei der die wenigsten Tore gefallen sind oder die, welche die meisten Tore erzielt hat

Rahmenbedingungen:
- Spielerzahl: ab 12 (3 pro Mannschaft)
- Material: 12 Kegel; 1 (Hallen)fußball
- Spielfeld: ein Hallendrittel oder Sportplatz

Variation:
- Spielen 2 Mannschaften gegeneinander, wird 4:4, 5:5 oder 6:6 gespielt.
  Jede Mannschaft verteidigt 2 Kegeltore und greift auf 2 Kegeltore an. Die Tore können entweder auf einer Linie stehen oder im Viereck

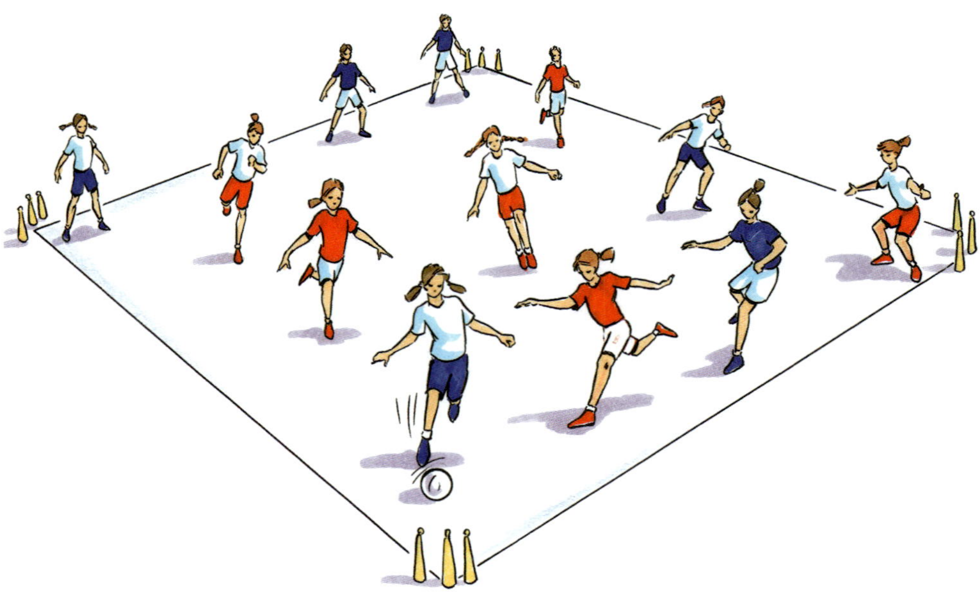

Keulenvölkerball

Spielidee:
Zwei Mannschaften spielen gegeneinander Völkerball mit dem Unterschied, dass nicht der gegnerische Spieler, sondern eine Keule oder leere Plastikflasche getroffen werden muss, die im Feld des Gegners stehen.

Basisregeln:
- Jede Mannschaft bestimmt einen König, der sich zunächst hinter das gegnerische Feld an die Grundlinie stellt
- Der König darf abwerfen
- Jeder Spieler hat eine Flasche vor sich auf dem Boden, die er bewachen muss
- Fällt eine Flasche um, muss der Bewacher dieser Flasche an die gegnerische Grund- oder Seitenlinie
- Bodentreffer zählen nicht
- Jeder Spieler, der von außen eine gegnerische Flasche umwirft, kommt wieder ins Spiel
- Fällt die letzte Flasche einer Mannschaft, ist das Spiel beendet
- Der Reiz liegt darin, dass man als Angreifer – um effektiv handeln zu können – für einen Moment seine Keule verlassen muss

Rahmenbedingungen:
- Spielerzahl: 6–12 Spieler pro Mannschaft
- Material: 1 Ball; für jeden Spieler eine Keule oder leere Plastikflasche
- Spielfeld: Volleyballfeld
- Aufbau: Die Ecken und die Mittellinie markieren

Variationen:
- Auch Bodentreffer zählen
- mehrere Bälle einsetzen

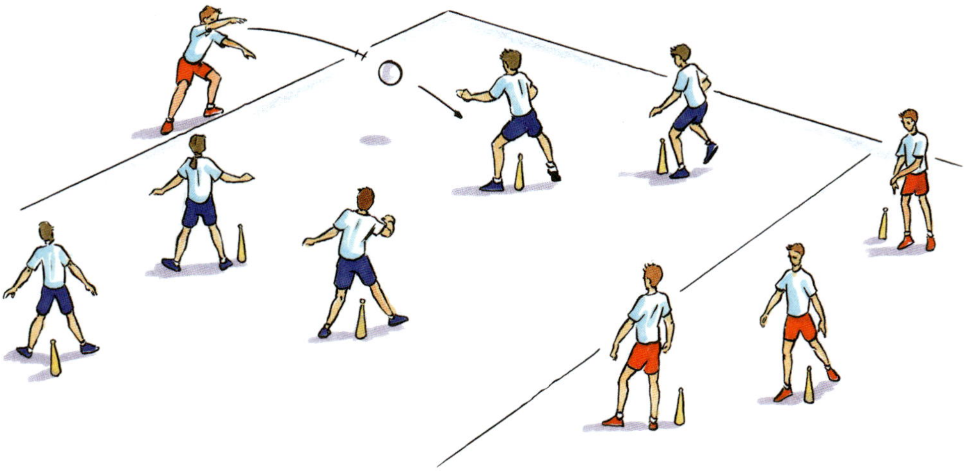

Kickrebound

Spielidee:
2 Mannschaften spielen gegeneinander mit dem Ziel, einen Fußball so gegen die Zielfläche zu schießen, dass die Verteidiger den zurück springenden Ball weder mit dem Fuß noch mit dem Kopf berühren können.

Basisregeln:
- Gespielt wird nach Fußballregeln
- Ein Tor ist erzielt, wenn der von der Zielfläche zurückspringende Ball den Boden berührt, ohne vorher vom Gegner mit dem Kopf oder Fuß berührt worden zu sein
- Beide Teams dürfen auf beide Ziele angreifen
- Nach 2 Schussversuchen auf eine Zielfläche muss der nächste Versuch auf die gegenüberliegende Zielfläche erfolgen
- Die Verteidiger dürfen beim Versuch, den Rebound zu bekommen, nicht behindert werden

Rahmenbedingungen:
- Spielerzahl: 5–7 Spieler pro Mannschaft
- Material: Fußball; 4 Sprungbretter; 2 Weichbodenmatten
- Spielfeld: ein Hallendrittel
- Aufbau: Jeweils 2 schräg nebeneinander an die Wand gelehnte Sprungbretter (ca. 60°) bilden die Zielfläche. Vor der Zielfläche liegt jeweils 1 Weichbodematte, die nur von den Angreifern betreten werden darf. Sie dürfen den Weichboden als Fallschutz bei Flugkopfbällen oder Fallrückziehern nutzen

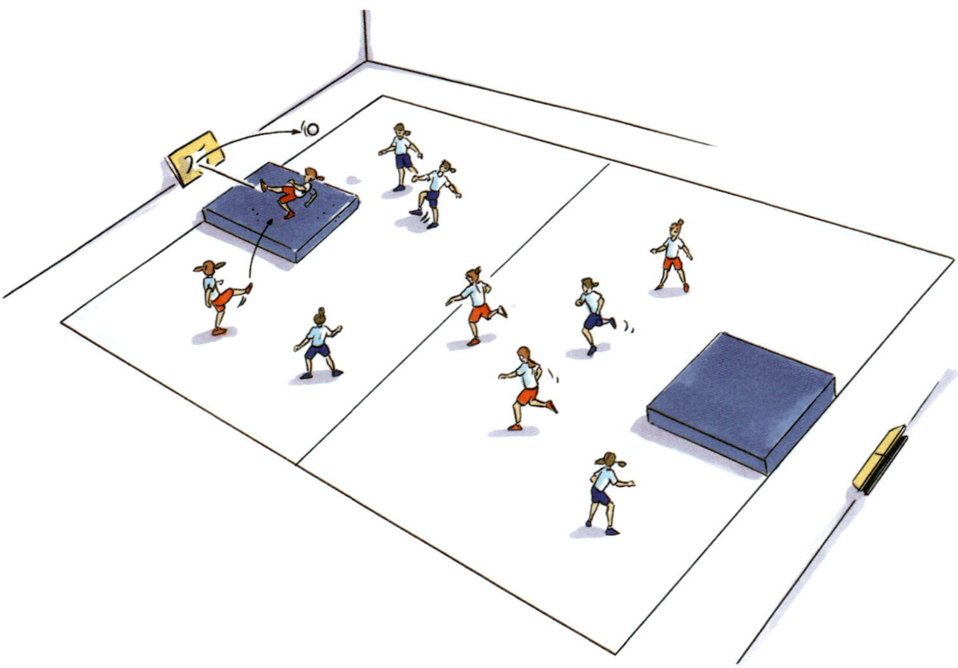

Kombi

Spielidee:
Zwei mit Leibchen markierte Teams spielen gegeneinander mit dem Ziel, Tore zu erzielen.

Basisregeln:
- Ein kleiner Kasten steht auf jeder Basketball-Freiwurflinie. Die offene Seite wird das Fußballtor und zeigt zur Hallenmitte. Die lederne Oberseite zeigt zur Stirnseite der Halle und ist das Handballtor.
- Das Spielfeld besteht aus drei Zonen: Von der Wand bis zur Freiwurflinie und ihrer Verlängerung, von Freiwurflinie zu Freiwurflinie und wieder von der verlängerten Freiwurflinie bis zur Wand.
- In den beiden hinteren Zonen wird nach Handballregeln gespielt, dazwischen Fußball nach Fußballregeln.
- Der halbe Freiwurfkreis vor den kleinen Kästen stellt den Handballkreis dar, der nicht betreten werden darf.

Rahmenbedingungen:
- Material: Leibchen, 2 kleine Kästen, Kreppband/Kreide zur Verlängerung der Freiwurflinien, 1 Handball
- Spielerzahl: ab 8
- Spieldauer: ab 15 Minuten

Variationen:
- Die Zonen werden getauscht.

Königsball

Spielidee:
Ein Spieler im Innenkreis, der König, soll durch schnelle, flache Pässe mit dem Fuß von seinen Mitspielern angespielt werden. Die Abwehrspieler versuchen, dieses zu verhindern.

Rahmenbedingungen:
- Spielerzahl: 10 Spieler pro Spielfeld: 1 König, 3 Abwehrspieler, 6 Angreifer
- Material: 1 Fußball, 8–12 Hütchen zur Markierung des Spielfeldes

Basisregeln:
- Das Königsfeld darf von keinem anderen Spieler betreten werden
- Die Abwehrspieler befinden sich in einem markierten Feld um das Königsfeld herum.
- Außerhalb dieses Spiels befinden sich die Angreifer
- Die Angreifer dürfen sich den Ball beliebig oft zu passen, jedoch nicht mit dem Ball dribbeln
- Nur flache Pässe sind erlaubt
- Gelingt es den Angreifern, den König anzuspielen, wird dieser gewechselt
- Jeder Spieler sollte jede Position einmal gespielt haben

Variationen:
- Die Abwehrspieler dürfen ihr Feld verlassen und das Kombinationsspiel der Angreifer stören
- Das Feld, in dem sich die Angreifer befinden, wird begrenzt

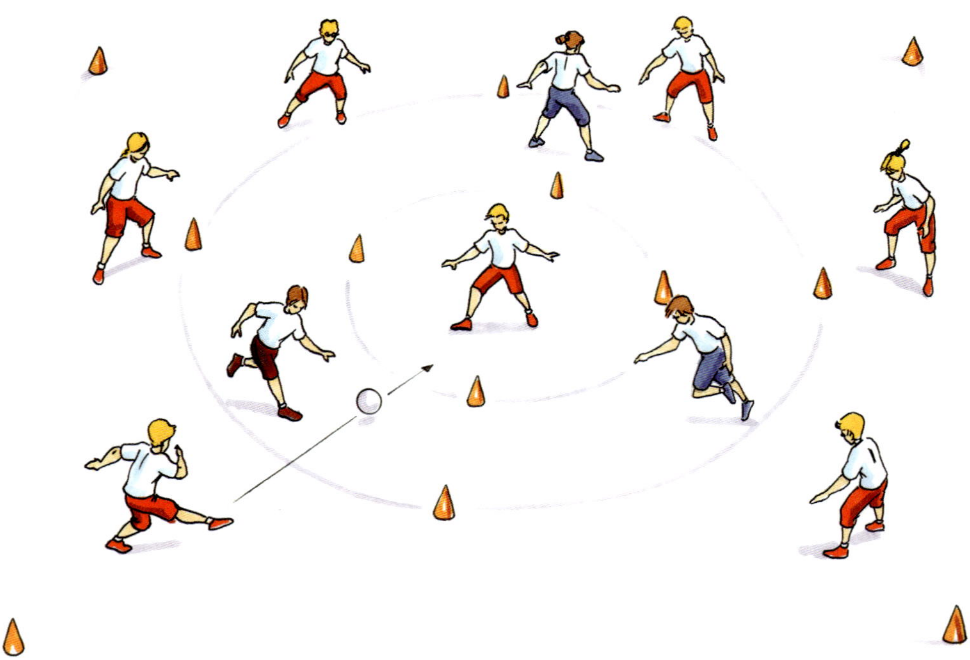

Königsprellen

Spielidee:
Das Spielfeld ist in mehrere gleichgroße Zonen aufgeteilt. Ziel ist es, seinen eigenen Ball zu verteidigen und den anderen Spielern den Ball herauszuspielen. Jeder Spieler prellt oder führt einen Ball zunächst in Zone 1, der Königszone. Verliert er seinen Ball, begibt er sich direkt mit dem wiedergeholten Ball in Zone zwei. Dort wird das Spiel in gleicher Weise fortgesetzt. Ziel ist es, am längsten im Königsfeld zu bleiben.

Basisregeln:
- Sieger ist, wer zuletzt in Zone 1 (Königsfeld) übrig bleibt
- Absichtlicher Körperkontakt ist nicht erlaubt.
- Ein Ball gilt als heraus gespielt, wenn er deutlich die Richtung verändert. Außerdem gilt ein Verlassen des Spielfeldes als herausgespielt. Spielen 2 Spieler gleichzeitig den Ball heraus, darf keiner weiterrücken
- Wer in der letzten Zone den Ball verliert, spielt dort bis zum Spielende weiter
- Es gibt keinen Aufstieg

Rahmenbedingungen:
- Spielerzahl: ab 8 Spieler
- Material: Pro Spieler ein Ball: Fuß-, Hand-, Basketball, Hockeykugel, Tennisball und Schläger
- Aufbau: Die Zonen mit Hütchen, Kreide, vorhandenen Linien oder Kreppband markieren (Zahl in Abhängigkeit von der Spielerzahl)

Variationen:
- Es gibt 5–8 Zonen und man kann beim erfolgreichen Rausspielen wieder aufsteigen. Der Spielleiter beendet das Spiel nach beliebiger Zeit. Gewonnen haben die Spieler, die dann in Zone 1 stehen
- Sehr gute Spieler können einen Ball am Fuß führen und einen mit der Hand dribbeln
- Wer einem Spieler den Ball herausspielen konnte, darf ins nächste Feld aufrücken, Sieger ist, wer zuerst im Feld 4 ankommt oder als Endlosspiel: Sieger ist, wer die meisten Runden schafft (nach Feld 4 geht es wieder in Feld 1 weiter)

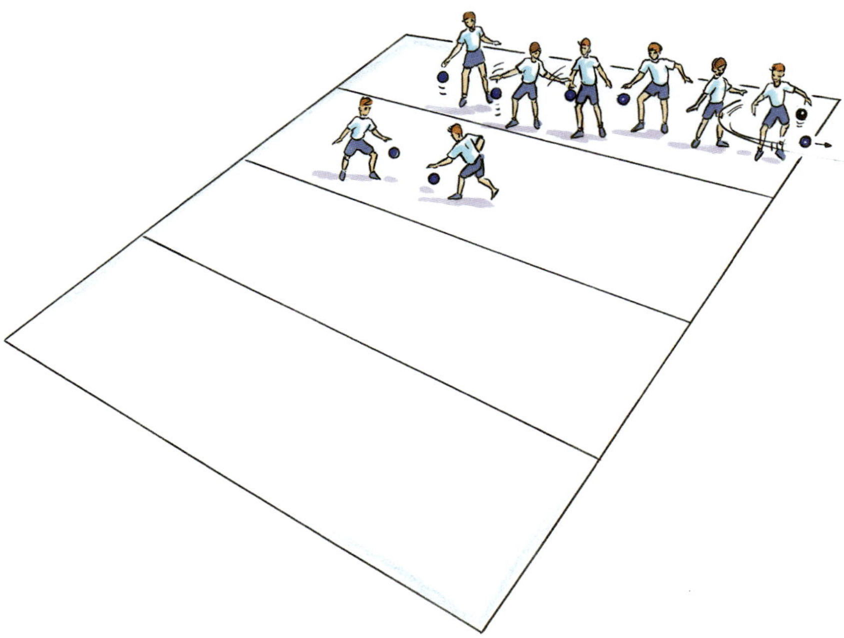

Kopfball

Spielidee:
2 Mannschaften spielen gegeneinander mit dem Ziel, Tore zu köpfen.

Basisregeln:
- Der Ball wird abwechselnd geworfen und geköpft
- Auf das Tor muss geköpft werden
- Der Gegner kann den Ball abfangen
- Körperkontakt ist nicht erlaubt

Rahmenbedingungen:
- Spielerzahl: mindestens 4 Spieler pro Mannschaft
- Material: Fußball, Volleyball oder Softball
- Ziel: 2 oder 4 Tore
- Spielfeld: kleine Halle oder Sportplatz

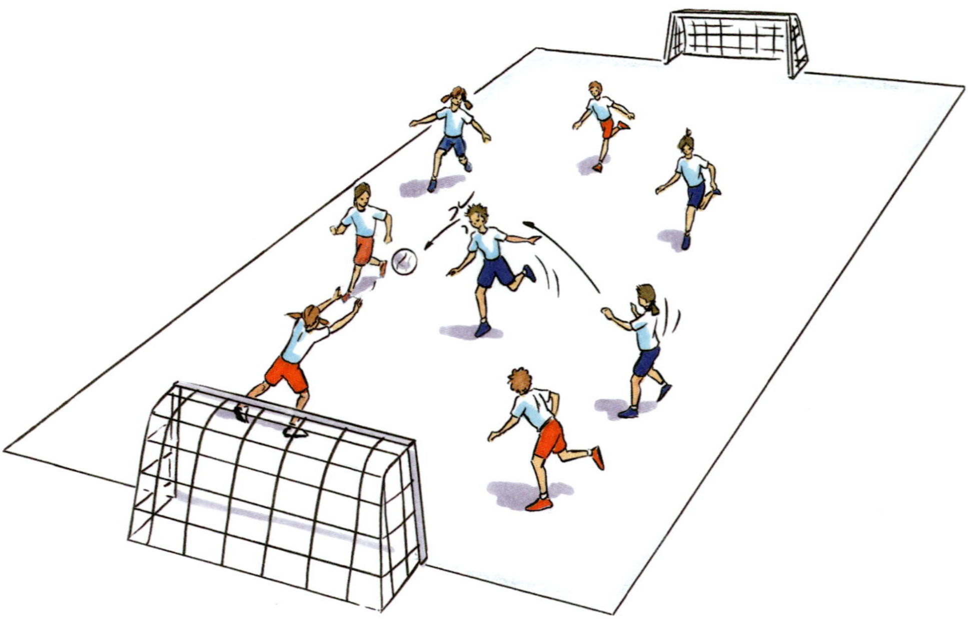

Korbball

Spielidee:
2 Mannschaften spielen gegeneinander Basketball auf 2 Korbballständer.

Basisregeln:
- Körbe können von allen Seiten erzielt werden
- Es wird nach Basketballregeln gespielt

Rahmenbedingungen:
- Spielerzahl: 4–7 Spieler pro Mannschaft
- Material: Basketball; 2 Korbballständer
- Ziel: 2 Korbballständer
- Spielfeld: Basketballfeld
- Aufbau: Korbballständer müssen weit genug im Feld stehen, so dass um sie herum gespielt werden kann

Variationen:
- Es wird auf jeweils zwei Korbballständer pro Mannschaft gespielt
- Es gibt eine direkte Gegnerzuteilung, so dass die Mädchen gegen Mädchen und die Jungen gegen Jungen spielen

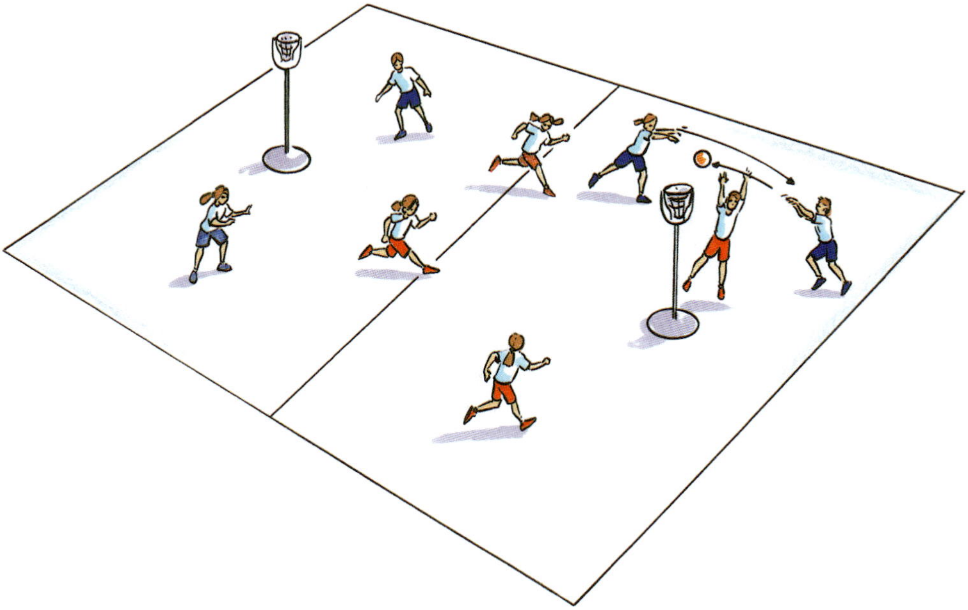

Kreisspiel

Spielidee:
5–12 Spieler passen sich einen Ball beliebig im Kreis zu. Nach einiger Zeit spielt der Spielleiter nach und nach weitere Bälle in den Kreis.

Basisregeln:
- Es darf beliebig gepasst werden
- Der Blick muss vom Ball gelöst werden, damit man erkennt, wer angespielt werden kann

Rahmenbedingungen:
- Spielerzahl: 5–12 pro Kreis, es kann mehrere Kreise geben
- Material: maximal so viele Bälle pro Kreis wie es Spieler gibt, die Art der Bälle kann frei gewählt und auch kombiniert werden
- Spielfeld: frei im Raum

Variationen:
- Der Nebenspieler darf nicht angespielt werden
- Es muss immer abwechselnd mit rechts und links gepasst werden
- Die Pässe erfolgen mit dem Fuß

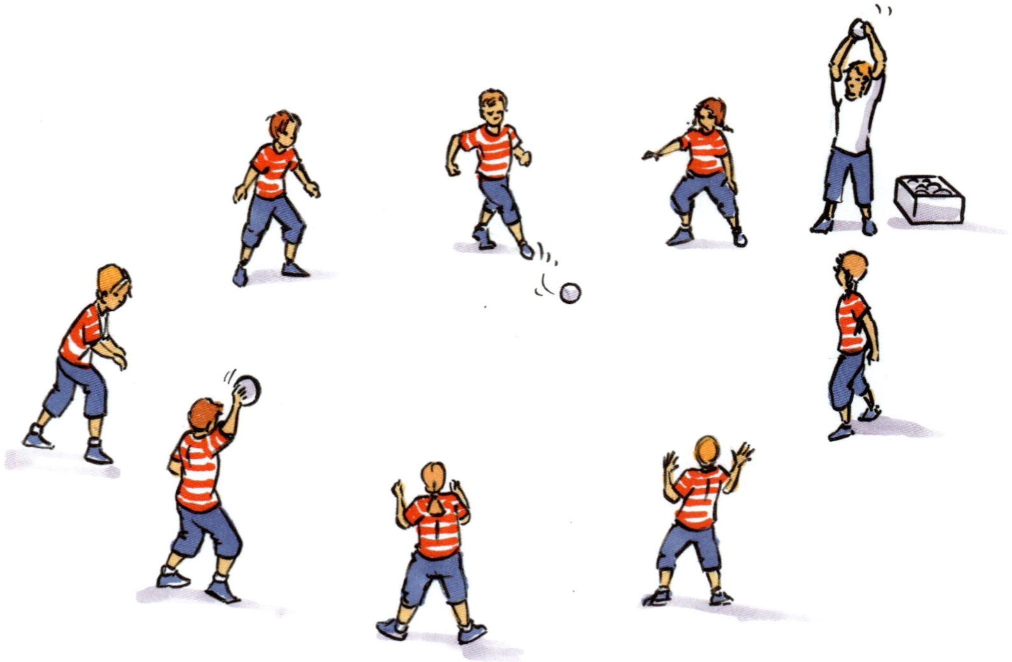

Länderdribbeln

Spielidee:
2 oder mehr Mannschaften dribbeln gegeneinander mit dem Ziel, als erste komplett ein Land zu erobern.

Basisregeln:
- Alle Spieler der Mannschaften, die deutlich gekennzeichnet sind, dribbeln mit Ball kreuz und quer in einem abgesteckten Feld
- Die 4 Seiten des Spielfeldes bekommen einen Ländernamen
- Der Spielleiter ruft plötzlich einen dieser Ländernamen
- Alle Spieler versuchen, so schnell wie möglich in dieses Land zu dribbeln
- Diejenige Mannschaft, die als erste komplett das Land erreicht, gewinnt einen Punkt

Rahmenbedingungen:
- Spielerzahl: ab 2 Spieler pro Mannschaft
- Material: pro Spieler ein Fußball, Handball, Basketball oder Hockeyschläger mit Ball; Leibchen zur Kennzeichnung der Mannschaften
- Hütchen zur Markieren des Spielfeldes

Variationen:
- Die Dribbelart vorgeben
- Zusatzaufgaben stellen, die im jeweiligen Land erbracht werden müssen, z. B. den Ball jonglieren

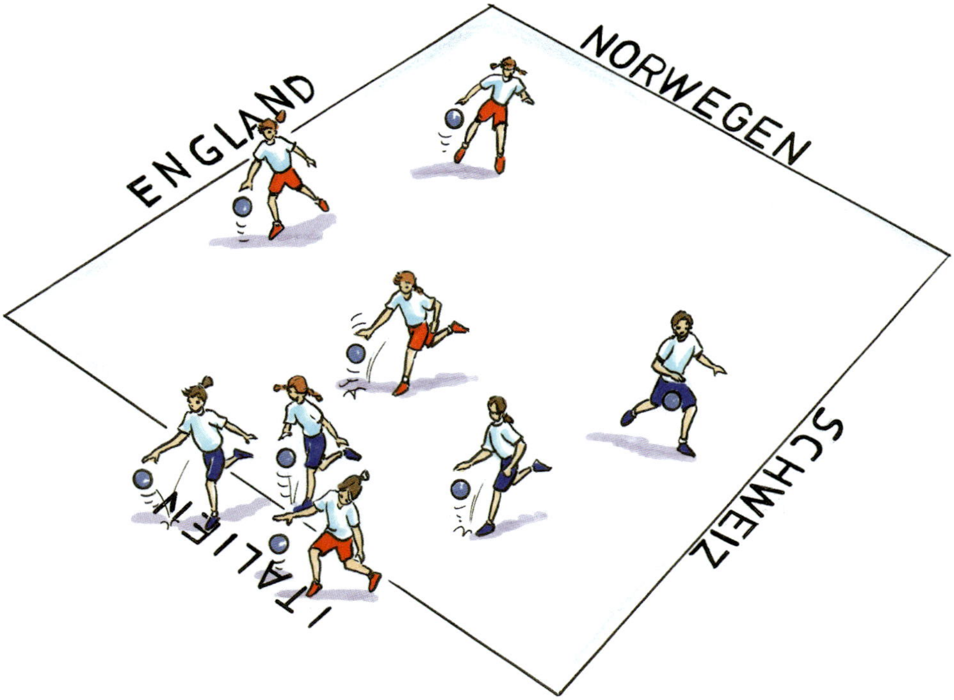

Langbank-Fußball

Spielidee:
Jeweils 2 Spieler von insgesamt 4 Mannschaften spielen gegeneinander mit dem Ziel, so schnell wie möglich ein Tor zu erzielen.

Basisregeln:
- Gespielt wird nach Fußballregeln
- Fällt ein Tor, werden sofort alle Spieler gewechselt
- Die Auswechselspieler warten hinter der Bank
- Gezählt werden die Treffer, die eine Mannschaft kassiert
- Die Mannschaft mit den meisten erhaltenen Treffern verliert

Rahmenbedingungen:
- Spielerzahl: 6–8 Spieler pro Mannschaft
- Material: 1 Spielball; 4 Bänke; Markierungshemden
- Ziel: Bänke
- Spielfeld: ein Hallendrittel
- Aufbau:
  - In jeder Ecke des Spielfeldes liegt eine mit der Bankfläche zum Spielfeld zeigende Langbank
  - Hinter der Langbank befinden sich alle Spieler einer Mannschaft

Variation:
- Die Mannschaften, die sich diagonal gegenüber stehen, spielen gegeneinander, allerdings gleichzeitig

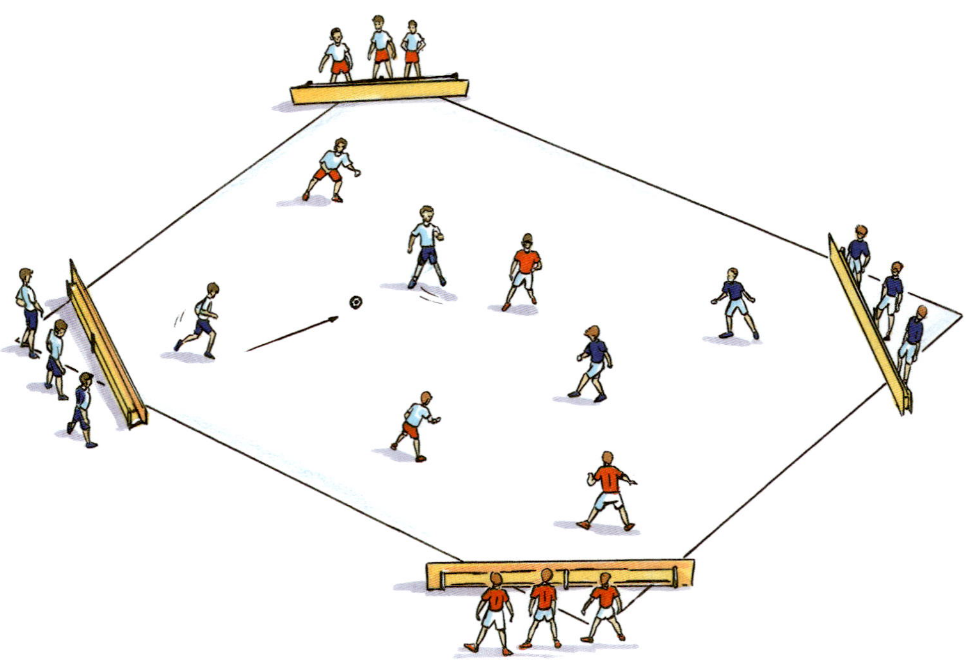

Lattenschießen

Spielidee:
Jeder spielt gegen jeden. Ziel ist es, möglichst oft die Latte zu treffen.

Basisregeln:
- Jeder Spieler hat einen Versuch pro Runde, mit einem Schuss aus einer vorher festgelegten Entfernung die Latte zu treffen
- Spieler, die getroffen haben, sind eine Runde weiter
- Der letzte Spieler scheidet aus und die nächste Runde beginnt
- Wer zum Schluss übrig bleibt, gewinnt

Rahmenbedingungen:
- Spielerzahl: mindestens 3
- Material: 1 Fußball, 1 Tor
- Spielfeld: 1 Tor, Platz zum Schießen

Variation:
- Handball werfen

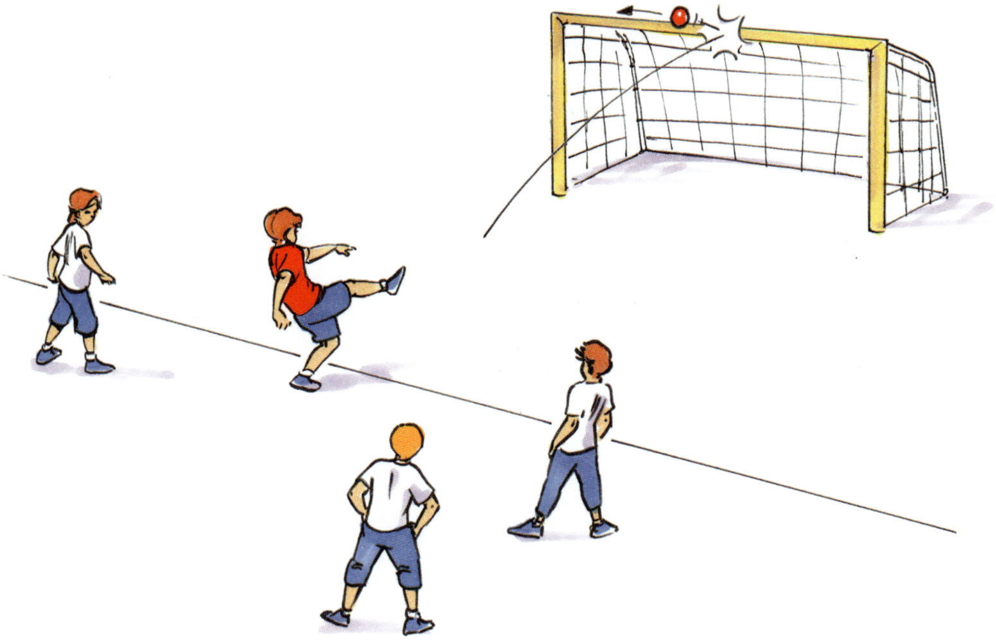

LlabßuF

Spielidee:
6 Mannschaften spielen gegeneinander Fußball mit dem Ziel, wenig Tore zu bekommen, weil jedes erhaltene Tor einen Punktabzug mit sich bringt. Verlierer ist die Mannschaft, die als erste keinen Punkt mehr hat.

Basisregeln:
- Gespielt wird nach Fußballregeln
- Das Spiel wird mit 2 Hallenfußbällen gespielt
- Es gibt keinen Torwart und kein Aus
- Jede Mannschaft erhält zu Spielbeginn ein beliebig festzulegendes Punktekonto
- Für jedes Tor, das sie kassiert, wird ein Punkt abgezogen
- Hat eine Mannschaft keinen Punkt mehr, ist das Spiel beendet. Sieger ist die Mannschaft mit dem höchsten Punktestand
- Jede Mannschaft postiert einen „Auswechselspieler" auf dem kleinen Kasten, der laut den jeweiligen Punktestand ansagt. Bei jedem Tor wird er gewechselt

Rahmenbedingungen:
- Spielerzahl: 4–6 Spieler pro Mannschaft
- Material: 2 Hallenfußbälle; 6 kleine Kästen
- Ziel: alle 4 Seitenflächen des Kastens
- Spielfeld: große Halle
- Aufbau: 6 kleine Kästen im gleichen Abstand zueinander und ca. 2 m Abstand zur Hallenwand

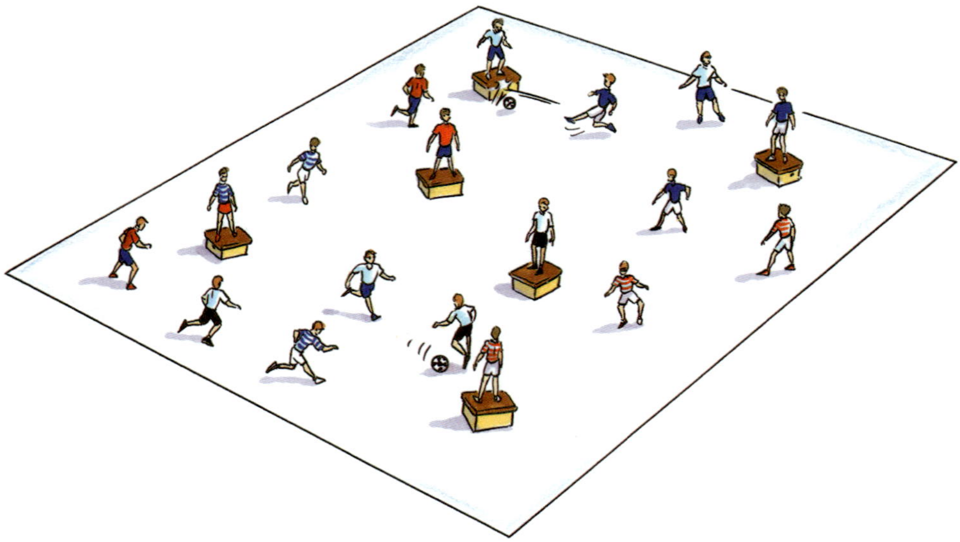

Mattenball

Spielidee:
2 Mannschaften spielen gegeneinander und versuchen, mit einem Ball einen Mattentreffer zu erzielen bzw. einen Treffer des Gegners zu verhindern.

Basisregeln:

- Dribbeln ist nicht erlaubt
- Mit dem Ball darf nicht gelaufen werden
- Ein Punkt ist erzielt, wenn der Ball die Matte berührt
- Der Ball muss von einem Mitspieler gefangen und direkt auf der Matte abgelegt werden
- Ein Spieler darf sich mit dem Ball auf die Matte hechten, um einen Punkt zu erzielen
- Die Matten dürfen nicht betreten werden

Rahmenbedingungen:

- Spielerzahl: 6–10 Spieler pro Mannschaft
- Material: 1 Ball (Volley-, Hand-, Gymnastik-, oder Basketball); 2–4 Weichböden
- Ziel: Weichbodenmatten
- Spielfeld: ein Hallendrittel oder eine kleine Halle
- Aufbau: Die Weichböden werden so gelegt, dass zu allen Seiten genug Platz ist, so dass um die Matten herum gespielt werden kann

Variationen:

- Der Angreifer muss bauchwärts auf der Matte landen und anschließend den Ball an die Wand werfen
- Der Ball muss erst vom Boden abgesprungen sein, bevor er die Matte berührt. Der vom Boden abspringende Ball kann von der verteidigenden Mannschaft in der Luft erhechtet werden

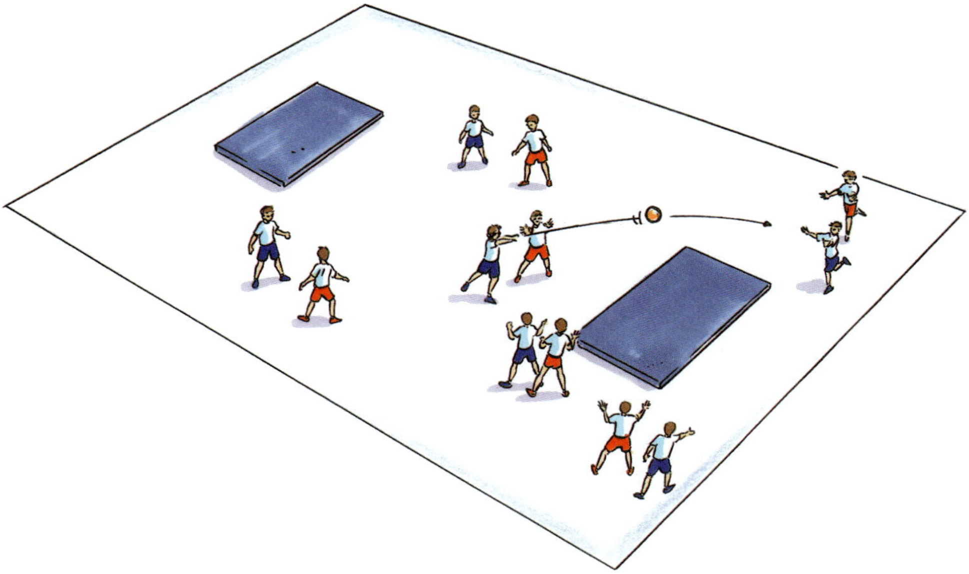

Mattenhockey

Spielidee:
Zwei mit Leibchen markierte Teams spielen gegeneinander Hallenhockey oder Floorball.

Basisregeln:
- Gespielt wird auf 2 blaue Turnmatten nach Hockeyregeln.
- Die Matten liegen mit ausreichend Abstand zur Hallenwand im Spielfeld.
- Ein Tor wird erzielt, wenn der Ball eine der vier Mattenkanten berührt.
- Beide Teams können auf beide Matten angreifen.
- Fällt ein Tor, wechselt der Ballbesitz.

Rahmenbedingungen:
- Material: Leibchen, 2 blaue Turnmatten, Hallenhockeyschläger und Hockeyball oder Floorballschläger und -bälle
- Spielerzahl: 5-8 pro Team
- Spieldauer: ab 15 Minuten

Variationen:
- Fällt ein Tor, kann die erfolgreiche Mannschaft in Ballbesitz bleiben, muss das nächste Tor jedoch bei der anderen Matte erzielen.

Mattenvölkerball verkehrt

Spielidee:
Zwei Mannschaften spielen gegeneinander. Jeweils alle Spieler einer Mannschaft bis auf einen verteilen sich außerhalb der gegnerischen Spielfeldhälfte.
Ziel ist es, den gegnerischen Feldspieler durch geschicktes Zuspiel zu jagen und abzutreffen. Wer einen gegnerischen Feldspieler abgetroffen hat, wird in seiner Hälfte Feldspieler. Zusätzlich steht in jeder Spielfeldhälfte eine Matte, die gehalten werden muss.
Wenn die Matte umfällt, hat die Mannschaft verloren.

Basisregeln:
- Die Mannschaft, die zuerst alle Spieler im Feld hat, ist Sieger
- Gefangene Bälle und Bodentreffer zählen nicht
- Der Reiz dieser Variante liegt darin, dass alle Spieler aktiver sind. Spieler, die schlechter werfen können, haben am Ende eine bessere Chance zu treffen, da mehr Spieler auf dem Spielfeld sind

Rahmenbedingungen:
- Spielerzahl: mindestens 6:6
- Material: 1 Soft- oder Volleyball; eine Matte für jede Mannschaft
- Spielfeld: Volleyballfeld

Variationen:
- Es wird ohne Matte gespielt
- Es wird ein zweiter Ball eingesetzt

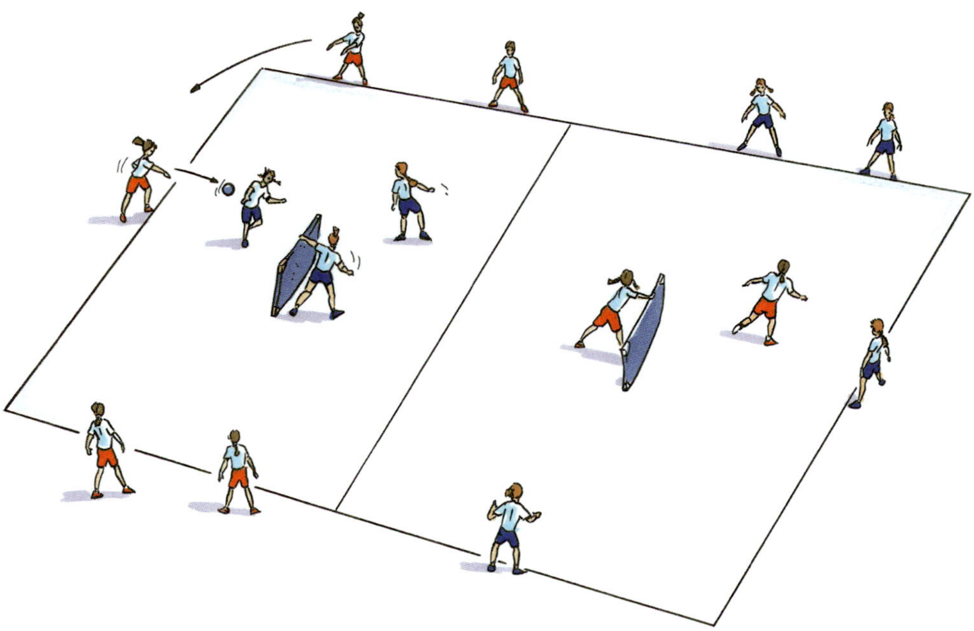

Matten-Volleyball

Spielidee:
2 Mannschaften spielen gegeneinander über eine Mattenwand aus Weichböden Volleyball. Ziel ist es, den Ball so zu spielen, dass er im gegnerischen Feld auf den Boden fällt oder nur fehlerhaft zurück gespielt werden kann.

Basisregeln:
- Der Ball soll in der gegnerischen Hälfte den Boden berühren
- Der Ball darf innerhalb der eigenen Mannschaft nur dreimal gespielt werden
- Der Ball darf mit Volleyballtechniken gespielt
- Da die Mattenwand das freie Sichtfeld versperrt, muss ein Schiedsrichter die Punktwertung übernehmen

Rahmenbedingungen:
- Spielerzahl: 4–7 Spieler pro Mannschaft
- Material: Volleyball
- Spielfeld: Volleyballfeld
- Aufbau: Das Spielfeld mittels Kästen und daran angelegte Weichbodenmatten oder dem Volleyballnetz mit darüber gelegten Betttüchern in zwei Felder teilen

Variationen:
- Je nach Schwierigkeitsgrad können auch kleine Sichtfelder offen bleiben
- Der Ball darf auch kurzfristig gefangen werden
- Der Ball muss innerhalb der Mannschaft mindestens zweimal gespielt werden
- Es wird mit mehreren Luftballons oder aufblasbaren Bällen gespielt

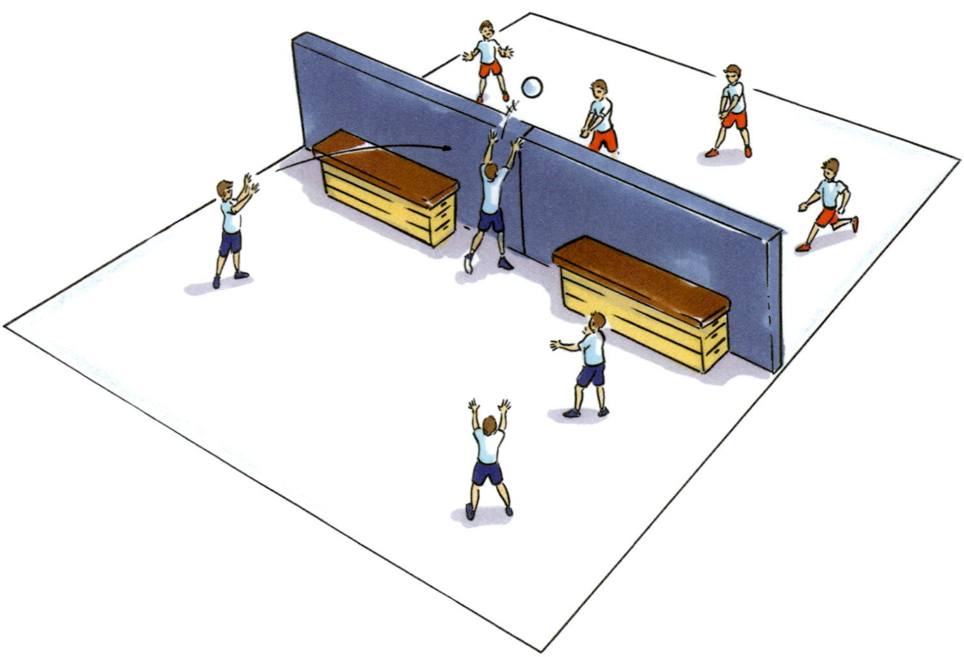

Medizinball-Boccia

Spielidee:
Ziel ist es, wie beim Boccia einen schweren Ball (kleinen Medizinball) möglichst nah an ein Ziel zu werfen.

Basisregeln:
- Der Medizinball, der dem Ziel am nächsten gekommen ist, erhält einen Punkt
- Es gibt mehrere Stationen mit verschiedenen Aufgaben (rückwärts werfen, über einen großen Kasten auf ein verdecktes Ziel werfen, indirekte Treffer-erst vor die Wand...)
- Es kann alleine oder in Teams gespielt werden

Rahmenbedingungen:
- Spielerzahl: beliebig
- Material: Verschiedene schwere oder große Medizinbälle; Material, um verschiedene Stationen aufzubauen

Variationen:
- In oder auf ein Ziel werfen (Eimer, kleiner Kasten)
- Mit unterschiedlichen Bällen statt Medizinbällen spielen: Tischtennisbälle, Tennisbälle, Schweifbälle

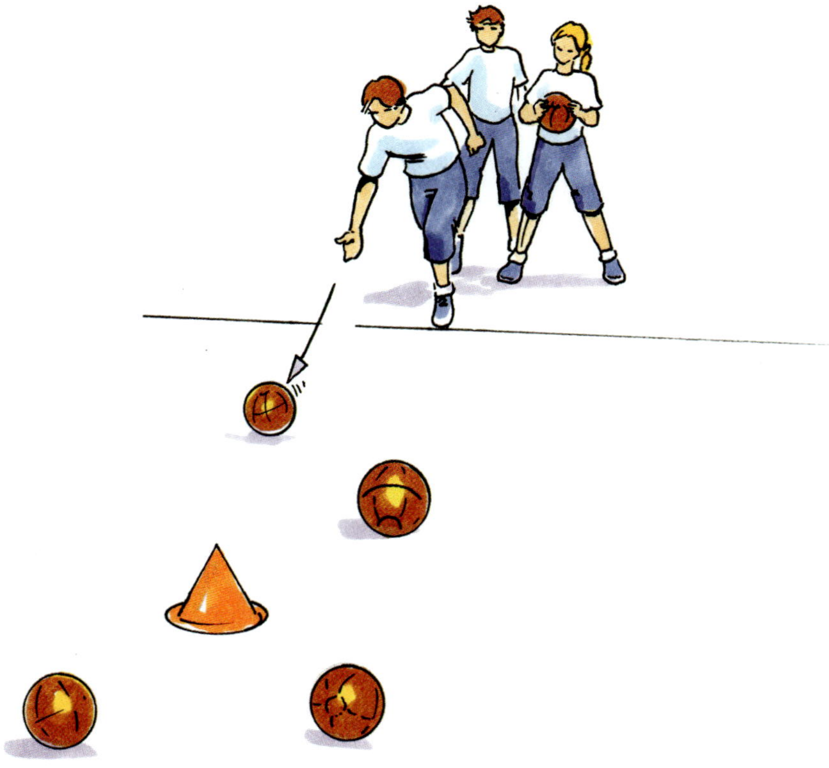

Mensch-ärger-dich-nicht

Spielidee:
4–8 Mannschaften spielen gegeneinander mit dem Ziel, am Ende des Spiels möglichst viele Bälle in ihrem Depot zu haben.

Basisregeln:

- Jede Mannschaft besitzt zu Beginn des Spiels so viele Bälle wie Spieler und einen in Form oder Farbe anderen Ball
- Es darf immer nur ein Spieler jeder Mannschaft zum Raubzug geschickt werden
- Es darf pro Raubzug nur ein Ball geraubt werden
- Der geraubte Ball muss entsprechend der Sportart zur eigenen Mannschaft gedribbelt werden
- Der nächste Starter der eigenen Mannschaft muss abgeschlagen werden
- Es dürfen keine Bälle verteidigt oder versteckt werden
- Die letzte Minute und die letzten 15 Sekunden müssen vom Spielleiter angesagt werden
- Am Ende des Spiels zählt jeder Ball, der im Besitz der eigenen Mannschaft ist, einen Punkt und der andersartige Ball 2 oder 3 Punkte
- Wer die meisten Punkte hat, gewinnt

Rahmenbedingungen:

- Spielerzahl: 4–6 Spieler pro Mannschaft
- Material:
  - Pro Spieler 1 Ball: Man kann mit Fußbällen, Volleybällen, Handbällen oder Basketbällen spielen
  - Jede Mannschaft bekommt zusätzlich einen andersartigen Ball
- Aufbau:
  - Pro Mannschaft wird ein kleiner Kasten zum Aufbewahren der Bälle gebraucht
  - Bei 4 Mannschaften Aufstellung im Quadrat, bei 3 Mannschaften Aufstellung im Dreieck
  - Bei mehr Mannschaften Kreisaufstellung, so dass alle Mannschaften gleichweit von der Nebenmannschaft entfernt stehen
- Hinweis: Die Spieldauer beträgt mindestens 5 Minuten

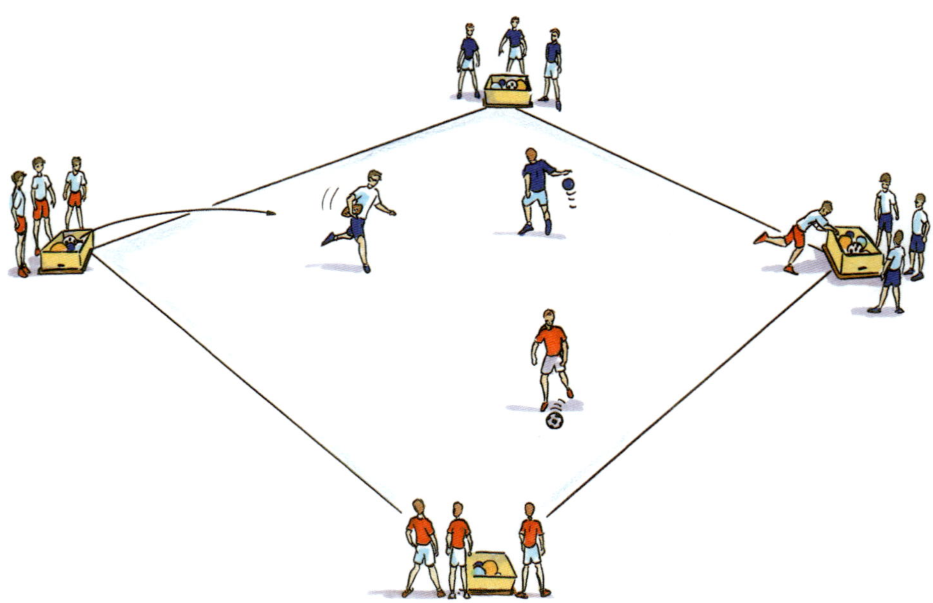

Minuten-Dribbel-Fangen

Spielidee:
2 Mannschaften spielen gegeneinander.
Ziel der jeweiligen Jägermannschaft ist es, in möglichst kurzer Zeit alle Hasen zu fangen.

Basisregeln:
- Jeder Spieler der Hasenmannschaft dribbelt einen Ball im Feld (Volleyball- oder Basketballfeld)
- Die Jägermannschaft sitzt auf einer Bank außerhalb des Feldes
- Beim Startkommando dribbeln 2 Jäger mit Ball in das Hasenfeld und versuchen so schnell wie möglich, einen Hasen abzuschlagen
- Gelingt dies, dribbelt der erfolgreiche Jäger so schnell wie möglich zur Bank zurück und schlägt den nächsten Jäger ab
- Derjenige Hase, der abgeschlagen wurde, setzt sich auf die Hasenbank
- Die Zeit wird gestoppt, die die Jäger brauchen, um alle Hasen abzuschlagen
- Anschließend werden die Rollen gewechselt
- Sieger ist, wer weniger Zeit brauchte, um alle Hasen abzuschlagen

Rahmenbedingungen:
- Spielerzahl: mindestens 8 Spieler pro Mannschaft
- Material: 2 Bänke; für jeden Spieler einen Hand- oder Basketball; Stoppuhr

Variationen:
- Der Ball wird mit dem Fuß oder Hockeyschläger geführt
- Wenn nach einer Minute kein Hase gefangen wurde, wird zusätzlich der nächste Spieler aufs Feld geschickt

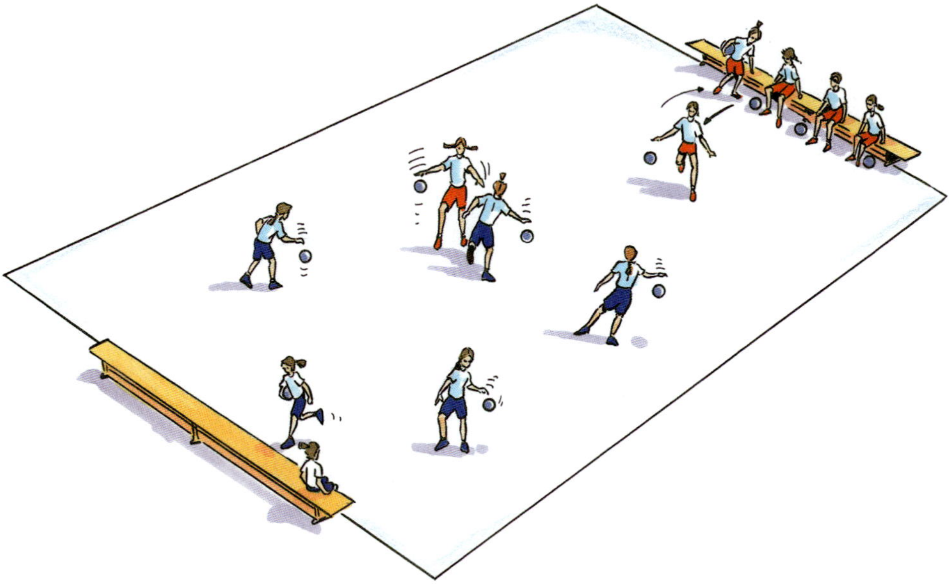

Mondball

Spielidee:
Aufgabe jeder Gruppe ist es, einen aufgeblasenen Badeball so oft wie möglich hoch (in die Luft) zu spielen, ohne dass dieser zwischendurch den Boden berührt.

Basisregeln:
- Der Ball darf nur kurz berührt werden und nicht gefangen oder gehalten werden
- Kein Spieler darf den Ball zweimal hintereinander berühren
- Es darf mit allen Körperteilen gespielt werden
- Diejenige Gruppe, welcher den Ball am längsten in der Luft hält, ist Sieger oder wer die meisten Kontakte schafft

Rahmenbedingungen:
- Spielerzahl: Mindestens 3 Spieler pro Gruppe (besser mehr)
- Material: Pro Gruppe einen aufgeblasener Wasser- bzw. Badeball, eventuell auch Luftballon

Variationen:
- Bei welcher Gruppe hat zuerst jeder Spieler einmal den Ball gespielt? Wer den Ball gespielt hat, setzt sich auf den Boden
- Schwieriger wird das Spiel mit einem Volleyball, leichter mit einem Luftballon
- 4–6 Spieler bilden einen Kreis mit Handfassung und müssen versuchen, den aufblasbaren Strandball (schwerer) oder einen Luftballon (leichter) gemeinsam in der Luft zu halten. Loslassen ist nicht erlaubt, aber der Kreis darf sich bewegen
- Eine Mannschaft legt immer eine Punktzahl vor, welche die anderen anschließend überbieten müssen

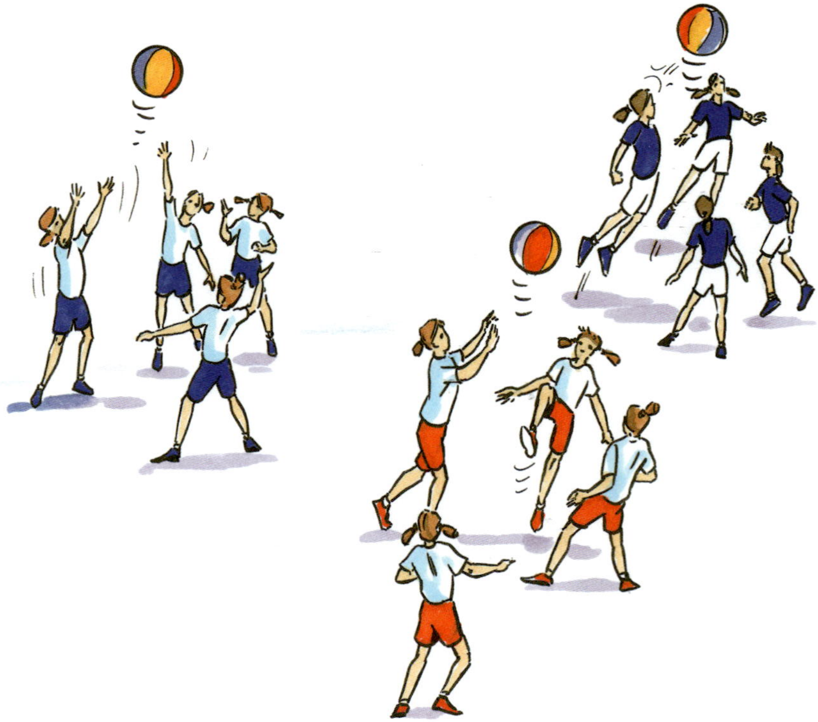

Moorhuhn

Spielidee:
Bei diesem Abwurfspiel spielen zwei Teams, die Schützen und die Moorhühner, gegeneinander. In einem Spielfeld, z. B. einer halben Halle, werden kleine und große Kästen oder anderen Dinge, hinter denen man sich verstecken kann, verteilt. Jedes Moorhuhn hält einen Gymnastikreifen mit einer Punktzahl mit beiden Händen über den Kopf und stellt sich hinter ein Versteck.

Basisregeln:
- Je größer der Reifen ist, desto höher die Punktzahl.
- Moorhühner mit höheren Punktzahlen stehen weiter hinten.
- Die Schützen haben z. B. 3 Minuten Zeit, mit Softbällen durch so viele Reifen wie möglich zu treffen.
- Der Spielleiter und passive Schüler zählen die Punkte.
- Geworfene Bälle dürfen beliebig oft wiedergeholt werden.
- Als Abwurfstelle wird eine Linie festgelegt.

Rahmenbedingungen:
- Spielerzahl: ab 20
- Material: Softbälle, Gymnastikreifen, kleine und große Kästen, Punktekarten, Moorhuhnmusik
- Spielfeld: halbe Halle

Variationen:
- Alle Moorhühner verstecken sich hinter den Kästen. Auf Pfiff des Spielleiters tauchen sie auf und verschwinden anschließend wieder. Sie können auch vorher besprechen, in welcher Reihenfolge sie auftauchen wollen.
- Die Moorhühner bewegen sich mit hochgehaltenem Reifen von Versteck zu Versteck.
- Die Jäger dürfen sich kreisförmig um das Spielfeld bewegen.
- Die Bälle werden durch die Reifen geschossen.

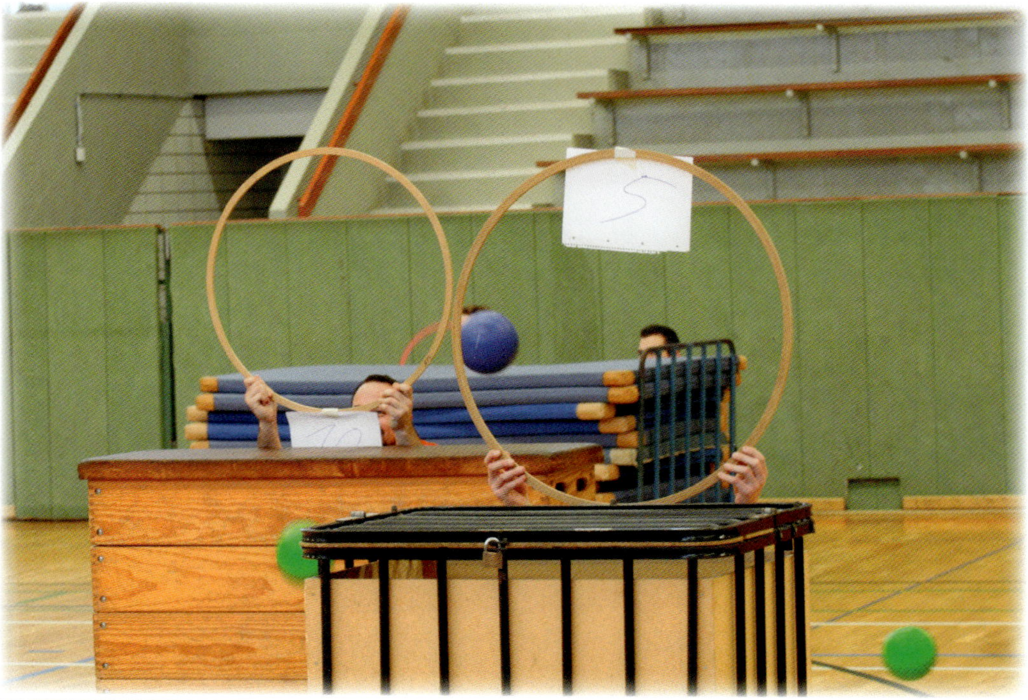

Neckball

Spielidee:
Ziel des außen stehenden Fängers ist es, einen Kreisspieler in dem Augenblick zu berühren, in dem dieser in Ballbesitz ist.

Basisregeln:
- Der Ball wandert von Spieler zu Spieler im Kreis
- Kein Spieler darf ausgelassen werden
- Die Kreisspieler dürfen jederzeit die Richtung des Passens ändern
- Die Kreisspieler dürfen Pässe antäuschen
- Berührt der Außenspieler den Ball oder den Spieler mit Ball, so wird derjenige neue Fänger, der den Ball zuletzt gepasst hat
- Ist der Fänger nach z. B. 1 Minute nicht erfolgreich, wird derjenige Fänger, der in diesem Augenblick in Ballbesitz ist

Rahmenbedingungen:
- Spielerzahl: beliebig
- Material: beliebiger Ball, auch Medizinball
- Aufbau: Kreisaufstellung

Variationen:
- Die Kreisspieler sitzen oder knien
- Passarten verändern: Bodenpässe, mit dem Fuß passen, mit dem Schläger passen

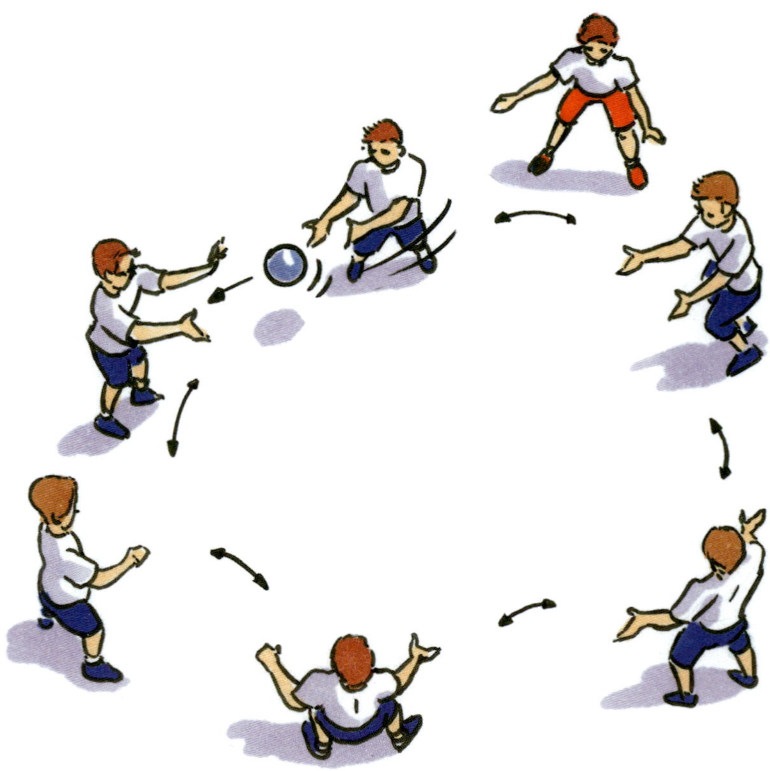

Nummernball

Spielidee:
2 oder mehr Mannschaften spielen mit dem Ziel, sich innerhalb ihrer Mannschaft den Ball so oft wie möglich in der durch Nummern vorgegeben Reihenfolge zuzupassen.

Basisregeln:
- Alle Spieler müssen sich frei durcheinander im Spielfeld bewegen. Kein Spieler darf am Ort verharren. Es sollte darauf geachtet werden, dass die Spieler nicht im Kreis laufen
- Die Spieler jeder Mannschaft werden durchnummeriert und passen sich den Ball in der durch die Zahlen festgelegten Reihenfolge zu, der letzte Spieler passt wieder zur Nr. 1
- Mit dem Ball darf nicht gelaufen werden
- Erst abspielen, wenn sich der Mitspieler mit einem kurzen Antritt oder einer Täuschung anbietet
- Die Pässe bis zum Fehler werden gezählt
- Fehler sind nicht gefangene oder angenommene Bälle oder ein Pass zur falschen Nummer

Rahmenbedingungen:
- Spielerzahl: pro Mannschaft mindestens 4 Spieler
- Material: Fußball, Handball, Basketball, oder Volleyball, auch Hockeyschläger und -ball
- Spielfeld: ein Hallendrittel

Variationen:
- Die Zahl der Bälle pro Mannschaft wird nach einer gewissen Zeit immer um einen Ball erhöht. Für gute Spieler sind maximal so viele Bälle möglich wie Spieler in der Mannschaft sind
- Die Richtung ändern: Also: 4 zu 3, 3 zu 2 …
- Beim Fußball mit maximal 2 Ballkontakten spielen
- Mit Verweigern: Ein Spieler kann durch Verschränken der Arme vor dem Körper das Zuspiel verweigern. Jetzt muss sich der übernächste Spieler anbieten. Es dürfen jedoch nicht 2 Spieler hintereinander den Pass verweigern

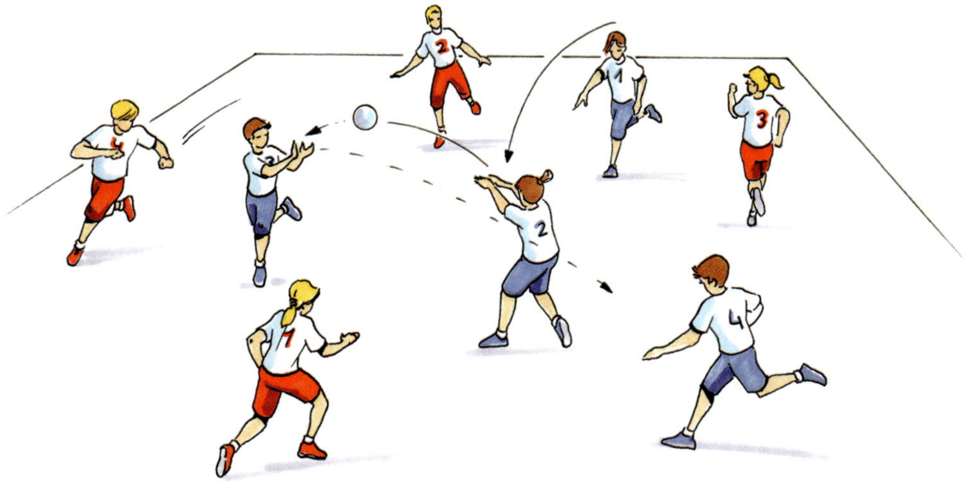

Nummernstaffel

Spielidee:
Alle Spieler einer Mannschaft werden durchnummeriert. Ziel ist es, als erster mit Ball das Feld zu umrunden und wieder bei seiner Mannschaft auf der Matte anzukommen.

Basisregeln:
- Der Spielleiter ruft eine Nummer
- Der Spieler mit der aufgerufenen Nummer dribbelt so schnell wie möglich einmal um das Spielfeld bis zu seiner Matte zurück
- Ein Durchgang ist erst beendet, wenn Ball und Spieler wieder auf der Matte sind
- Jeder Sieger bekommt einen Punkt
- Die Mannschaft mit der höchsten Gesamtpunktzahl ist Sieger

Rahmenbedingungen:
- Spielerzahl: mindestens 5 Personen pro Mannschaft
- Material: Jede Mannschaft hat einen Ball
- Spielfeld: ein Hallendrittel
- Aufbau:
  - Die Matten befinden sich in den Ecken des Spielfeldes
  - Alle Spieler einer Mannschaft sitzen / stehen auf einer Matte
  - Das zu umrundende Feld verläuft außerhalb der Matten

Variationen:
- Jede Mannschaft hat in einem kleinen Kasten verschiedene Bälle, der Spielleiter gibt immer den Ball vor
- Der Spielleiter ruft mehrere Nummern
- Der Spielleiter stellt Rechenaufgaben
- Es werden Hindernisse eingebaut, die um- oder überspielt werden müssen

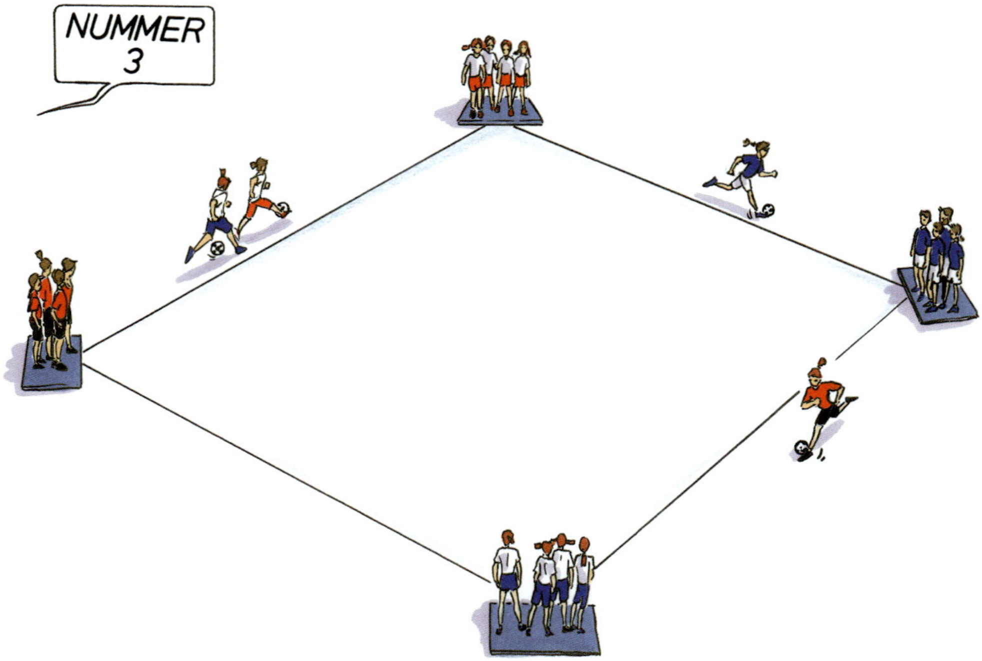

Pantherball

Spielidee:
Jedes Team hat ein eigenes Spielfeld und entsendet von Durchgang zu Durchgang einen Mitspieler (Panther) ins gegnerische Spielfeld. Auf ein Signal hin passen sich die Spieler eines Teams den Ball untereinander so zu, dass es gelingt, den Panther mit dem Ball zu berühren.

Rahmenbedingungen:
- Spielerzahl: ab 8
- Material: für jede Mannschaft einen Ball
- Spielfeld: für jede Mannschaft ein Badmintonfeld

Basisregeln:
- Mit dem Ball darf nicht gelaufen werden
- Auf beiden Spielfeldern wird zeitgleich gestartet
- Ein Durchgang ist beendet, sobald der erste Panther berührt wurde
- Die Mannschaft, die zuerst den gegnerischen Panther mit dem Ball berührt, bekommt einen Punkt
- Das Spiel ist beendet, sobald jeder Spieler einmal Panther war

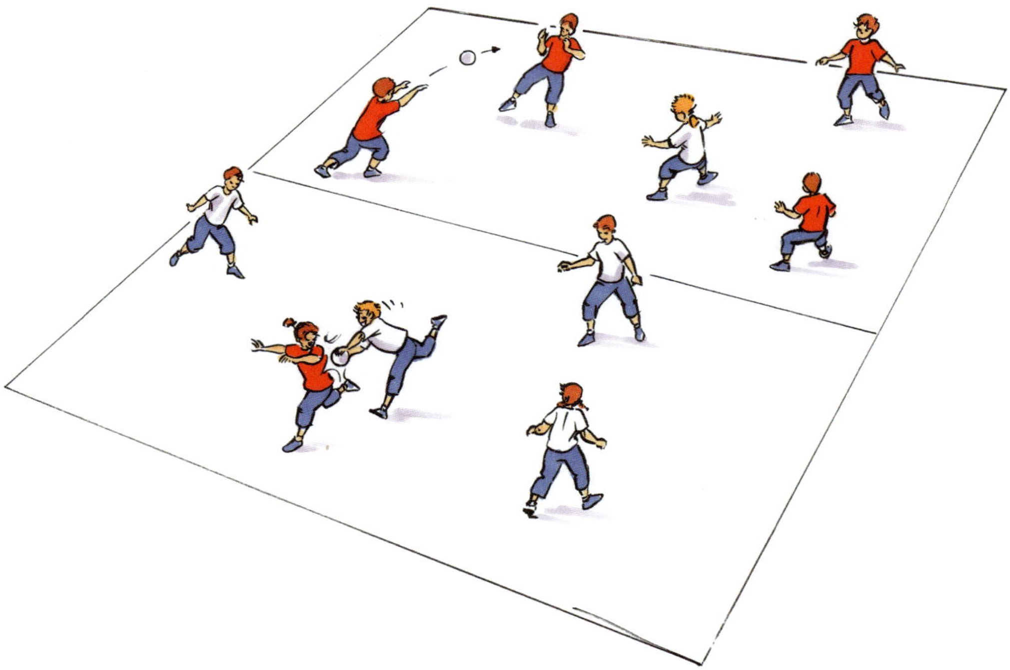

Parteiball

Spielidee:
2 Mannschaften spielen gegeneinander mit dem Ziel, sich innerhalb der Mannschaft einen Ball so oft wie möglich zuzupassen, ohne dass der Gegner an den Ball kommt.

Basisregeln:
- Mit dem Ball darf nicht gelaufen werden
- Es darf nicht zu dem Spieler zurückgespielt werden, von dem man den Ball erhalten hat
- Fängt die gegnerische Mannschaft den Ball (kommt sie in Ballbesitz) versucht sie ihrerseits, möglichst viele Pässe zu spielen
- Landet der Ball im Aus, wechselt der Ballbesitz
- Jeder erfolgreiche Pass wird laut mitgezählt
- Bei einer vorher festgelegten Anzahl von Pässen (10) erhält die Mannschaft einen Punkt
- Bei Punktgewinn wechselt der Ballbesitz zum Gegner

Rahmenbedingungen:
- Spielerzahl: ab 3 Personen pro Mannschaft, maximal 6
- Material: beliebiger Ball
- Spielfeld: abhängig von der Spielerzahl (nicht zu groß)

Variationen:
- Die Pässe werden nur mit dem Fuß gespielt
- Es wird mit einem Puck oder einem Hockeyball und Hockeyschlägern gespielt
- Bei ungerader Zahl wird mit einem deutlich gekennzeichneten Joker gespielt, der jeweils die Mannschaft verstärkt, die in Ballbesitz ist

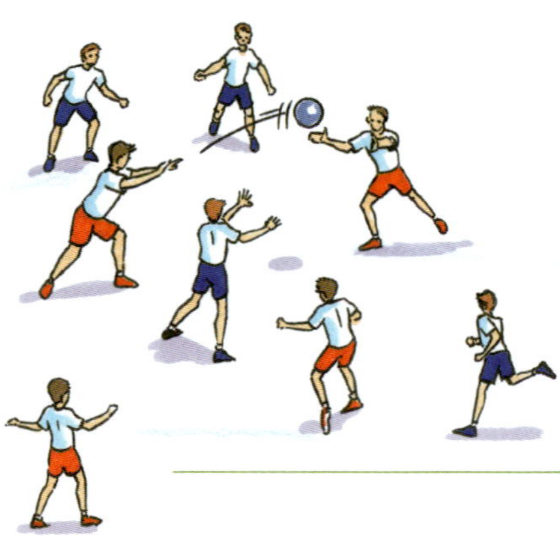

- Der 10. Pass wird gegen die Wand gespielt, ein Mitspieler muss den Pass fangen, dann erst gibt es einen Punkt
- Es muss abwechselnd ein Pass und ein Bodenpass gespielt werden
- Ziel ist es, den Ball so zuzuspielen, dass ein Mitspieler den Ball zu einem Dritten köpfen kann. Jeder zugeköpfte Ball, der gefangen wird, zählt einen Punkt
- Die Spieler beider Mannschaft werden heimlich durchnummeriert. Ziel ist es möglichst häufig dem Kapitän zuzuspielen. Der Spielleiter gibt durch Zuruf einer Zahl den jeweiligen Kapitän bekannt. Die gegnerische Mannschaft muss einerseits versuchen, den Ball abzufangen und andererseits versuchen, den Kapitän herauszufinden. Bei richtigem Nennen des Kapitäns gibt es drei Extrapunkte und einen Punktabzug, wenn der falsche Kapitän genannt wird
- Der zugeworfene Ball muss mit einem vorher festgelegten Körperteil (z. B. Oberschenkel, Spann) vorgestoppt werden und anschließend mit beiden Händen gesichert werden
- 4 Kästen, mit jeweils einem neutralen Spieler darauf stehend, an den Außenlinien des Spielfeldes. Die ballbesitzende Mannschaft kann den Ball sich entweder untereinander zupassen oder aber einen Neutralen anspielen. Jeder Pass zu einem Neutralen zählt einen Punkt, jedoch darf nicht zweimal hintereinander derselbe Spieler angespielt werden. Die Neutralen spielen den Ball immer zur Mannschaft in Ballbesitz. Die Mannschaft, die zuerst z.B. 20 Punkte erzielt, gewinnt. Die Neutralen werden nach einiger Zeit gewechselt
- Die Pässe müssen abwechselnd mit der Hand und mit dem Fuß gespielt werden.

Pass-Roll-Basketball

Spielidee:
2 Mannschaften spielen gegeneinander Basketball mit dem Ziel, Körbe zu erzielen. Der Ball muss jedoch innerhalb der Mannschaft immer abwechselnd gepasst und zugerollt werden.

Basisregeln:
- Innerhalb der Mannschaft muss der Ball abwechselnd gepasst und gerollt werden
- Ein Korbwurf kann also nur erfolgen, wenn der Ball vorher zugerollt wurde
- Fußeinsatz ist nicht erlaubt, bei absichtlichem Spiel mit dem Fuß gibt es einen Freiwurf
- Dribbling ist nicht erlaubt

Rahmenbedingungen:
- Spielerzahl: Maximal 6 Spieler pro Mannschaft
- Material: 1 Basketball
- Ziel: 2 Basketballkörbe
- Spielfeld: Basketballfeld

Variation:
- Dribbling ist erlaubt

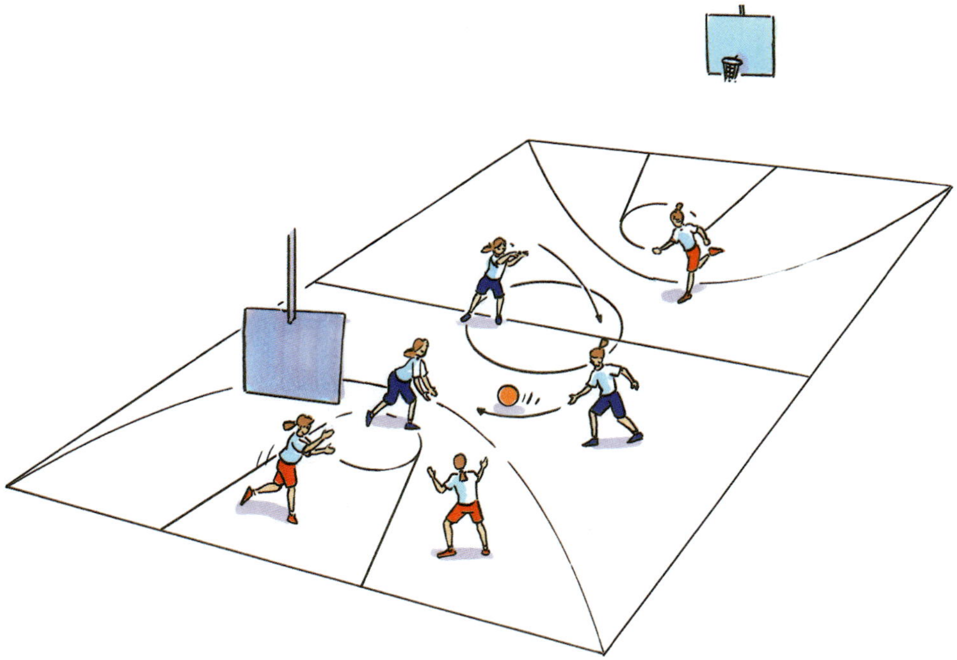

Piratenball

Spielidee:
Ziel der Piraten ist es, möglichst viele Handelsschiffe zu versenken. Die Handelsschiffe halten jeweils einen Reifen als Schiff in Hüfthöhe um sich herum. 4–6 Piraten mit je einem Ball (der Kanonenkugel) versuchen, diesen in den Reifen zu werfen oder hinein zu „stecken", um so das Schiff zu versenken.

Rahmenbedingungen:
- Spielerzahl: beliebig, Verhältnis Piraten/ Handelsschiffe 1:4 oder 1:5
- Material: Für jedes Handelsschiff einen Reifen; für jeden Piraten einen Softball
- Spielfeld: ein Hallendrittel
- Organisatorischer Hinweis: Nach einer bestimmten Zeit neue Piraten bestimmen

Basisregeln:
- Die Reifen können zum Schutz beliebig um den Körper bewegt werden
- Wer versenkt wurde, setzt sich in den Reifen und heult wie eine Sirene
- Durch Berühren anderer Schiffe können gesunkene Schiffe wieder Handelsschiffe werden

Variation:
- Die Zahl der Piraten wird auf ein Verhältnis von 1:2 oder 1:3 erhöht. Dadurch erhalten die Piraten die Chance, alle Handelsschiffe versenken zu können

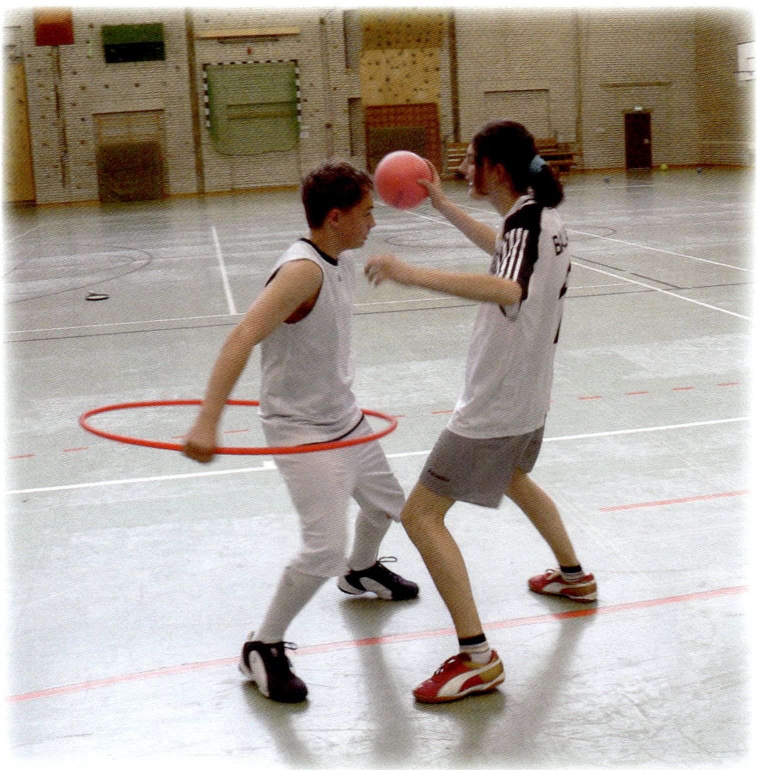

Pokémon

Spielidee:
Die Einteilung der Pokémons und der vier Trainer erfolgt durch Verteilung der Spielkarten des gleichnamigen Trading-Card-Games, auf denen Trainer und Pokémoncharaktere abgebildet sind. Farbige Parteibänder für die Spieler verdeutlichen anschließend ihre Elementeigenschafften (Feuer-, Wasser- oder Pflanzenpokémon). In der ersten Spielphase gehen die Trainer zu der „Safarizone", in der die Pokémons leben. Dort stellen sie sich ihr Team zusammen. Dazu müssen sie Pokémons abwerfen.

Hinweis: Die Trainer versuchen ein ausgewogenes Team zusammenzustellen, d. h., sie müssen sowohl Feuer-, Pflanzen- als auch Wasserpokémons abtreffen.
Jetzt beginnt die Kampfphase. Hier treten immer zwei Trainer mit ihren Teams gegeneinander an und versuchen, nacheinander alle gegnerischen Pokémons mit einem Softball abzutreffen, bevor sie selbst getroffen werden.

Basisregeln:
- Die Kampffläche ist ein Badmintonfeld, in dessen Mitte ein großer Kasten steht, der Schutz bieten kann.
- Auf jeder Seite kämpft immer nur ein Pokémon. Passive Pokémons bringen verworfene Bälle zum Trainer zurück.
- Der Trainer kann durch Zuruf jederzeit das Pokémon auswechseln.
- Jedes Pokémon hat drei Leben in Form von Wäscheklammern. Jeder Treffer bedeutet ein Leben weniger, es sei denn, das getroffene Pokémon besitzt eine Schwäche. Dann kann es sogar zwei Leben verlieren. Bei drei verlorenen Leben scheidet es aus.
- Schwächen sind folgende:
  - Feuer- gegen Pflanzenpokémon: Bei einer Niederlage verliert das Pflanzenpokémon 2 Leben.
  - Pflanzen- gegen Wasserpokémon: Das Wasserpokémon verliert 2 Leben.
  - Wasser- gegen Feuerpokémon: Das Feuerpokémon verliert 2 Leben.
- Jedes Pokémon kann nur einen Angriffsball tragen, der vom Trainer kommt.
- Zur Abwehr kann man den Ball fangen oder ihm ausweichen.
- Gespielt wird im Modus jeder-gegen-jeden. Nach jeder Runde bekommen alle Pokémons wieder drei Leben.
- **Hinweise:** Auch passive Schüler können Trainer sein. Die Regeln müssen klar erklärt werden, am besten durch das Nachspielen einer Kampfszene.

Rahmenbedingungen:
- Spielerzahl: ab 20
- Material: Musik, Softbälle, Parteibänder, Pokémonkarten, 2 große Kästen
- Spielfeld: Badmintonfeld

Variationen:
- Die Pokémons können sich wie im Computerspiel auch entwickeln und stärker werden. Siegreiche Teams können z. B. in den nächsten Kampf mit einem zusätzlichen Leben gehen.
- Verschiedene Turnierformen und Kampfszenarien, z. B. 2:2.

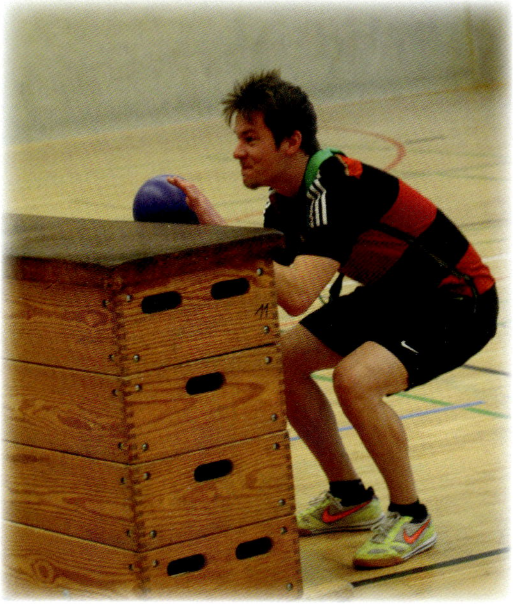

Prellball

Spielidee:
2 Mannschaften spielen gegeneinander über ein Netz, eine Bank oder Zauberschnur.
Ziel ist es, den Ball so zu spielen, dass der Gegner den Ball nicht oder nur fehlerhaft zurückspielen kann.

Basisregeln:
- Jeder Ball muss zuerst im eigenen Feld, dann im Feld des Gegners aufticken
- Der Ball wird mit der flachen Hand gespielt (Faust/Unterarm)
- Das Spiel beginnt mit einem Aufschlag
- Der Aufschlag wird hinter der Grundlinie ausgeführt
- Gezählt wird wie beim Tischtennis
- 1–2 Zuspiele innerhalb der Mannschaft sind bei jedem Angriff erlaubt
- Der Ball darf nach jeder Berührung nur einmal aufkommen und muss dann gespielt werden
- Jeder Spieler darf den Ball nur einmal berühren
- Die Bänke stellen das Netz dar und dürfen nicht berührt werden
- Die Angabe erfolgt aus der Ecke des jeweiligen Spielfeldes
- Der Ball muss mit dem dritten Zuspiel innerhalb einer Mannschaft in ein anderes Feld gespielt werden

Rahmenbedingungen:
- Spielerzahl: 1–4 Spieler pro Mannschaft
- Material: Volleyball oder Prellball
- Spielfeld: Badmintonfeld
- Aufbau: 3 Felder können nebeneinander in eine kleine Halle oder ein Hallendrittel gebaut werden. Badmintonfelder können dazu gut genutzt werden

Variationen:
- Der Ball wird direkt zurück gespielt
- Es wird Rundlauf gespielt. Achtung: Dazu muss genügend Platz um das Spielfeld vorhanden sein
- Die Spieler müssen wie beim Tischtennis-Doppel abwechselnd den Ball spielen, ein Zuspiel innerhalb der Partner ist nicht erlaubt. Gezählt wird wie beim Tischtennis
- Prellball in der gesamten Halle auf 2 Hallenwände ohne Netz. Der Ball muss zum Mitspieler geprellt werden und muss erst den Boden berühren, bevor er die Wand berührt. Ist die ganze Wand zu groß, wird mit Hütchen ein Bereich markiert
- Reifenprellball 1:1: Ziel ist es, den Ball so in den Reifen oder auf den Reifenrand zu prellen, dass der Gegner den Ball nicht erreichen kann oder nur fehlerhaft spielen kann.
- 4 Felder-Prellball: Vier Bänke werden so kreuzförmig aufgestellt, dass vier Spielfelder entstehen. In jedem steht eine Mannschaft mit 3-4 Spielern. Jedes Team hat am Anfang fünf Punkte und bekommt für jeden Fehler einen Punkt abgezogen. Wenn eine Mannschaft keine Punkte mehr hat, scheidet sie bis zur nächsten Runde aus. Die nicht mehr besetzten Felder dürfen nicht mehr bespielt werden. Gewonnen hat die Mannschaft, die zuletzt noch Punkte hat.

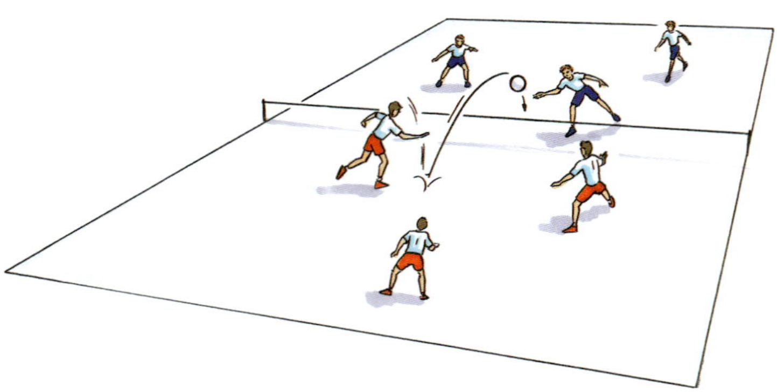

Quidditch

Spielidee:
2 Mannschaften spielen gegeneinander mit dem Ziel, so viele Punkte wie möglich zu erzielen.

Basisregeln:
- Der goldene Schnatz ist ein Flummi, der von dem Spielleiter in unregelmäßigen Abständen in das Spielfeld geworfen wird. Gelingt es einem Sucher, den Flummi aufzufangen, bevor er 3 mal aufgetickt ist, erhält die Mannschaft des erfolgreichen Suchers 3 Punkte
- Der Quaffel, also der Spielball für die Jäger, ist ein Basket-, Hand- oder Gymnastikball. Die Spieler versuchen ihn nach Handballregeln in das Tor zu werfen
- Das Tor besteht entweder aus 3 hochhängenden Gymnastikreifen, die der Hüter mit einem Besen oder Schrubber verteidigen muss oder es wird auf 2 Handballtore gespielt, die „normal" von den Hütern verteidigt werden. Jedes erzielte Tor zählt einen Punkt
- Die Treiber befinden sich im Spielfeld und haben entweder einen Tennis-Schläger und einen Softball (Klatscher), mit dem sie die gegnerischen Spieler abtreffen müssen oder sie werfen nur mit dem Softball
- Der Jäger, welcher von einem gegnerischen Klatscher getroffen wurde, muss eine Strafrunde um das Spielfeld laufen
- Gespielt wird auf Zeit
- Jedes Tor der Jäger zählt einen Punkt, jeder gefangene Schnatz 3 Punkte
- In den Viertelpausen können die Rollen gewechselt werden

Rahmenbedingungen:
- Spielerzahl: Mindestens 9 Spieler pro Mannschaft: 1 Hüter, 1 Sucher, 2 Treiber und 5 Jäger
- Material:
  - 1 Flummi
  - 4 Tennisschläger
  - 4 Soft-Tennisbälle
  - 1 Handball
  - 6 Reifen oder 2 Tore
  - eventuell 2 Besen
- Ziel: Handballtore oder 6 Reifen
- Spielfeld: Handballfeld

Variation:
- Jede Mannschaft bestimmt einen Spieler, der der goldene Schnatz ist. Er hat die Aufgabe, quer durchs Spielfeld zu laufen, ohne von einem Spieler der gegnerischen Mannschaft gefangen zu werden. Es muss vorgegeben werden, welche Strecke der Schnatz zurücklegen muss, damit man ihn auch Fangen kann

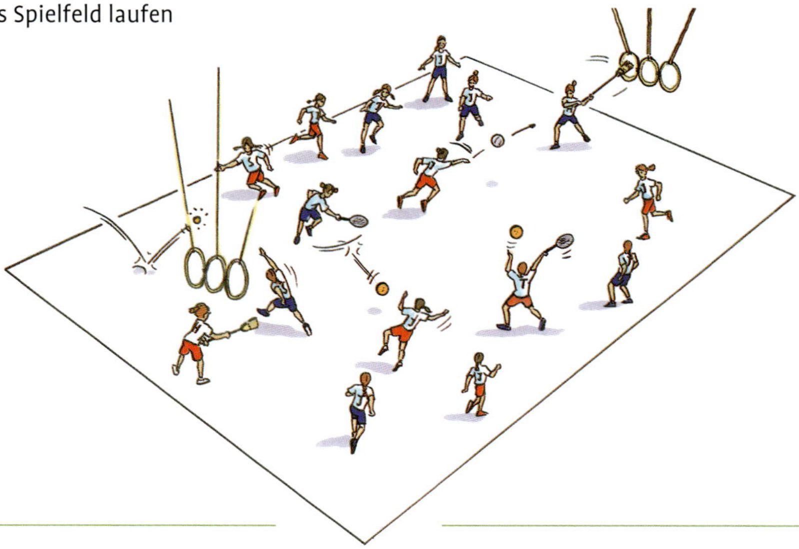

Rangierball

Spielidee:
Ziel ist es, als erste Mannschaft eine Lokomotive mit Anhänger über eine ca. 10 m entfernte Ziellinie zu fahren. Dazu stellt jede Mannschaft an ihre Startlinie 2 kleine umgedrehte Kästen hintereinander auf (Lokomotive mit Anhänger).
Die Spieler versuchen nacheinander, von einer Wurflinie ihren Ball in die Lokomotive zu werfen.
Gelingt dies, darf der Anhänger als neue Lokomotive nach vorne geschoben werden. Gelingt dies nicht, wird der Ball wieder geholt und der Spieler stellt sich wieder hinten an.

Basisregeln:
- Es darf nur hinter der Markierung geworfen werden
- Sobald der Ball aufgetickt ist, darf der nächste Spieler werfen
- Die Lok muss immer den Anhänger berühren
- Sobald der Anhänger die Ziellinie vollständig überquert hat, ist die Staffel beendet
- Herausspringende Bälle zählen als Treffer

Rahmenbedingungen:
- Spielerzahl: 3–6 Spieler pro Mannschaft
- Material: Pro Spieler ein Ball (Tennisball, Gymnastikball), pro Mannschaft 2 kleine Kästen

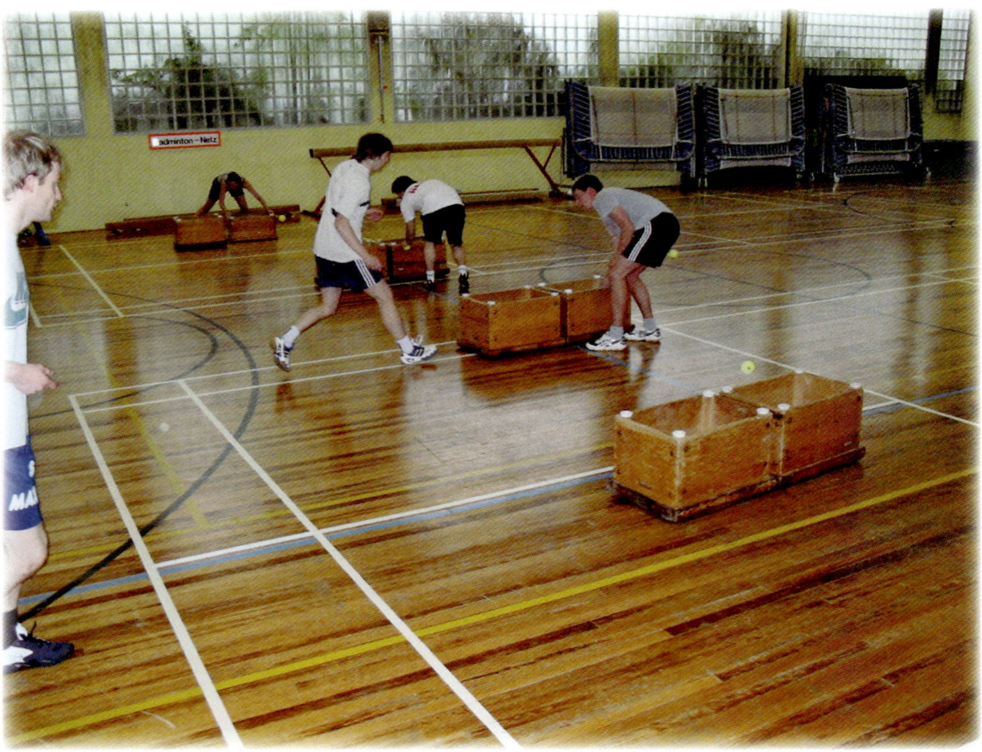

Ringhockey

Spielidee:
2 Mannschaften spielen gegeneinander auf Tore und versuchen, mit einem Gymnastikstab einen Gummiring in das gegnerische Tor zu spielen.

Basisregeln:
- Der Ring darf nur mit dem Stab gespielt werden
- Der Stab muss am Boden bleiben (kein Schlagen sondern Schieben)
- Der Ring darf nur flach gespielt werden
- Befinden sich 2 oder mehr Stäbe zur gleichen Zeit im Ring, gibt es Bully

Rahmenbedingungen:
- Spielerzahl: 4–6 Spieler pro Mannschaft
- Material: Gymnastikstab für jeden Spieler; Gummiring
- Ziel: 2 Hockeytore
- Spielfeld: Handballfeld

Variation:
- Es wird auf insgesamt 4 Tore gespielt, 2 Tore pro Mannschaft

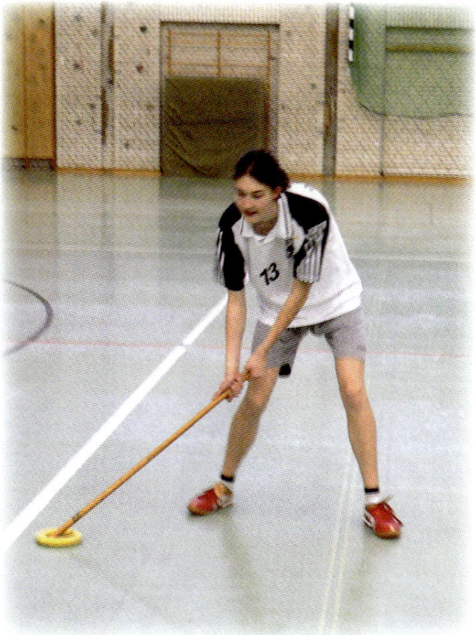

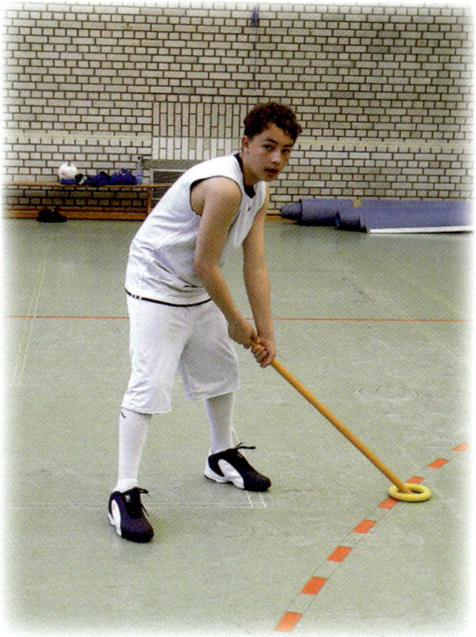

Rollball

Spielidee:
2 Mannschaften spielen gegeneinander mit dem Ziel, einen Ball gegen die gegnerische Wand oder in das gegnerische Tor zu rollen.

Basisregeln:
- Der Ball darf zu jeder Zeit nur gerollt werden
- Mit dem Ball darf man höchstens 3 Schritte laufen
- Bei Regelverstößen bekommt der Gegner den Ball

Rahmenbedingungen:
- Spielerzahl: Maximal 8:8
- Material: Medizinball, Volleyball, Tennisball, Fußball oder Basketball
- Spielfeld: ein Hallendrittel
- Aufbau: 2 Spielfelder sind in der Halle nebeneinander möglich

Variation:
- Auf 3 oder mehr offene Hütchentore spielen. Ein Tor wird nur dann gewertet, wenn ein Mitspieler den Pass auf der anderen Seite annehmen kann

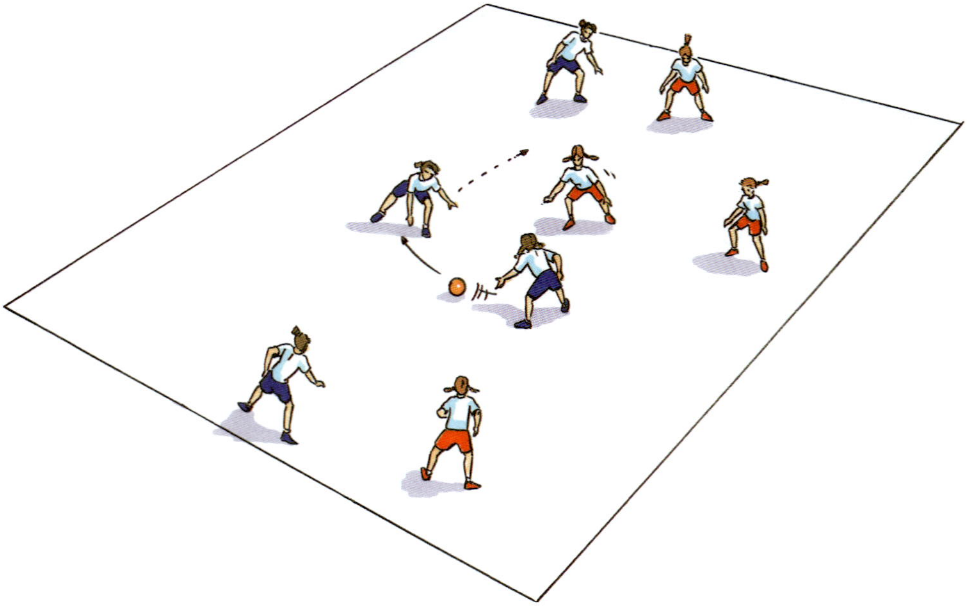

Rollbrett-Brennball

Spielidee:
2 Mannschaften spielen gegeneinander Brennball. Die Werfer müssen den Parcours auf einem Rollbrett absolvieren, auch ein Hindernisparcours ist möglich.

Basisregeln:
- Der Ball darf beliebig ins Spiel gebracht werden und ist nicht aus
- Die Fänger dürfen die Rollbrettfahrer nicht behindern
- Wer nicht ein Freimal oder das Parcoursende mit dem Rollbrett erreicht, bevor der Ball im Brenner ist, ist „verbrannt“ und muss sich bei der Werfermannschaft wieder hinten anstellen
- Pro erfolgreich absolviertem Parcours erhalten die Werfer einen Punkt
- Ein „home-run“ zählt doppelt
- Der Brennmeister wird nach jedem Durchgang gewechselt
- Gespielt wird auf Zeit, die Mannschaft mit den meisten Punkt gewinnt

Rahmenbedingungen:
- Spielerzahl: mindestens 7 Spieler pro Mannschaft
- Material:
  - Kästen oder Hütchen als Freimale
  - Eventuell Hütchen als Hindernisse für den Parcours.
  - Ein umgedrehter kleiner Kasten als Brenner.
  - 1 Rollbrett für jeden Spieler der Werfermannschaft
- Spielfeld: ein Hallendrittel

Variationen:
- Die Werfer absolvieren den Parcours paarweise, dabei sitzt eine Person auf dem Rollbrett und der Partner schiebt
- Die Feldspieler spielen auch auf einem Rollbrett
- 2 Feldspieler sitzen Rücken an Rücken auf einem Rollbrett
- Es werden mehrere Bälle gleichzeitig ins Feld gespielt

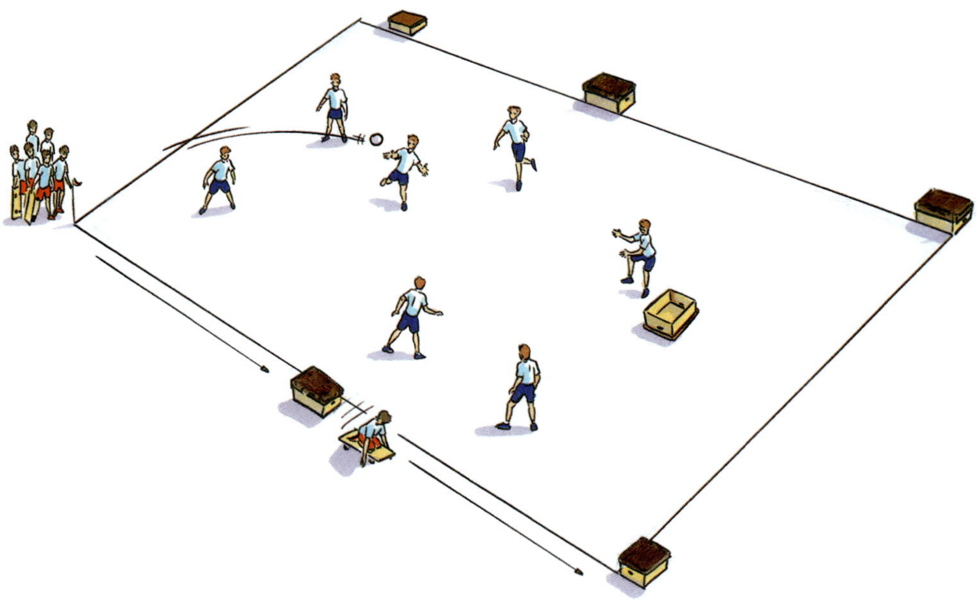

Rollbrett-Handball

Spielidee:
2 Mannschaften spielen auf 4 Tore gegeneinander Rollbrett-Handball.

Basisregeln:
- Der Ball darf nur gespielt werden, solange man sich auf dem Rollbrett befindet
- Die Fahrtechnik auf dem Rollbrett ist beliebig
- Es gibt keinen festen Torwart, der letzte Mann ist Torwart

Rahmenbedingungen:
- Spielerzahl: 3–6 Spieler pro Mannschaft
- Material: Handball; Rollbretter
- Spielfeld: ein Hallendrittel
- Aufbau:
  - Es sind 3 Spielfelder in einem Hallendrittel oder einer kleinen Halle möglich
  - Es gibt keinen Kreis
  - Gespielt wird auf mit der Öffnung zum Spielfeld zeigende kleine Kästen

Variationen:
- Pezziball als Spielball
- Tore sind an die Wand gestellte Matten

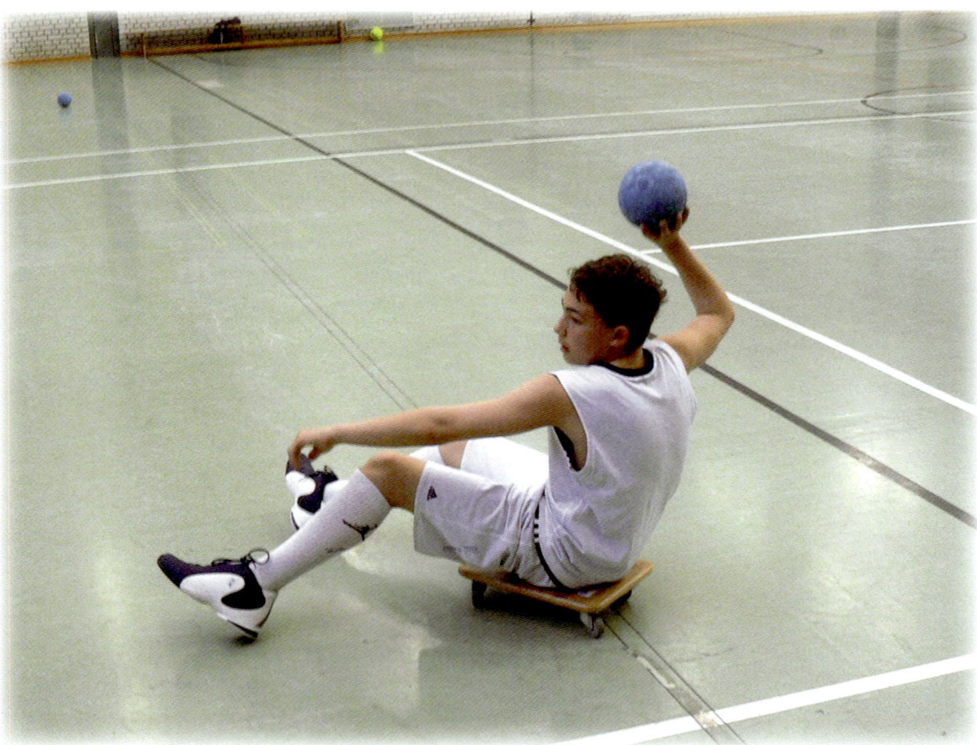

Rollbrett-Hockey

Spielidee:
2 Mannschaften spielen auf 4 Tore gegeneinander Rollbrett-Hockey.

Basisregeln:
- Der Ball darf nur gespielt werden, solange man sich auf dem Rollbrett befindet
- Der Ball darf nur flach gespielt werden
- Die Fahrtechnik auf dem Rollbrett ist beliebig
- Es gibt keinen festen Torwart, der letzte Mann ist Torwart

Rahmenbedingungen:
- Spielerzahl: 3–6 Spieler pro Mannschaft
- Material: kurze Rollbrett-Hockeyschläger; Rollbretter; Lochball oder Puck; umgedrehte Langbänke als Banden; 2 oder 4 kleine Kästen
- Ziel: kleine Kästen
- Spielfeld: Es sind 3 Spielfelder in einem Hallendrittel oder einer kleinen Halle möglich
- Aufbau: Mit der Öffnung zum Spielfeld zeigende kleine Kästen als Tore

Variation:
- Pezziball als Spielball, keine Schläger, eine Matte als Tor

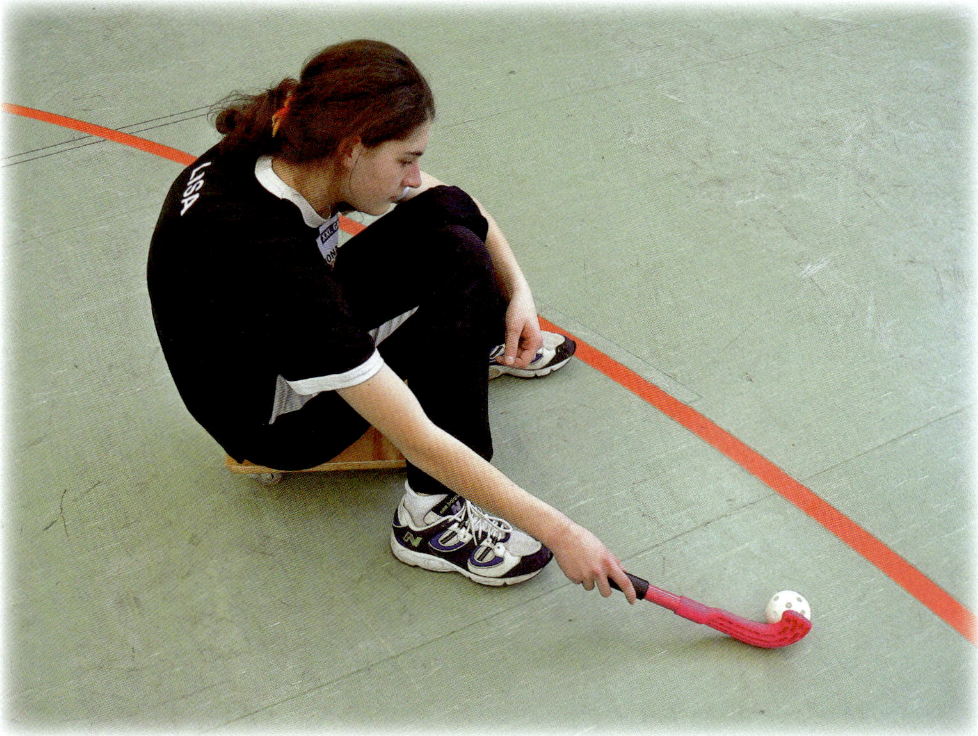

Rückwärtsball

Spielidee:
2 Mannschaften spielen gegeneinander mit dem Ziel, die gegnerische Wand oder das gegnerische Tor zu treffen, ohne den 2–3 m von der Wand entfernten Torraum zu betreten. Der Ball darf während des ganzen Spiels nur rückwärts durch die Beine gespielt werden.

Basisregeln:
- Der Ball darf nur rückwärts durch die Beine gespielt werden
- Freilaufen erfolgt „normal“
- Mit dem Ball darf nur 2 Schritte gelaufen werden
- Der Torraum darf weder zum Angriff noch zur Verteidigung betreten werden
- Jede Wandberührung zählt einen Punkt

Rahmenbedingungen:
- Spielerzahl: 5 bis maximal 10 Spieler pro Mannschaft
- Material: Handball, Basketball, Volleyball oder Gymnastikball; Markierungshütchen für den Torraum (2–3 m von der Wand entfernt)
- Ziel: Wand
- Spielfeld: ein Hallendrittel

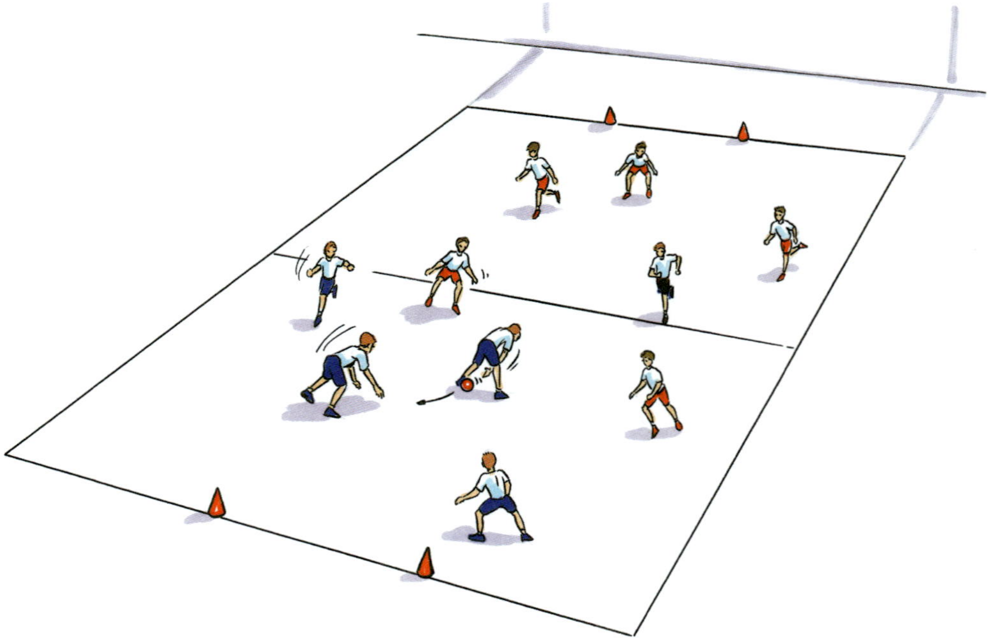

Rückwärts-Tore

Spielidee:
2 Mannschaften spielen gegeneinander mit dem Ziel, einen Ball so zu schießen, dass der von der Wand zurückspringende Ball eine Bankfläche oder ein zur Wand zeigendes Handballtor trifft.

Basisregeln:
- Es wird nach Fußballregeln gespielt
- Der Ball wird mit dem Fuß gespielt
- Der Ball darf hinter der Bank nicht mehr abgewehrt werden

Rahmenbedingungen:
- Spielerzahl: 5 Spieler pro Mannschaft
- Material: Fußball; 2 Langbänke oder Handballtore
- Ziel: Langbank
- Spielfeld: ein Hallendrittel
- Aufbau: 2 Langbänke im Abstand von 2–3 m von der Wand entfernt mit der Bankfläche zur Wand als Tor

Variation:
- Es wird Handball gespielt

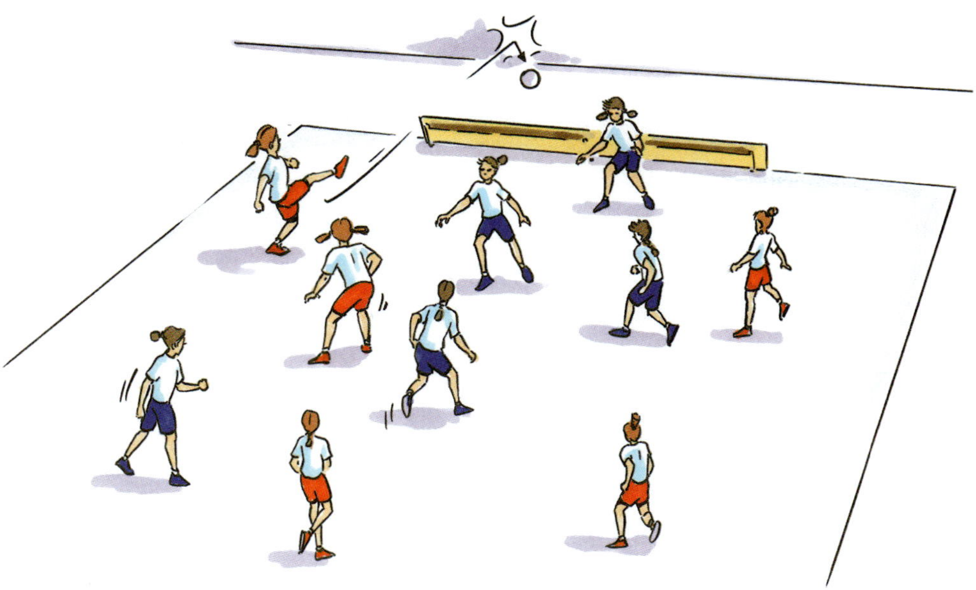

Rugby

Spielidee:
2 Mannschaften spielen gegeneinander mit dem Ziel, einen Rugby in einem kleinen Kasten abzulegen.

Basisregeln:
- 2 m vor den kleinen Kästen befindet sich jeweils ein Weichboden mit einem Mattenspieler
- Die Angreifer dürfen die Matte nur von vorne betreten und nach hinten verlassen
- Der Ball darf nicht in den kleinen Kasten gelegt werden, ohne vorher die Matte zu betreten
- Der Ball darf nicht nach vorne gepasst werden, sondern nur nach hinten oder zur Seite
- Mit dem Ball in der Hand darf beliebig gelaufen werden
- Der Gegner darf am Körper umschlungen und zu Boden gezogen werden
- Der Gegner darf nicht am Hals gefasst werden
- Jeder abgelegte Ball gibt einen Punkt
- Gespielt wird auf Zeit oder auf Punkte

Rahmenbedingungen:
- Spielerzahl: 5 bis 7 Spieler pro Mannschaft
- Material: 2 kleine Kästen; 2 Weichböden; 1 Rugby
- Spielfeld: ein Hallendrittel oder größer

Variation:
- Touch-Rugby: 2 Mannschaften mit 6–10 Spielern spielen im Freien auf Rasen gegeneinander. Die Angreifer versuchen, den Ball hinter die gegnerische Grundlinie zu legen (3 Punkte) oder mit dem Fuß über die Linie zu treten (1 Punkt). Der Ball darf in alle Richtungen getragen und getreten werden, jedoch nur rückwärts bis auf gleiche Höhe gepasst werden. Der Ball darf nicht aus der Hand getreten werden. Ein Spieler darf einen Gegner nicht oberhalb der Hüftlinie tackeln oder versuchen zu tackeln. Das Anspiel erfolgt an der Mittellinie durch die gegrätschten Beine. Ein balltragender Spieler wird dadurch gestoppt, dass er einen beidhändigen Klaps auf den Rücken oder die Schultern erhält. Er muss dann sofort stehen bleiben und den Ball passen oder auf den Boden ablegen

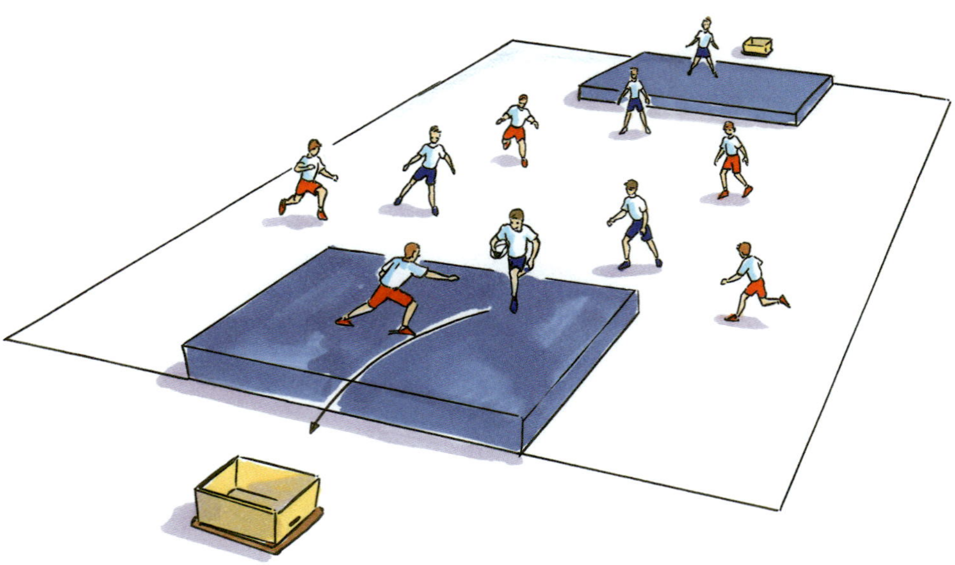

Rundlauf

Spielidee:
Die Spieler verteilen sich gleichmäßig auf beiden Seiten des Spielfeldes. Nach jedem Schlag wechselt der Spieler gegen den Uhrzeigersinn auf die andere Seite.
Ziel ist es, den Ball ohne Fehler auf die gegnerische Seite zu spielen.

Basisregeln:
- Gespielt wird nach den Regeln der entsprechenden Sportart
- Der erste Aufschlag muss diagonal gespielt werden
- Nach einem Fehler scheidet der Spieler aus
- Die beiden zuletzt übrig bleibenden Spieler spielen ein Einzel bis 2 Punkte
- Bei ungerader Spielerzahl steht auf der Aufschlagseite ein Spieler mehr
- Die Seite, auf der der Fehler passierte, erhält den Aufschlag

Rahmenbedingungen:
- Spielerzahl: ab 3 Spieler
- Material:
  - Tischtennisball + Schläger für jeden Spieler, Tennisball + Schläger für jeden Spieler, Volleyball, Prellball, Faustball, Badminton, Fußball
  - Netz

Variationen:
- Es kann in Mannschaften gespielt werden
- Es kann mit Kronen gespielt werden: Jeder Sieg in einem Endspiel gibt eine Krone für den Sieger. Macht ein Spieler einen Fehler, der eine oder mehrere Kronen besitzt, kann er eine Krone setzen. Das bedeutet, er muss nicht ausscheiden, sondern bekommt eine Krone von seinem Punktekonto abgezogen
- Erst nach 3 Fehlern scheidet ein Spieler aus
- Mit einem Pezziball über einen großen Kasten. Vor dem Kasten liegt auf beiden Seiten ein Weichboden als Spielfeld.
- Bierdeckelrundlauf: Jeder Spieler hat einen Bierdeckel als Schläger. Gespielt wird mit einem Flummi über einen großen Kasten (ggf. auch zwei nebeneinander).

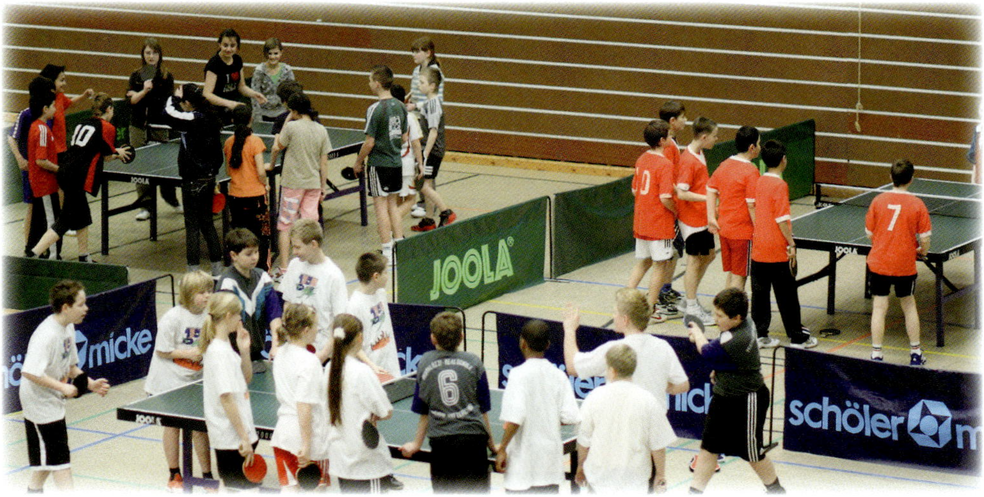

Sautreiben

Spielidee:
2 Mannschaften spielen gegeneinander mit dem Ziel, durch geschickte Würfe einen Pezziball oder Medizinball, die Sau, durch geschickte Würfe gegen eine gegnerische Begrenzungsbank oder über die gegnerische Endlinie zu treiben.

Basisregeln:
- Geworfen werden darf nur hinter der eigenen Begrenzungsbank
- Die Sau beißt, sie darf nicht zur Abwehr mit den Füßen oder einem anderen Körperteil berührt werden. Das bedeutet sofort einen Punktabzug
- Gespielt wird auf Zeit und die Treffer werden gezählt

Rahmenbedingungen:
- Spielerzahl: Mindestens 5 Spieler pro Mannschaft
- Material:
  - Bänke als Begrenzung oder Linien
  - Für jeden Spieler einen Ball
  - Einen Pezziball oder Medizinball als Sau
- Taktische Hinweise
  - Bälle, die im Feld liegen bleiben, vorsichtig holen
  - Entfernungen den Wurffähigkeiten anpassen

Variationen:
- Es wird mit 4 Mannschaften gespielt. Dazu werden die Bänke im Viereck aufgestellt, so dass die Sau immer im Spiel bleibt
- Mit 2 Pezzibällen oder 2 Medizinbällen spielen
- Mit einem Pezziball und einem Medizinball spielen. Die Bälle bekommen unterschiedliche Punktwertungen
- Es darf nur mit dem Fuß gespielt werden

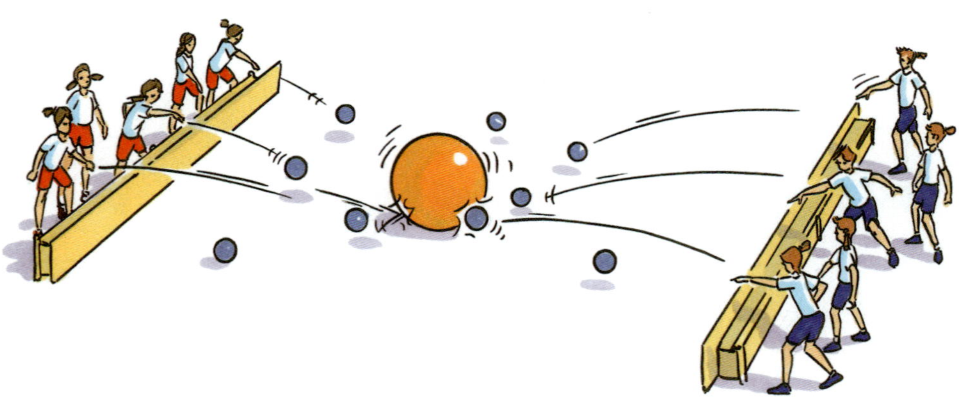

Schlangenjagd

Spielidee:
1 Schlangenteam (6–10 Spieler) und eine Werfermannschaft (3–6) Spieler spielen gegeneinander. Die Werfermannschaft versucht durch geschicktes Passspiel, den letzten Spieler der Schlange abzuwerfen.

Basisregeln:
- Mit dem Ball darf nicht gelaufen werden
- Die Werfer stehen außerhalb des Feldes, die Schlange im Feld
- Wird der Schlangenletzte getroffen, wechselt er ins Werferteam
- Alle Spieler der Schlange müssen das Seil immer festhalten
- Die Werfermannschaft sollte sich freilaufen und geschickt zusammenspielen
- Die Schlange sollte nicht zu hektisch reagieren, um ein Zerbrechen der Schlange zu verhindern
- Die Schlange muss sich entscheiden, wer die Führung übernimmt: Der Schlangenkopf oder das Schlangenende, um sich zu schützen

Rahmenbedingungen:
- Spielerzahl: beliebig, die Werfer sind aber in Unterzahl
- Material: 1 Soft- oder Volleyball; 1 längeres Seil, entweder mehrere zusammengeknotete Seilchen oder eine Zauberschnur
- Spielfeld: Je nach Spielerzahl ist das Spielfeld ein halbes oder ganzes Volleyballfeld

Variationen:
- Berührt der Schlangenkopf einen Werfer, wird dieser Teil der Schlange
- Wird der Schlangenletzte abgeworfen, tauscht er mit dem Werfer die Position. Der ehemalige Werfer wird neuer Kopf der Schlange, alle anderen Schlangenmitglieder rutschen eine Position nach hinten

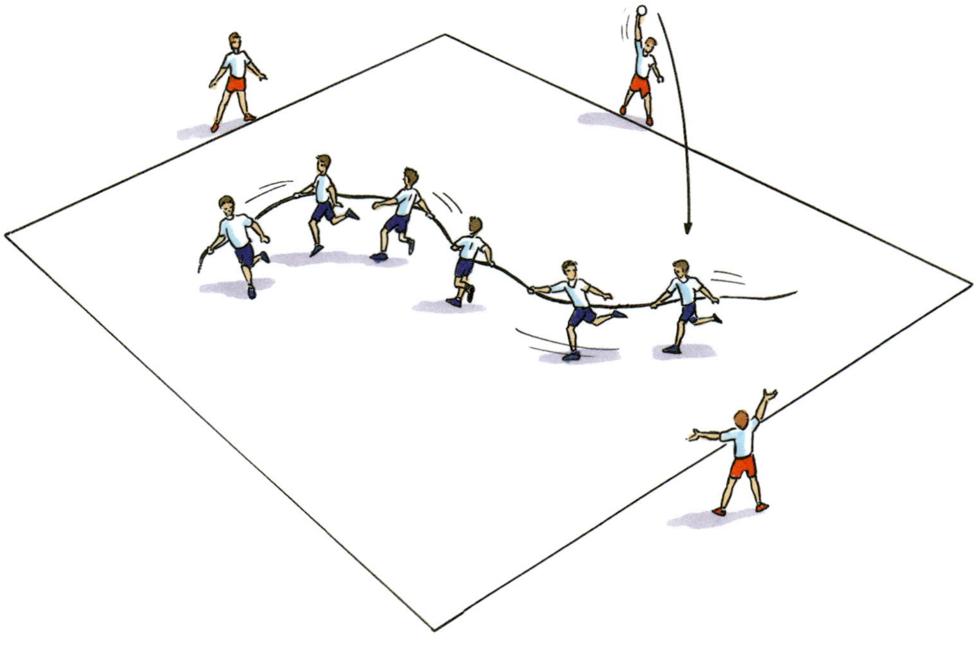

Schmuggler

Spielidee:
3 Mannschaften spielen gegeneinander.
2 Mannschaften sind Schmuggler, die dritte Mannschaft ist Zöllner. Ziel der Schmuggler ist es, Bälle (Schmuggelware) an den Zöllnern vorbei über die Grenze auf die andere Seite zu dribbeln. Ziel der Zöllner ist es, jeweils einen Luftballon in der Luft zu halten und dabei so viele Schmuggler wie möglich zu erwischen, indem sie die Schmuggler fangen oder ihnen den Ball herausspielen.

Basisregeln:
- Die Schmuggler dürfen durch Dribbling oder Ballführen immer nur einen Ball auf die andere Seite schmuggeln
- Die Zöllner können sich frei im Mittelfeld bewegen, müssen aber immer einen Luftballon in der Luft halten
- Wenn die Zöllner ihren Luftballon verlieren, dürfen sie solange keinen Schmuggler erwischen, bis sie wieder den Luftballon unter Kontrolle haben
- Wird ein Schmuggler mit Beute gefangen, muss er den Ball dem Zöllner abgeben
- Es werden 3 Durchgänge gespielt, so dass jede Mannschaft einmal Zöllner ist
- Am Ende jedes Durchgangs wird die geschmuggelte bzw. beschlagnahmte Ware gezählt

Rahmenbedingungen:
- Spielerzahl: 3 Mannschaften mit mindestens 6 Personen
- Material:
  - Jede Schmugglermannschaft bekommt eine gleiche Anzahl verschiedener Bälle als Schmuggelware in ihr Lager
  - Pro Schmugglermannschaft ein Kastenteil als Balldepot und einen als Ziel für die Schmuggelware
  - Jede Mannschaft braucht mindestens 3x so viele Bälle wie Spieler
  - Die Zöllner bekommen einen kleinen Kasten, in den beschlagnahmte Ware gelegt wird
  - Jeder Zöllner bekommt einen Luftballon
- Organisatorischer Hinweis: Gespielt wird auf Zeit

Variationen:
- Es werden unterschiedliche Bälle eingesetzt, die auch unterschiedliche Punktzahlen einbringen: Ein Medizinball oder Pezziball zählt 3 Punkte, ein Tennisball einen Punkt

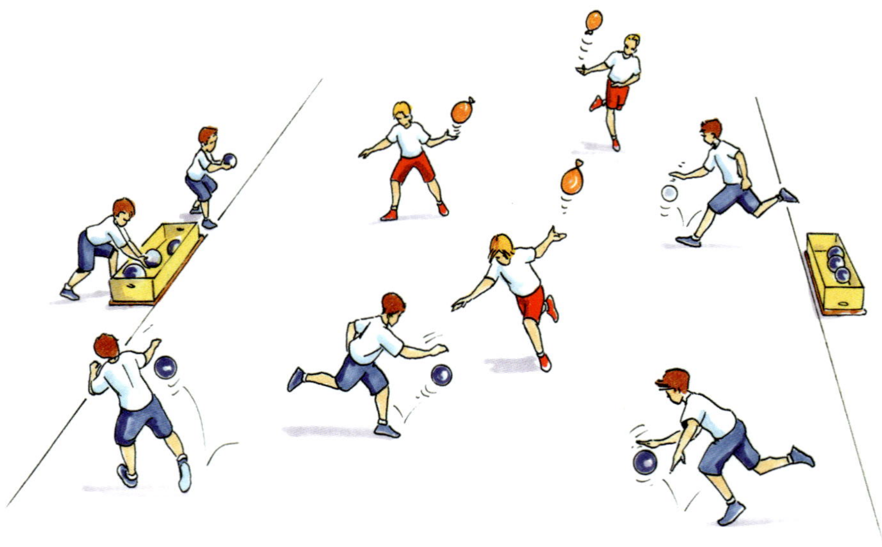

Schuh-Hockey

Spielidee:
2 Mannschaften spielen gegeneinander mit dem Ziel, einen Ball mit dem Schuh in der Hand gegen die gegnerische Wand oder in das gegnerische Tor zu spielen.

Basisregeln:
- Der Schuh muss immer wie ein Schläger in der Hand gehalten werden
- Absichtliches Spiel mit dem Fuß ist nicht erlaubt, es gibt sofort Ballbesitz für den Gegner

Rahmenbedingungen:
- Spielerzahl: 4–8 Spieler pro Mannschaft
- Material: Softball, Tennisball, Volleyball
- Spielfeld: 2 Spielfelder sind nebeneinander möglich, in der Halle und auf dem Sportplatz
- Organisatorischer Hinweis: Eventuell sollte auch der zweite Schuh ausgezogen werden, um nicht mit dem Schuh schmerzhaft auf einen Fuß ohne Schuh zu treten, d. h. es wird barfuß gespielt

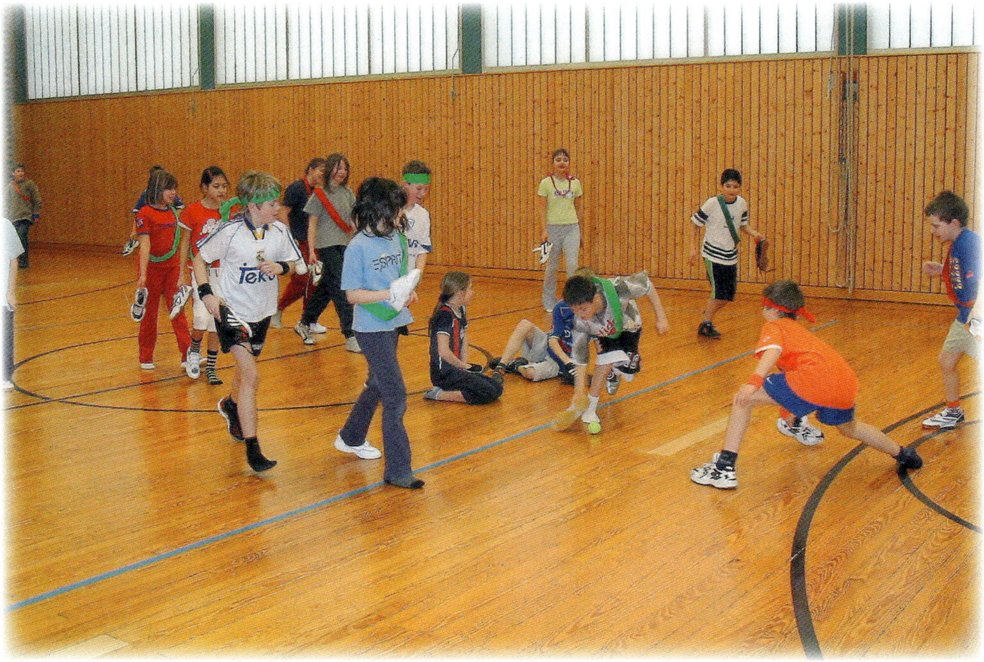

Sechs-Tage-Rennen

Spielidee:
Zwei Mannschaften spielen gegeneinander. Ziel ist es, die gegnerische Mannschaft einzuholen bzw. auf ein Signal hin, vorn zu sein.

Basisregeln:
- Alle vier Ecken des Spielfeldes werden gleichmäßig von beiden Mannschaften besetzt
- Der Startspieler von Mannschaft A startet in einer Ecke, der Startspieler von Mannschaft B diagonal gegenüber
- Bei der nächsten Ecke wird ein Spieler der eigenen Mannschaft abgeschlagen, der auch bis zur nächsten Ecke dribbelt
- Das 6-Tage-Rennen dauert so lange, bis eine Mannschaft die andere eingeholt hat bzw. – falls es zu lange dauert – bis ein Schlusssignal ertönt

Rahmenbedingungen
- Spielerzahl: Mindestens 8 Spieler pro Mannschaft
- Material: Pro Mannschaft einen Ball
- Spielfeld: Ein Hallendrittel

Variationen:
- Durch einen Hütchenparcours dribbeln
- Andere Bälle (Fußball, Puck und Hockeyschläger) nutzen
- Welche Mannschaft hat zuerst eine bestimmte Rundenzahl absolviert?
- 4 Mannschaften spielen gleichzeitig, A gegen C und B gegen D

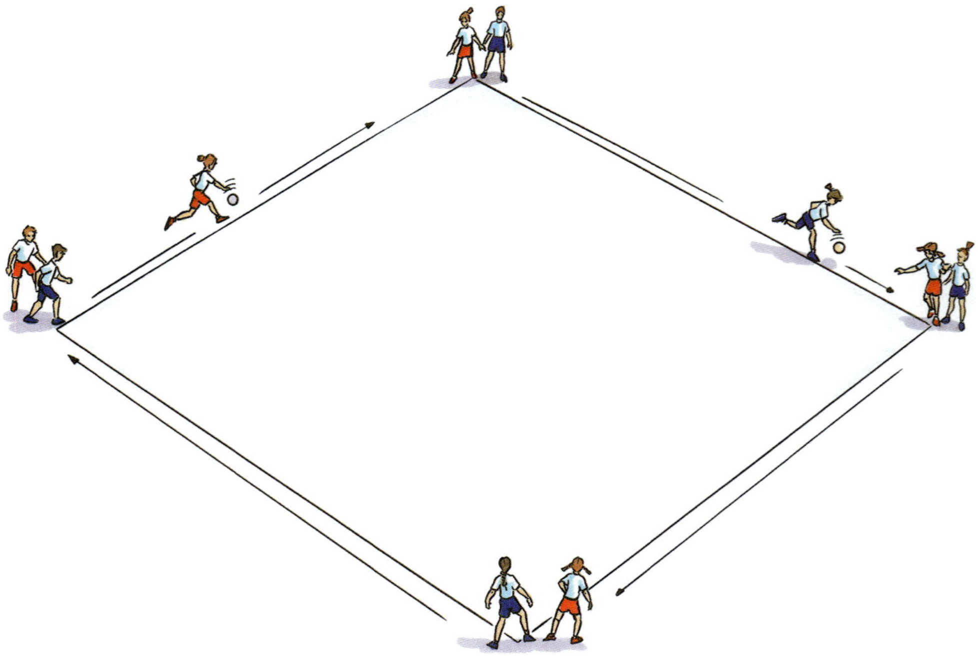

Seiten-Mixball

Spielidee:
2 Mannschaften spielen gegeneinander mit dem Ziel, Tore zu erzielen. Es gibt ein Innenfeld, in dem Fußball gespielt wird und ein Außenfeld, in dem Handball gespielt wird.

Rahmenbedingungen:
- Spielerzahl: 6-8 Spieler pro Mannschaft
- Material: Fußball oder Handball
- Ziel: Fußball- oder Handballtore
- Spielfeld: Große Halle

Basisregeln:
- Jede Mannschaft teilt sich in eine feste Fußball- und Handballgruppe
- Spielregeln entsprechend der Sportart
- Der Ball kann beliebig zwischen den Feldern gewechselt werden

Variation:
- Es wird ungekehrt im Innenfeld Handball und im Außenfeld Fußball gespielt
- Es gibt drei Zonen: In der mittleren wird Fußball (Handball), und in den Außenzonen Handball (Fußball) gespielt

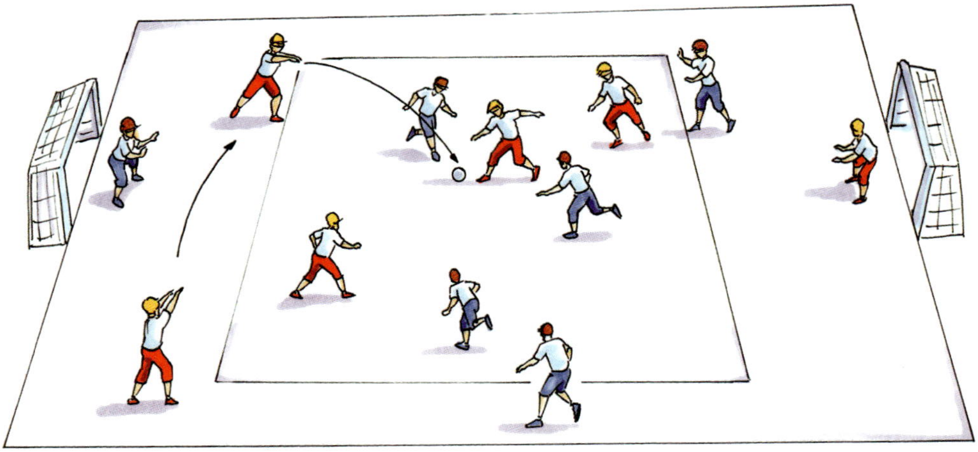

Siamesischer Fußball

Spielidee:
Zwei Mannschaften spielen gegeneinander Fußball, jedoch müssen sich immer 2 Spieler an den Händen halten und paarweise Tore erzielen oder verhindern.

Rahmenbedingungen:
- Spielerzahl: 4 – 10 Spieler pro Mannschaft
- Material: 1 Fußball, Markierungsleibchen, Hütchen, ein Weichboden oder kleine Kästen als Tore

Basisregeln:
- Die Pärchen dürfen sich während des gesamten Spiels nicht loslassen
- Gespielt wird nach Fußballregeln auf 2 oder 4 Tore
- Es gibt keinen festen Torwart

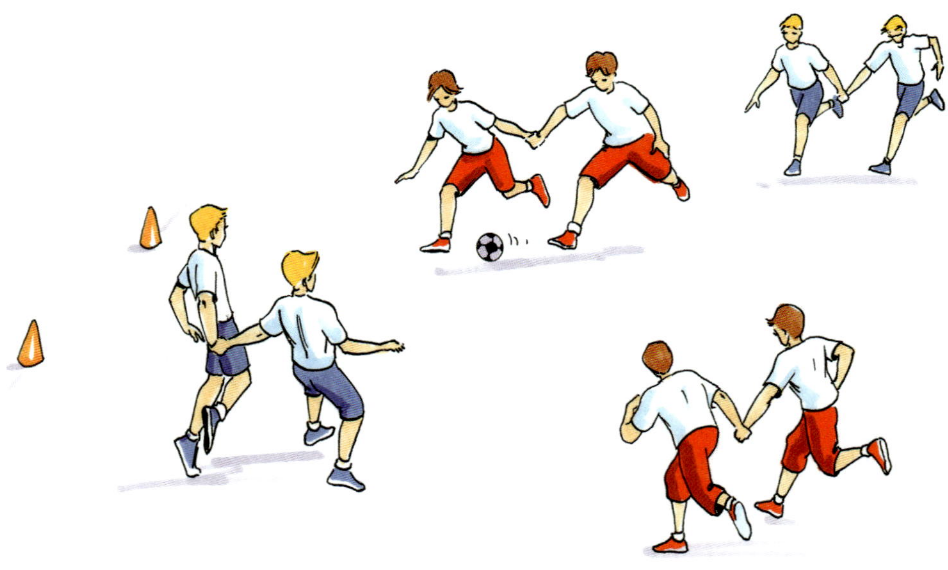

Siedler

Spielidee:
2 Mannschaften spielen gegeneinander mit dem Ziel, das gegnerische Land vollständig zu besiedeln. Mannschaft A passt sich in ihrem Land, dem Feld 1, den Ball zu, der gegnerische Siedler versucht, in Ballbesitz zu kommen. Gelingt ihm dieses, passt er den Ball zu einem Mitspieler in seinem Land. Kann dieser den Ball fangen, wird er auch Siedler in Land A. Ebenso wird in Land B gespielt.

Basisregeln:

- Gespielt werden kann Handball, Basketball oder Fußball
- Spielfeldaufbau: Land A – freies Land – Land B
- In Land A sind alle Spieler von A und 1 Spieler von B
- In Land B sind alle Spieler von B und 1 Spieler von A
- Gespielt wird mit 2 Bällen.
  Ein Ball ist in Land A, der andere in Land B
- Mit dem Ball darf nicht gelaufen werden
- Wer einen vom eigenen Siedler zugeworfenen Ball fängt, wird auch Siedler
- Jeder neue Siedler bringt den Ball wieder in das Land, das er besiedelt
- Sieger ist die Mannschaft, die zuerst komplett ein Land besiedelt hat

Rahmenbedingungen:

- Spielerzahl: beliebig
- Material: 2 Bälle
- Spielfeld: große Halle
- Aufbau: 2 Spielfelder, dazwischen ein leeres Feld

Variation:

- Ball- und Zuspielart festlegen: nur direkte Pässe beim Fußball, abwechselnd ein Pass und ein Bodenpass beim Handball oder Basketball

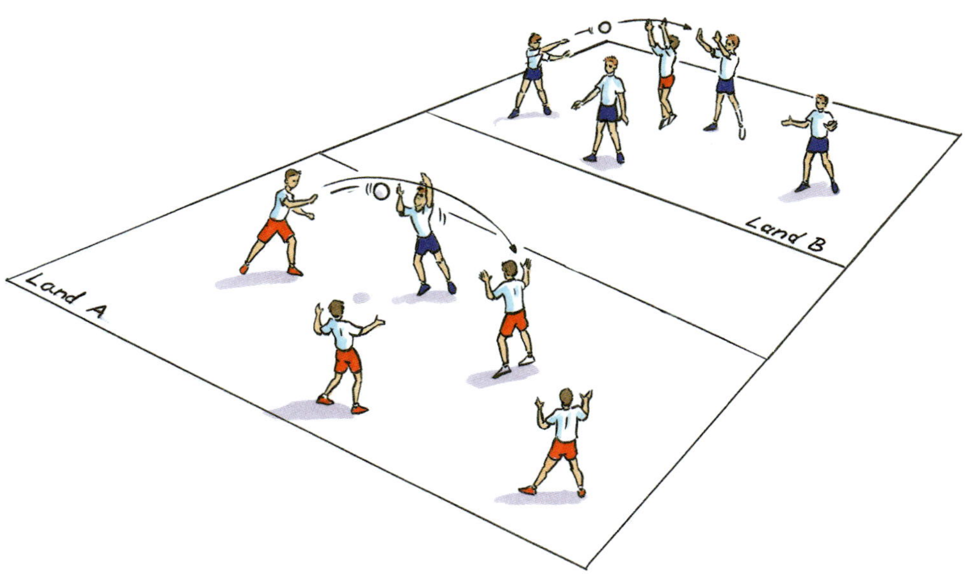

Soft Gaelic Football

Spielidee:
2 Mannschaften spielen gegeneinander mit dem Ziel, dass ein Mitspieler einen zugespielten Ball in der Endzone fangen kann. Der Ball muss – wie beim Torwartabschlag – aus der Hand mit dem Fuß zum Mitspieler geschossen werden.

Basisregeln:

- Der Spieler in Ballbesitz darf mit dem Ball in der Hand maximal 3 Schritte machen
- Es darf nicht gedribbelt werden
- Der Ball muss nicht unbedingt direkt gefangen werden, er darf daher auch vom Boden aufgehoben werden
- Der Spieler mit Ball darf nicht angegriffen werden, nur die Pässe dürfen abgefangen werden

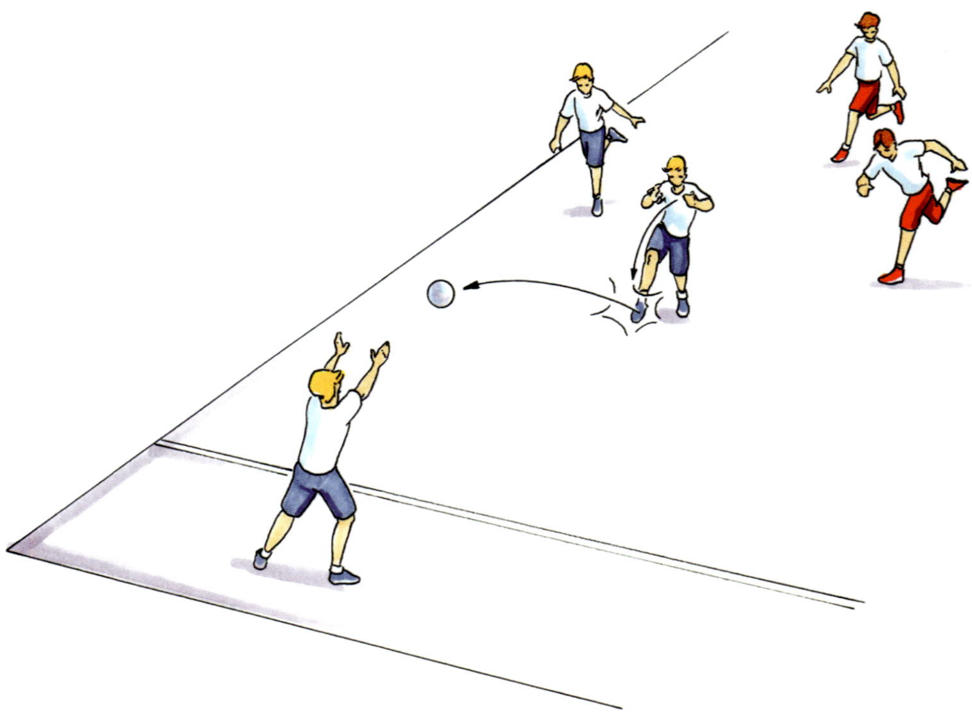

Spielkartenlauf

Spielidee:
4 Mannschaften spielen gegeneinander. Ein komplettes Kartenspiel ohne Asse wird auf der einen Spielfeldseite verdeckt hingelegt. Aufgabe ist es, alle Karten der eigenen Spielfarbe zu holen.

Basisregeln:
- 4 Mannschaften befinden sich an der anderen Spielfeldseite. Jede Mannschaft zieht ein As, das die Farbe seiner zu suchenden Spielkarten bestimmt
- Auf Kommando dribbeln die ersten 4 Spieler zur anderen Spielfeldseite und drehen dort eine Spielkarte um
- Wenn die Karte die Mannschaftsfarbe hat, darf sie mitgenommen werden
- Wenn die Karte nicht mit der Mannschaftsfarbe übereinstimmt, muss sie wieder umgedreht hingelegt werden
- Gewonnen hat die Mannschaft, die zuerst alle Karten ihrer Farbe gesammelt hat

Rahmenbedingungen:
- Spielerzahl: 5–8 Spieler pro Mannschaft
- Material: Für jede Mannschaft einen Ball; ein Kartenspiel
- Spielfeld: ein Hallendrittel

Variationen:
- Durch einen zusätzlichen Hütchenparcours dribbeln
- Andere Bälle (Fußball, Puck und Hockeyschläger) nutzen
- Jeder Mannschaft gegenüber liegen verdeckt und gemischt die Karten ihrer Farbe. Die Karten müssen der Reihe nach aufgedeckt werden, d. h. zuerst muss die 7 gefunden werden und zuletzt das Ass

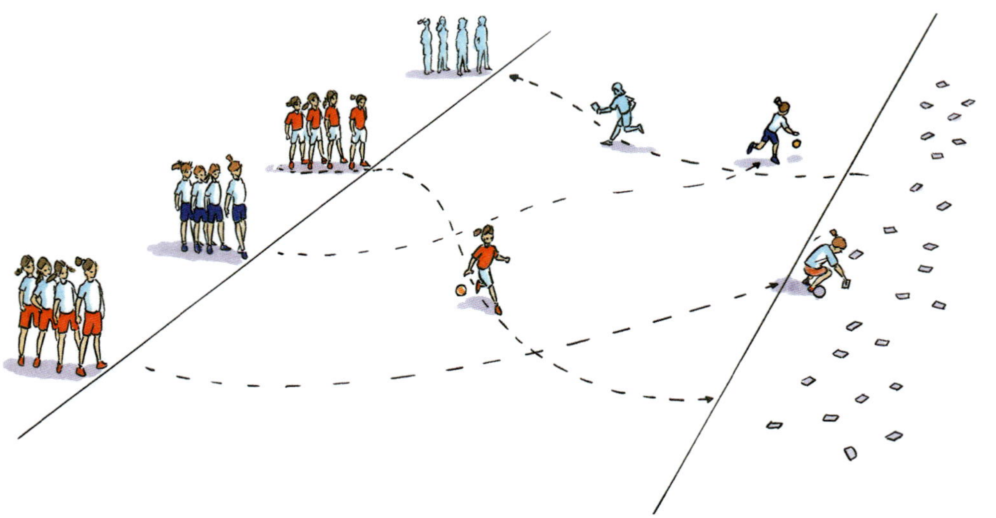

Squash

Spielidee:
Zwei Spieler spielen einen Ball abwechselnd gegen eine Wand. Wer den zurückspringenden Ball nicht mehr erreicht oder gegen die Wand spielen kann, bekommt einen Minuspunkt.
Oder:
Die Partner spielen miteinander. Die gespielten Bälle werden gezählt. Welches Paar schafft die meisten Pässe?

Basisregeln:
- Es kann mit Kreide oder Kreppband eine Begrenzungshöhe markiert werden, über/unter die der Ball gespielt werden muss
- Die Spieler dürfen sich nicht behindern
- Der Ball muss – je nach Könnensstand – direkt oder nach einmal aufspringen gespielt werden
- Nach einer bestimmten Zahl an Minuspunkten oder nach einer vorgegebenen Zeit wird gewechselt

Rahmenbedingungen:
- Spielerzahl: 2 Spieler
- Material: Tennis, Tischtennis, Hockey; 1 Ball, 2 Schläger pro Spielfeld
- Aufbau: Organisationsform Kaiserturnier

Variationen:
- Es wird 2 gegen 2 als Doppel gespielt. Der Ball muss abwechselnd gegen die Wand gespielt werden. Der Ball darf nicht dem Partner zugespielt werden
- 2 Mannschaften spielen gegeneinander „Squash“. Jede Mannschaft hat maximal zwei Zuspielmöglichkeiten, die nicht durch die gegnerische Mannschaft behindert werden dürfen. Bei mehr als drei Kontakten oder einer Bodenberührung beim Zuspiel erhält der Gegner einen Punkt (oder wechselt das Aufschlagsrecht)

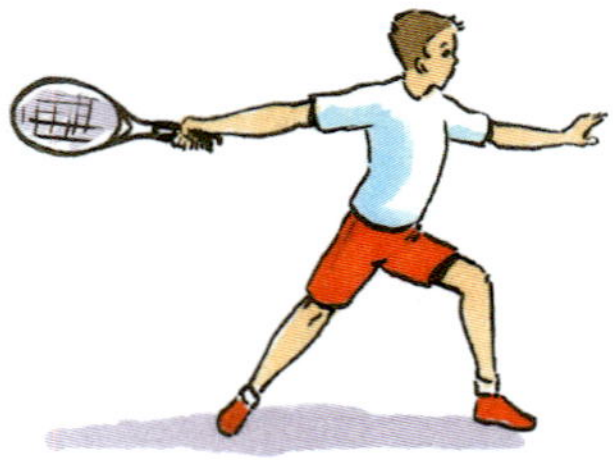

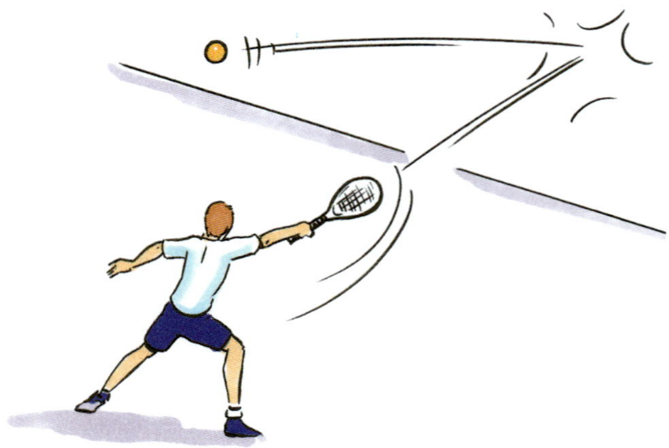

Squashball

Spielidee:
2 markierte Teams spielen nach Handballregeln gegeneinander mit dem Ziel, mehr Punkte als der Gegner zu erzielen.

Basisregeln:
- Es gibt keine Tore. Im Abstand von ca. 2 Metern vor den Wänden wird eine Linie abgeklebt.
- Ein Punkt wird erzielt, wenn der Ball zuerst an einer beliebigen Stelle auf dem Boden vor der Wand, dann an der gegnerischen Wand und wieder hinter der Linie auf dem Boden aufprallt.
- Die Abwehrspieler versuchen, den Ball vor dem zweiten Bodenkontakt aufzufangen.
- Wird der Ball nur berührt und nicht gefangen, gilt dieses als Punkt.
- Nach jedem Punkt wechselt der Ballbesitz.

Rahmenbedingungen:
- Material: 1 Handball, Leibchen, Kreppband
- Spielerzahl: ab 10
- Spieldauer: ab 10 Minuten

Variationen:
- Ohne Prellen
- Ein Punkt wird erzielt, wenn der Ball zuerst auf den Boden hinter der Linie, dann an der gegnerischen Wand abprallt (also eine Aktion weniger)
- Er muss am Ende vor der Linie landen.

Squash-Handball

Spielidee:
2 Mannschaften spielen gegeneinander Handball mit dem Ziel, den Ball so zu werfen, dass er erst den Boden, dann die gegnerische Wand und dann wieder den Boden berührt.

Basisregeln:
- Wird der Ball vom Gegner abgefangen, bevor er nach der Wand den Boden berührt, gibt es keinen Punkt
- Der Ball muss abgefangen werden, berühren reicht nicht

Rahmenbedingungen:
- Spielerzahl: 5–7 Spieler pro Mannschaft
- Material: Handball
- Ziel: Stirnwand
- Spielfeld: ein Hallendrittel oder kleine Halle

Variationen:
- Prellball, Volleyball
- Es reicht aus, wenn der Ball zuerst den Boden und anschließend die Wand berührt
- An der Wand ein Feld markieren, welches berührt werden muss (z. B. nur unteres Wanddrittel als Berührungsfläche)
- Fußball: Die Spieler legen eine Reihenfolge fest, in der geschossen wird, und eine seitliche Spielfeldbegrenzung. Jeder Spieler versucht den Ball so aus einer vorgegebenen Entfernung gegen die Wand zu schießen, dass der Nachfolger den Ball nicht mehr gegen die Wand spielen kann. Der Ball muss direkt gespielt werden. Wer einen Fehler macht, scheidet aus und das Spiel geht weiter. Am Ende bleibt der Sieger übrig.

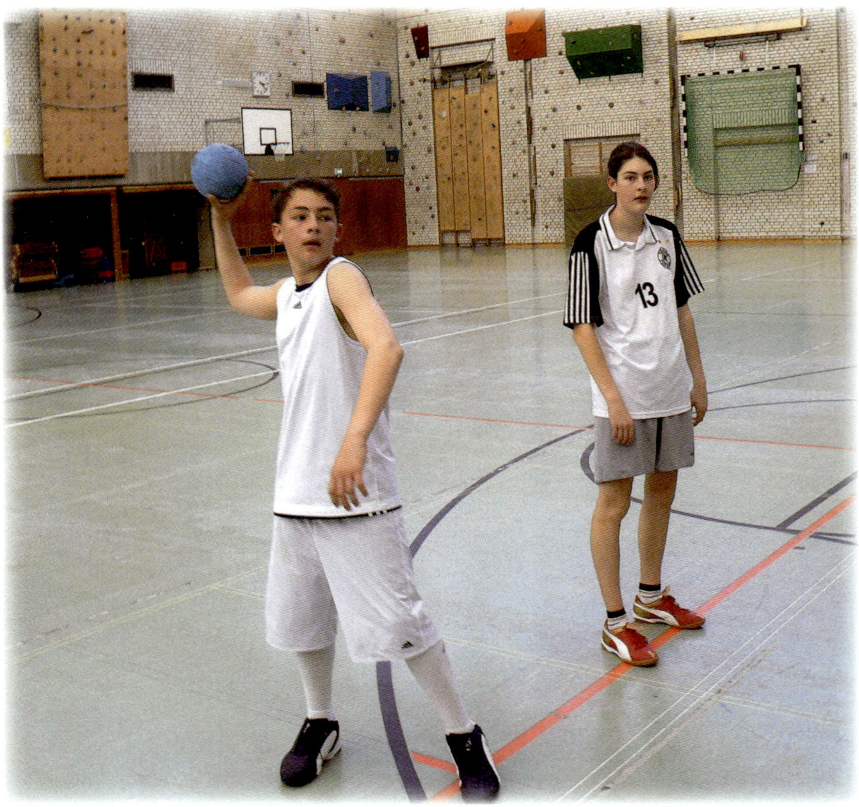

Startball

Spielidee:
2 Mannschaften, Läufer und Werfer, spielen gegeneinander. Ziel der Werfer ist es, die Läufer abzuwerfen. Ziel der Läufer ist es, die Seite zu wechseln, ohne getroffen zu werden.

Basisregeln:
- Auf der Mittellinie des Spielfeldes liegen so viele Softbälle wie Spieler in einer Mannschaft sind
- Läufer und Werfer starten auf ein Startkommando von 2 gegenüberliegenden Seiten
- Die Läufer müssen die andere Seite erreichen
- Die Werfer laufen zum Ball und versuchen, die Läufer von der Mittellinie abzuwerfen. Dabei kann jeder Werfer einen beliebigen Läufer abtreffen
- Mit Ball darf nicht (oder maximal 2 Schritte) gelaufen werden
- Nach jedem Durchgang werden die Rollen gewechselt
- Jeder Treffer zählt einen Punkt für die Werfer

Rahmenbedingungen:
- Spielerzahl: Ab 3:3
- Material: Pro Spieler ein Softball
- Spielfeld: ein Hallendrittel

Variationen:
- Nur indirekte Treffer zählen
- Der Spielleiter ruft kurzfristig, welche Mannschaft Läufer und welche die Werfermannschaft ist

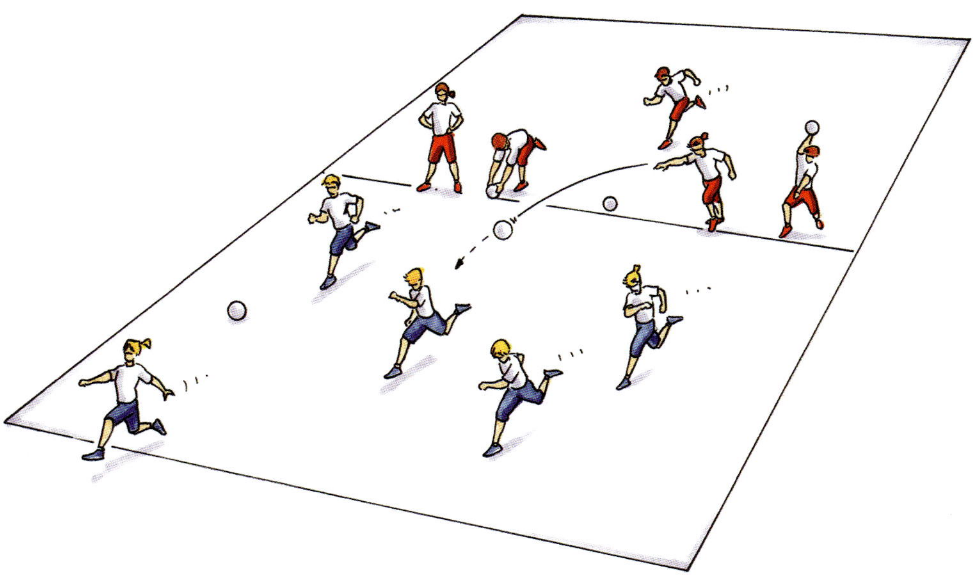

Straßenverkehr

Spielidee:
Alle Spieler bewegen sich mit einem Ball, den sie führen, dribbeln oder prellen, als Autofahrer im Raum. Der Spielleiter stellt die Ampel dar und zeigt rote, grüne oder orangene Tücher, auf die die Autofahrer entsprechend reagieren müssen.

Basisregeln:
- grün bedeutet schnell fahren
- orange bedeutet langsam fahren
- rot bedeutet anhalten

Rahmenbedingungen:
- Spielerzahl: beliebig
- Material: für jeden Spieler einen Ball (Fußball, Handball, Basketball oder Hockeyschläger und -ball), Tücher

Variationen:
- Fahrweise vorgeben: vorwärts, rückwärts
- Auf Straßen (Hallenlinien) fahren
- Mit 2 Bällen
- Wer bei „rot" zuletzt anhält, bekommt einen Minuspunkt

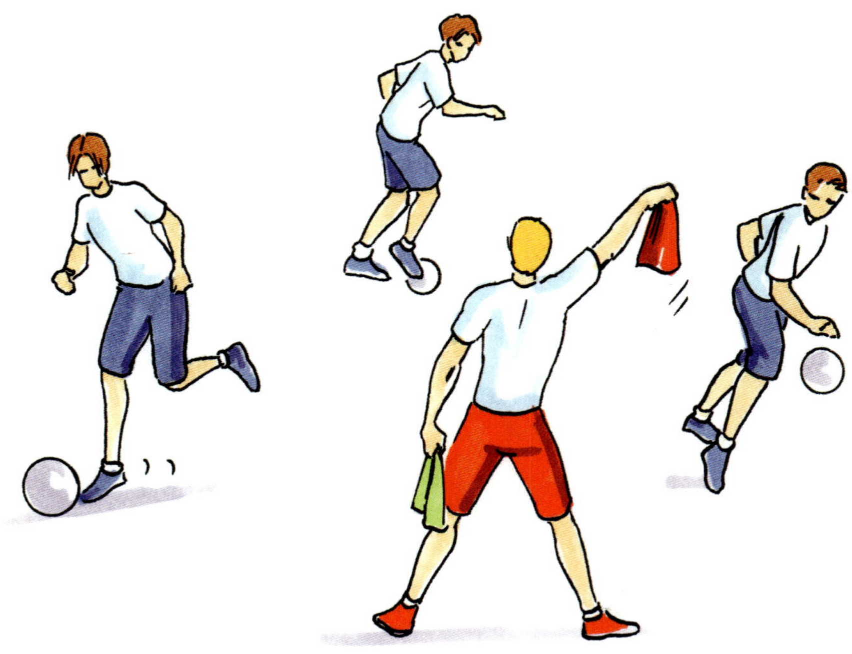

Streetball

Spielidee:
2 Mannschaften spielen gegeneinander auf einen Korb Basketball.

Basisregeln:
- Gespielt wird nach Basketballregeln
- Vor einem Korbwurf müssen mindesten zwei Spieler der angreifenden Mannschaft in Ballbesitz gewesen sein
- Nach jedem Korberfolg wechselt der Ball zum anderen Team
- Bevor nach Foul, Korb oder Aus weiter gespielt werden kann, muss der Ball von einem Verteidiger berührt (gecheckt) werden
- Wenn die verteidigende Mannschaft in Ballbesitz kommt, muss der Ball erst hinter die 3-Punkte-Linie heraus gespielt werden, bevor ein Korb erzielt werden kann; dabei bleibt die andere Mannschaft passiv
- Nach jedem Foul aus dem Aus erhält die andere Mannschaft den Ball hinter der Dreierlinie
- Freiwürfe und Feldkörbe zählen einen Punkt, Dreier zählen 2 Punkte
- Ein Spiel endet nach 10 Minuten oder wenn eine Mannschaft 12 Punkte erzielt hat (auch andere Werte sind möglich)
- Bei Unentschieden entscheidet ein Freiwurfschießen (je Spieler ein Freiwurf, bis eine Entscheidung gefallen ist)
- Es darf fliegend gewechselt werden
- Es gibt keinen Schiedsrichter, Fouls werden selbständig angezeigt
- Das Spiel wird mit Ballbesitz für das gefoulte Team fortgesetzt, auch wenn der Spieler im Wurf gefoult wurde. Wenn ein Spieler bei einem erfolgreichen Wurf gefoult wird, zählt der Korb und der Ballbesitz wechselt

Rahmenbedingungen:
- Spielerzahl: 4 Spieler pro Mannschaft, gespielt wird 3:3 mit fliegendem Wechsel
- Material: 1 Basketball, 1 Korb pro Spiel
- Spielfeld: halbes Basketballfeld

Variation:
- „make it – take it“, d. h., die Mannschaft, die einen Korb erzielt, bleibt in Ballbesitz

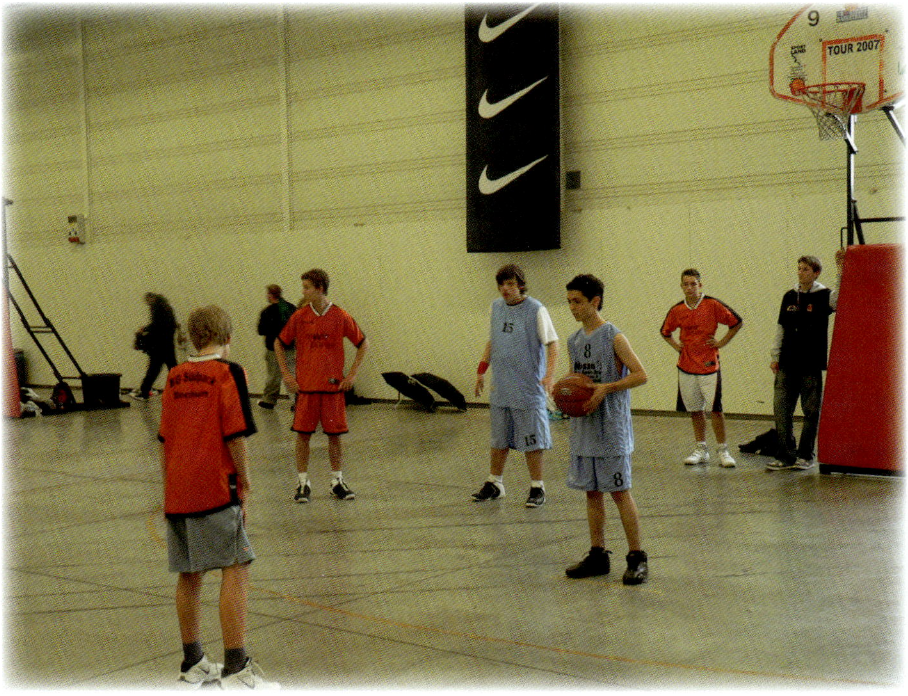

Takeshi (Indianerball)

Spielidee:
Eine Läufermannschaft spielt gegen eine Werfermannschaft. Ziel der Läufermannschaft ist es, möglichst oft einen Hindernisparcours zu überwinden, ohne von einem gegnerischen Ball abgetroffen zu werden. Ziel der Werfer ist es, möglich viele Läufer abzuwerfen.

Basisregeln:
- Jede erfolgreiche Überquerung des Parcours zählt einen Punkt
- Wer getroffen wurde, stellt sich sofort wieder am Start an
- Jeder Treffer zählt, auch Bodentreffer oder eventuell gefangene Bälle
- Geworfen werden darf nur hinter der Wurfmarkierung
- Bälle dürfen wieder geholt werden
- Rollentausch nach Ablauf der Spielzeit

Rahmenbedingungen:
- Spielerzahl: 6–15 Spieler pro Mannschaft
- Material: Pro Werfer einen Softball;
  für den Parcours: Bänke, dicke Matten, große Kästen, Böcke, ...
- Spielfeld: ein Hallendrittel
- Aufbau:
  - Die Werfer stehen 5–8 m vom Parcours entfernt hinter Langbänken oder einer anderen Markierung (abhängig von der Wurffähigkeit)
  - Der Hindernisparcours sollte nach Möglichkeit an einer Hallenwand oder noch besser am Vorhang aufgebaut werden, damit die Bälle nicht zu weit wegrollen oder -fliegen.
- Organisatorischer Hinweis:
  Gespielt wird auf Zeit 3–5 min pro Durchgang

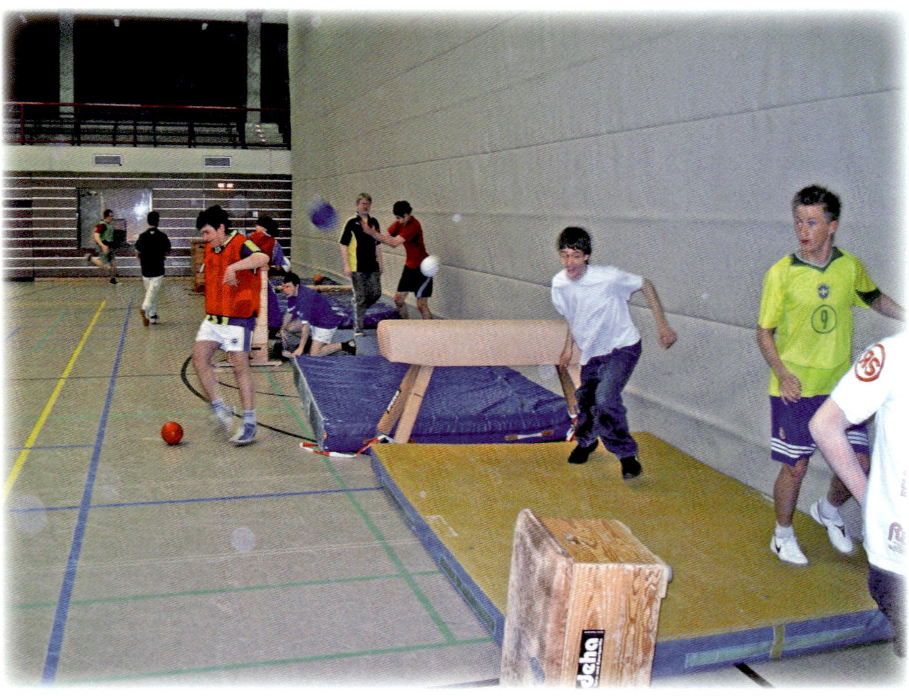

Tchoukball

Spielidee:
2 Mannschaften spielen gegeneinander auf 2 Ziele mit der Absicht, einen Ball so gegen das gegnerische Ziel (frame) zu werfen, dass der Gegner den ins Feld zurückspringenden Ball nicht mehr erreichen kann.

Basisregeln:
- Gespielt wird nach Handballregeln
- Beim Fangen dürfen die Gegner nicht behindert werden
- Der Torraum darf weder beim Torwurf noch zur Abwehr betreten werden
- Ein zurückspringender Ball, der im Torraum landet, zählt nicht. Es gibt Ballbesitz für den Gegner

Rahmenbedingungen:
- Spielerzahl: 4–6 Spieler pro Mannschaft
- Material: Handball, Basketball oder Softball (Tennisball)
- Ziel: Das Ziel nennt man frame. Es steht ca. 60° geneigt zum Boden, kann ein Mini-Trampolin, Sprungbrett oder Kastenoberteil sein
- Spielfeld: ein Hallendrittel oder große Halle
- Aufbau: Wurfkreis um das Ziel mit einem Radius von 3 m (Kreide, BB-Kreis) markieren oder eine Matte als Wurfkreis benutzen

Variationen:
- Beide Mannschaften können bei beiden frames Punkte erzielen – nach dem Anwurf von der Auslinie muss allerdings immer zuerst die Mittellinie überquert werden
- Es darf nur dreimal hintereinander auf das gleiche frame geworfen werden
- Ohne Torraum

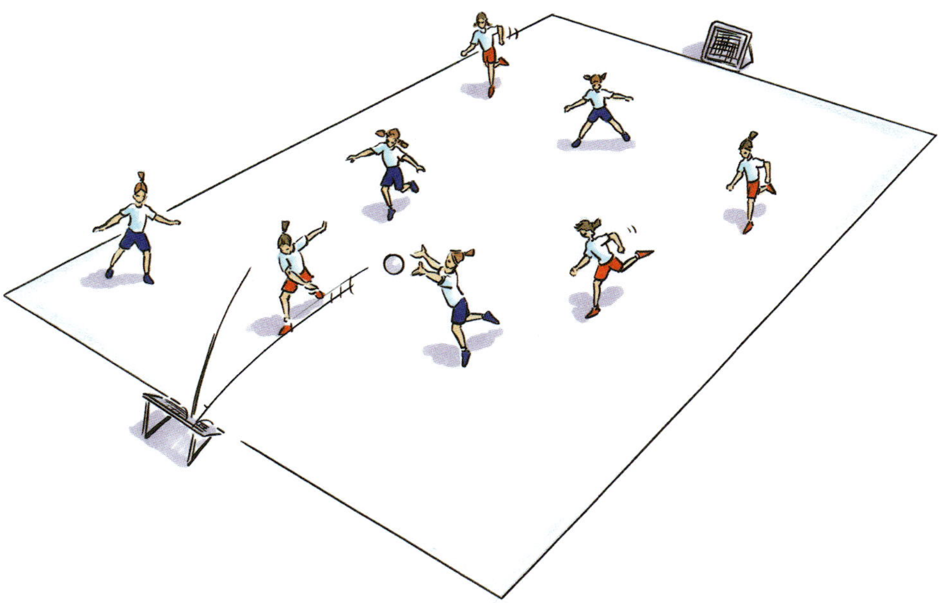

Tigerball

Spielidee:
Ein Spieler, der Tiger, befindet sich in der Mitte eines Kreises und muss versuchen, den Ball zu berühren, den sich die Außenspieler zuspielen.

Rahmenbedingungen:
- Spielerzahl: 3:1 aber auch möglich bis max. 10 (7:3 oder 6:4)
- Material: beliebig

Basisregeln:
- Die Außenspieler passen sich den Ball zu
- Wer von den Kreisspielern vor der Tigerberührung zuletzt am Ball war, wird neuer Tiger
- Der Tiger darf den Ball mit dem gesamten Körper abfangen

Variationen:
- Der Ball darf nicht den direkten Nachbarn zuspielt werden
- Der Ball darf nur als Aufsetzer gespielt werden
- Der Ball darf nur mit dem Fuß gespielt werden (eventuell auch Zahl der Ballkontakte vorgeben)
- Der Ball darf nur gerollt werden
- Es wird Hockey gespielt

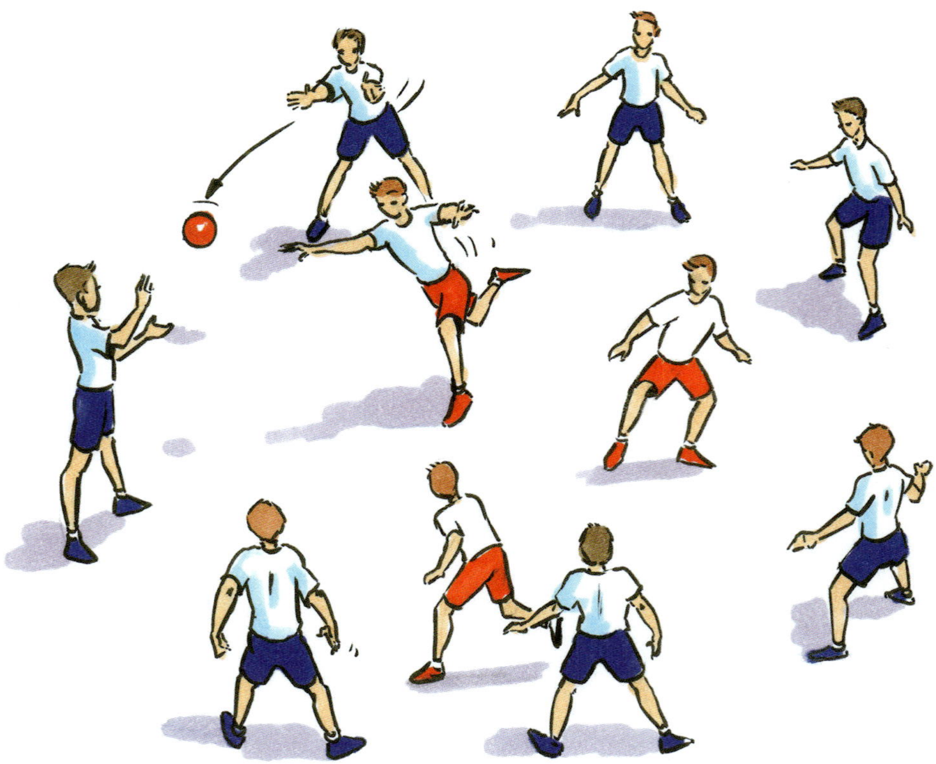

Torwechselspiel

Spielidee:
2 Mannschaften spielen gegeneinander Fußball mit dem Ziel, möglichst viele Tore zu erzielen. Jede Mannschaft hat zwei Möglichkeiten, Tore zu erzielen. Entweder über die gegnerische Grundlinie dribbeln oder auf 2 kleine Tore an der gegnerischen Seitenlinie angreifen.

Basisregeln:
- Der Spielleiter gibt immer an, auf welche Tore gespielt wird.
- Gespielt wird nach Fußballregeln

Rahmenbedingungen:
- Spielerzahl: 4 Spieler pro Mannschaft
- Material: Fußball

Variation:
- Auch als Hockey möglich

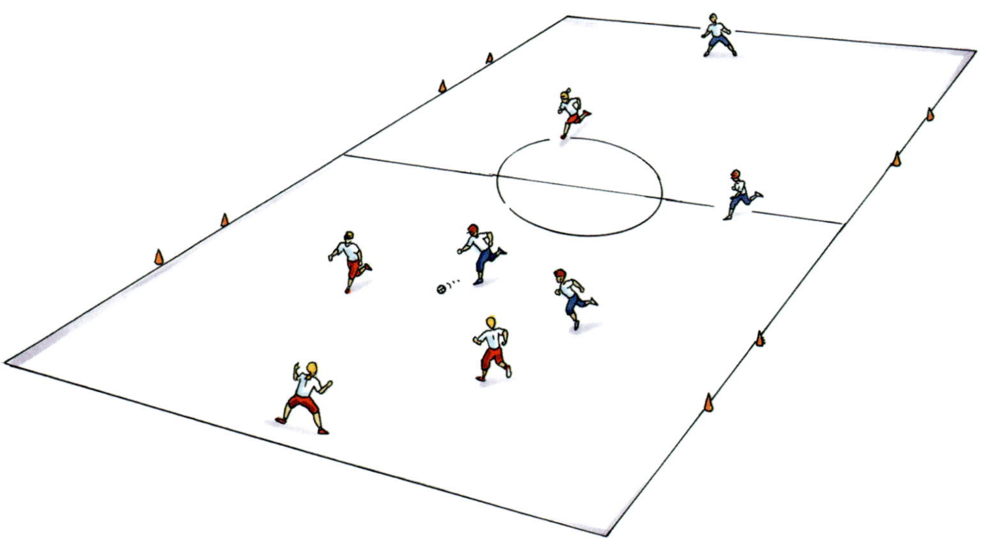

Tor zu Tor

Spielidee:
Zwei Spieler spielen gegeneinander. Ziel ist es, aus der eigenen Hälfte eine vorgegebene Anzahl von Toren zu erzielen.

Basisregeln:
- der Ball darf nicht mit der Hand berührt werden
- Der Ball muss mit dem Körper abgewehrt werden
- Die Mittellinie darf nicht übertreten werden
- In der eigenen Hälfte darf man sich mit dem Ball frei bewegen
- Der Ball darf bis zur Mittellinie gedribbelt werden
- Wer zuerst eine vorgegebene Anzahl von Toren erzielt, z. B. 5, gewinnt die Runde

Rahmenbedingungen:
- Spielerzahl: 2 oder als Turnier auch mehr Spieler
- Material: 1 Fußball
- Spielfeld: Bolzplatz oder Hallendrittel mit 2 Toren und Mittellinie

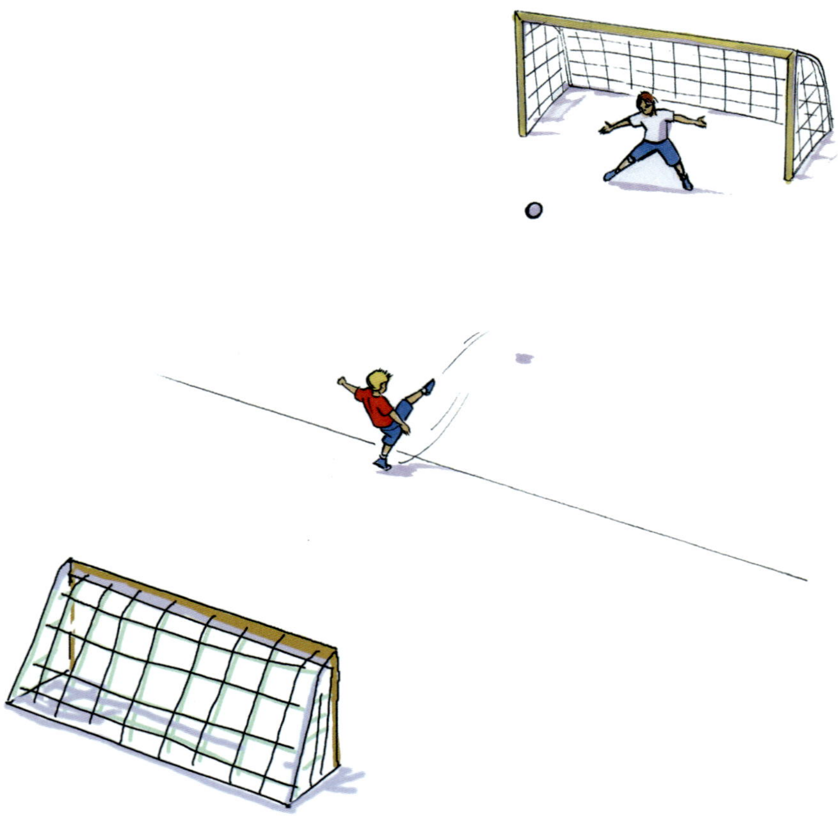

Treffball

Spielidee:
2 Mannschaften spielen gegeneinander mit dem Ziel, möglichst viele Gegenstände von einer Bank, die zwischen beiden Teams steht, herunter zu werfen.

Basisregeln:
- Geworfen werden darf nur hinter einer festgelegten Markierung
- Die Bälle dürfen wieder geholt werden
- Das Spiel ist beendet, wenn der letzte Gegenstand heruntergefallen ist
- Die Mannschaft gewinnt, auf deren Seite weniger Gegenstände liegen

Rahmenbedingungen:
- Spielerzahl: beliebig
- Material: Keulen, Bananenkartons, Kegel, Medizinbälle, Markierungshütchen, Langbank
- Ziel: Keulen, Bananenkartons, Kegel, Medizinbälle, Markierungshütchen
- Spielfeld: kleine Halle
- Aufbau: Es sollte eine ungerade Zahl von Gegenständen aufgebaut werden, damit es in jedem Fall einen Sieger gibt

Variationen:
- Gegenstände stehen auf der Mittellinie statt auf einer Bank: Bälle mit dem Hockeyschläger auf die Ziele spielen, rollen, schießen oder mit Footbällen spielen
- Wandabpraller: Bälle so gegen die Wand werfen, dass der Abpraller in einen oben offenen großen Kasten fällt
- Aufsetzer: Bälle so in einen oben offenen großen Kasten werfen, dass sie vorher aufgetickt sind

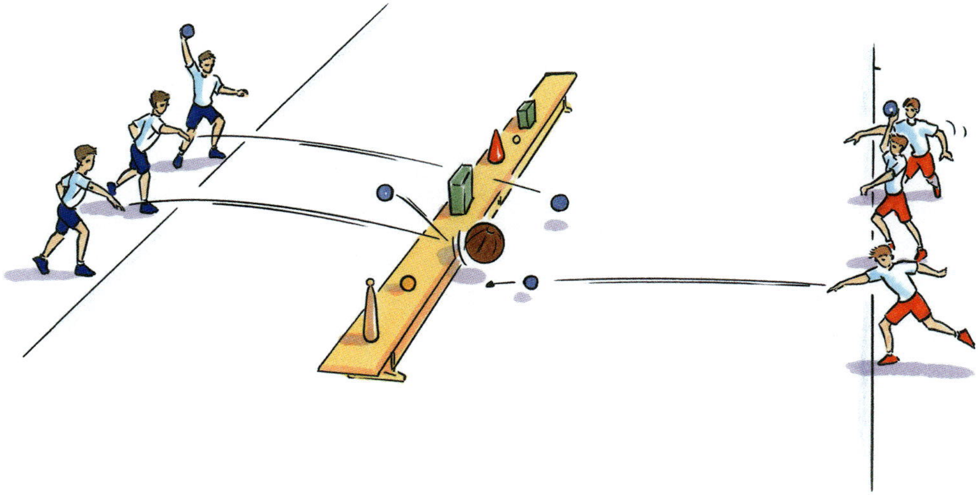

Treibball

Spielidee:
2 Spieler stehen sich in einem Spielfeld gegenüber und versuchen beide, den Partner in der vorgegebenen Wurfart über dessen Grundlinie zu treiben.

Basisregeln:
- Es muss vom Ort des Fangens direkt und ohne Anlauf zurückgeworfen werfen
- Ein Punkt ist erreicht, wenn der Gegner den Ball hinter seiner Grundlinie fangen muss
- Falls der Ball nicht gefangen wird, muss vom Ort des erstens Auftickens geworfen werden

Rahmenbedingungen:
- Spielerzahl: Die Anzahl der Paare ist abhängig vom Platz, der zur Verfügung steht
- Material: Pro Paar 1 beliebiger Ball
- Spielfeld: Große Halle, Sportplatz
- Organisatorischer Hinweis: Die jeweilige Spielfeldgröße muss den Wurffähigkeiten der Spieler angepasst werden

Variationen:
- Es kann mit verschiedenen Bällen gespielt werden
- Wettkämpfe mit unterschiedlichen Wurf- oder Schusstechniken: Schlagwurf, Druckwurf, Einwurf, Dropkick, Volley aus der Hand, mit rechts oder mit links

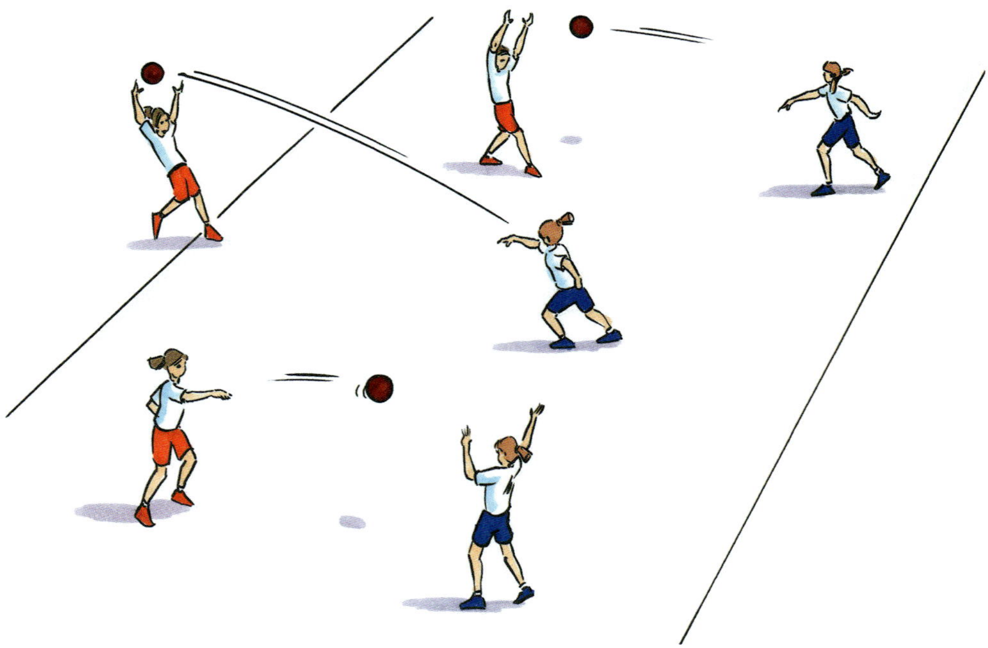

Turmball

Spielidee:
2 Mannschaften spielen gegeneinander mit dem Ziel, einem Mitspieler, der auf einem kleinen Kasten steht, einen Ball zuzupassen bzw. das Zuspiel des Gegners zu verhindern.

Basisregeln:
- Jeder vom Kastenspieler gefangene Ball zählt einen Punkt, er muss dabei allerdings auf dem Kasten stehen bleiben
- Es darf nicht gedribbelt werden
- Mit dem Ball darf nicht / dürfen maximal 2 Schritte gelaufen werden
- Bei jedem Punkt wechselt der Turmspieler
- Anspiele können von allen Seiten erfolgen

Rahmenbedingungen:
- Spielerzahl: 5:5, 6::6, 7:7
- Material: 1 Ball; 2 kleine Kästen
- Ziel: Kästen
- Spielfeld: Basketballfeld
- Aufbau: Spielzeit vorgeben

Variationen:
- Die Kästen werden auf die Grundlinie gerückt, so dass nur von vorn oder von der Seite geworfen werden kann
- Der Kastenspieler steht auf einer Bank und muss den gefangenen Ball in den Basketballkorb werfen
- Es kann auch mit zwei Kastenspielern pro Mannschaft gespielt werden. Diese befinden sich entweder jeweils auf der Grundlinie oder im Feld verteilt
- Es werden 2 weitere Kästen außen an der Mittellinie aufgestellt. Alle Kästen werden mit neutralen Spielern besetzt. 2 Mannschaften spielen 4:4 ohne Dribbling. Die Mannschaft in Ballbesitz versucht, so oft wie möglich die Neutralen anzuspielen, ohne dass der Gegner in Ballbesitz gelangt. Dabei darf nicht zweimal hintereinander derselbe Neutrale angespielt werden

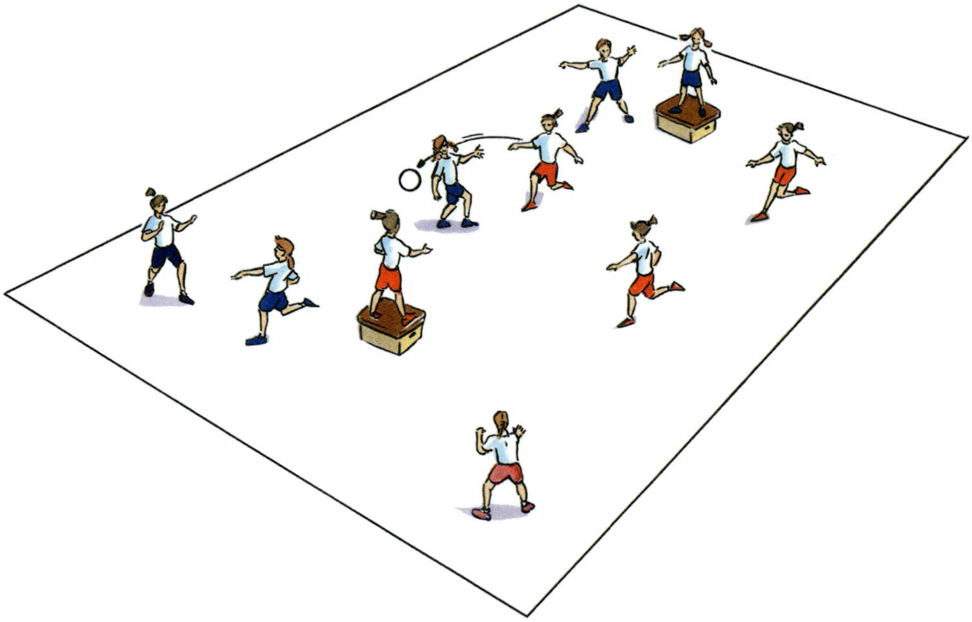

Ultimate mit einem Football

Spielidee:
2 Mannschaften spielen gegeneinander mit dem Ziel, einen Football in der gegnerischen Endzone zu fangen und dort abzulegen.

Basisregeln:
- Mit dem Football darf nicht oder dürfen maximal 3 Schritte gelaufen werden
- Der Football muss in der Endzone gefangen werden, man darf nicht mit ihm in die Endzone laufen
- Beim Abwurf des Footballs muss der Gegner in ausreichender Entfernung stehen (körperloses Spiel) = der Spieler in Ballbesitz darf nicht direkt angegriffen werden
- Fängt der Gegner den Football, darf er direkt weiter spielen. Dies gilt auch, wenn er den Flug des Footballs unterbricht und er auf den Boden fällt

Rahmenbedingungen:
- Spielerzahl: Ab 5:5 in der Halle, maximal 15:15 auf dem Fußballfeld
- Material: 1 Football; Material zum Markieren der Endzone
- Spielfeld: Hallendrittel oder kleine Halle, am besten geeignet ist der Sportplatz
- Organisatorischer Hinweis: Gespielt wird auf Zeit

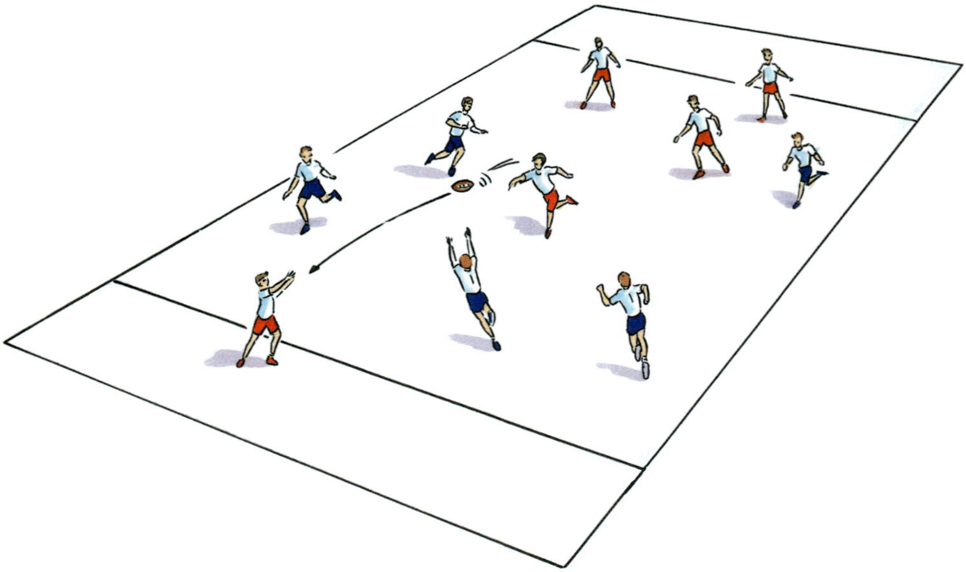

Unihoc

Spielidee:
2 Mannschaften spielen gegeneinander Hockey auf 2 Tore und versuchen, mit einem Plastikschläger einen Lochball oder Puck in das gegnerische Tor zu spielen.

Basisregeln:
- Der Ball darf nur mit dem Schläger gespielt werden
- Der Ball oder Puck darf nicht geschlagen, sondern nur geschoben werden
- Der Ball darf nur flach gespielt werden
- Bei hohen Bällen gibt es sofort Ballbesitz für den Gegner
- Zu Beginn jedes Spielabschnittes und nach einem Torerfolg erfolgt ein Bully am Mittelpunkt. Beide Teams befinden sich dabei in ihrer Spielfeldhälfte.
- Bully gibt es auch nach Regelverstößen: zwei gegnerische Spieler stehen sich mit dem Rücken zur eigenen Torlinie am liegenden Ball gegenüber und halten ihre Schläger parallel auf jeder Seite des Balles, ohne ihn zu berühren; auf Pfiff ist der Ball freigegeben
- Mit dem eigenen Stock darf nicht auf den Stock des Gegners oder dessen Körper geschlagen werden (auch nicht seitlich oder von unten).
- Das Ausholen über Hüfthöhe ist verboten. Das Ausschwingen nach vorne ist grundsätzlich erlaubt, wenn niemand in der Nähe steht.
- Der Ball darf mit einer absichtlichen Bewegung sich selber mit dem Fuß vorgelegt, aber nicht zu einem Mitspieler gespielt werden. Prallt der Ball unabsichtlich vom Fuß ab, darf der Mitspieler ihn spielen
- Wird der Ball über Hüfthöhe hoch gespielt, darf ihn der Spieler mit der Hand abklatschen, um ihn wieder am Boden weiterspielen zu können. Sonst ist es nicht erlaubt, den Ball absichtlich mit der Hand, dem Arm oder dem Kopf zu spielen
- Ein Feldspieler darf nur mit seinen Füßen, einem Knie sowie der Stockhand Bodenkontakt haben

Rahmenbedingungen:
- Spielerzahl: 4–6 Spieler pro Mannschaft
- Material:
  - Unihoc-Schläger für jeden Spieler
  - Lochball oder Puck
  - Kastenelemente, Tore oder kleine Kästen
- Ziel: Kastenelemente, Tore oder kleine Kästen
- Spielfeld: ein Hallendrittel

Variationen:
- Es wird auf insgesamt 4 Tore gespielt, 2 Tore pro Mannschaft
- Wie beim Eishockey wird um die Tore gespielt
- Inline-Skaterhockey

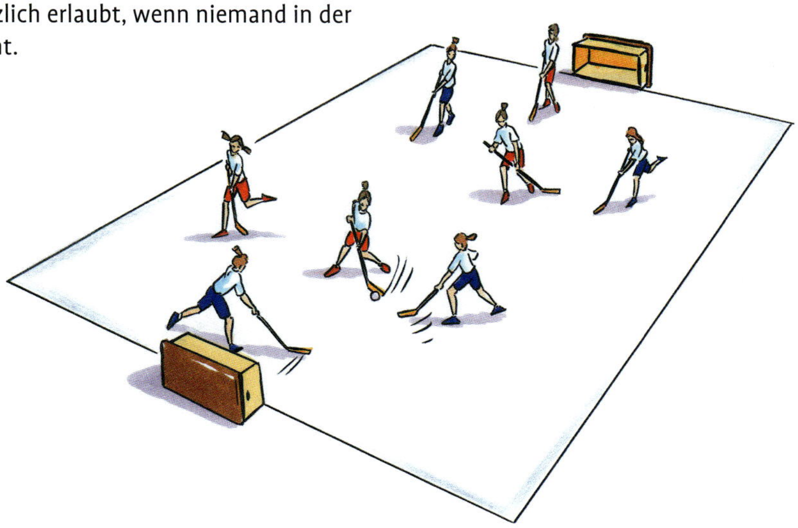

Vier-Länder-Ball

Spielidee:
4 Mannschaften spielen gegeneinander Völkerball. Ziel ist es, möglichst viele gegnerische Spieler in das eigene Land zu holen.

Basisregeln:
- Gespielt wird nach Völkerballregeln
- Ein abgeworfener Spieler wechselt in den Außenbereich des Spielfeldes
- Sobald dort ein gegnerischer abgetroffener Spieler erscheint, tragen diese beiden Spieler einen Einzelwettkampf (battle) aus
- Aufgaben für dieses Einzelwettkämpfe werden vorher gemeinsam festgelegt und ausprobiert; es bietet sich an, landestypische Wettbewerbe auszusuchen
- Einer der beiden Spieler zieht eine Karte. Auf dieser ist vermerkt, welcher battle ausgetragen werden muss
- Beide Spieler wechseln anschließend in das Land des Siegers
- Wer zuerst keinen Spieler mehr im eigenen Land hat, verliert

Rahmenbedingungen:
- Spielerzahl: 12–40
- Material: Battlekarten, Softball, benötigtes Material für die Einzelwettkämpfe
- Spielfeld: das Spielfeld wird durch Bänke in vier Felder geteilt und jedem Feld ein Land zugeordnet

Variation:
- 2 Mannschaften spielen gegeneinander

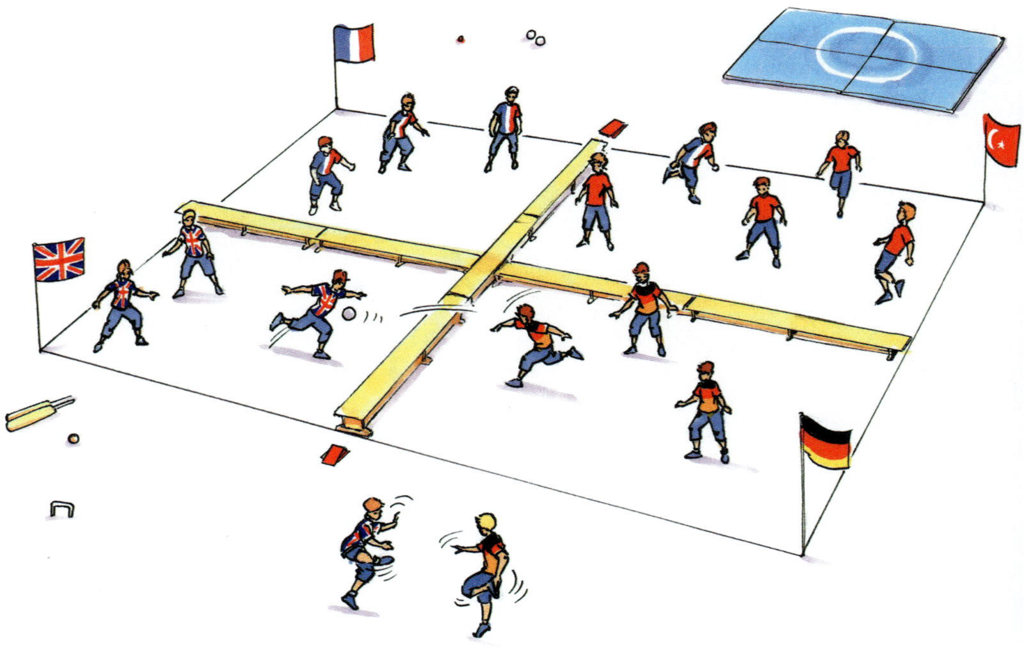

Völkerball

Spielidee:
Zwei Mannschaften spielen gegeneinander und versuchen, die Feldspieler des Gegners abzuwerfen.

Basisregeln:
- Jede Mannschaft bestimmt einen König, der sich zunächst hinter das gegnerische Feld an die Grundlinie stellt
- Der König darf abwerfen
- Die abgeworfenen Spieler stellen sich an die gegnerische Grund- bzw. an die Seitenlinien. Gelingt es ihnen, einen Gegner abzuwerfen, dürfen sie wieder in ihr Spielfeld zurück
- Sind alle Feldspieler bis auf einen abgeworfen, muss der König ins Feld, er hat drei Leben. Wirft sich ein zusätzlicher Mitspieler wieder ins Feld, verlässt der König es wieder
- Gefangene Bälle, Kopftreffer und Bodentreffer zählen nicht
- Durch geschicktes Passen um das gegnerische Feld sollten die Gegner solange gejagt werden, bis eine günstige Wurfmöglichkeit entsteht. Ein zu frühes Werfen ist riskant
- Würfe auf die Beine sind erfolgsversprechend, da diese schlechter gefangen werden können
- Würfe auf den Kopf sind nicht erlaubt

Rahmenbedingungen:
- Spielerzahl: mindestens 6:6
- Material: 1 Soft- oder Volleyball
- Spielfeld: Volleyballfeld

Variationen:
- Auch Bodentreffer zählen
- Spiel mit 3 Königen, die sich an den 3 Seitenlinien ihrer Mannschaft verteilen. Jeder von ihnen hat am Ende ein Leben
- Völkerball mit Geheimspieler/James Bond: Gespielt wird nach Völkerballregeln. Jede Mannschaft bestimmt geheim einen James Bond sowie einen Bodyguard und teilt diese dem Spielleiter mit. Der Bodyguard ist als einziger Spieler unverwundbar, kann also beliebig oft abgeworfen werden und James Bond beschützen. Sobald James Bond getroffen wurde, verliert das Team.

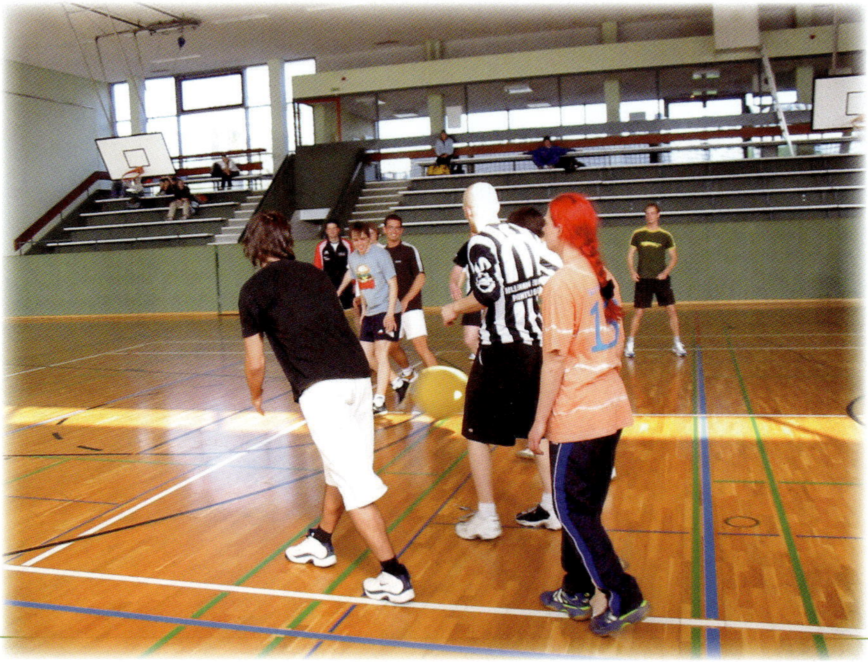

Volleyball-Brennball

Spielidee:
Der erste Läufer schlägt von der Grundlinie eine Angabe über das Volleyballnetz und läuft anschließend außen um das Feld. Die Feldmannschaft versucht, mit Volleyballtechniken den Ball über das Netz auf eine Matte zu spielen, die auf der anderen Netzseite im Feld liegt. Dazu hat sie beliebig viele Kontakte. Verfehlt der Ball die Matte, befindet sich ein Feldspieler in der Nähe, um den Ball für einen weiteren Versuch, die Matte zu treffen, wieder zurückzupritschen. Erst dann wird „verbrannt" gerufen.

Rahmenbedingungen:
- Spielerzahl: ab 14
- Material: Volleyball, Volleyballnetz, Matten als Freimale, Matte im Feld
- Spielfeld: Volleyballfeld

Variationen:
- Der Ball darf bei jedem Feldspieler einmal ticken.
- Auf jeder Geraden machen die Läufer einen Hechtbagger.
- Auch ohne Netz möglich.
- Basketball-Brennball: Jeder Läufer dribbelt mit einem zweiten Basketball um das Feld. Das Brennmal ist der Basketballkorb.
- Handball-Brennball: Das Brennmal ist ein Handballtor, das von einem Torwart der Läufermannschaft verteidigt werden darf.

Volleyball-Tennis

Spielidee:
2 Mannschaften oder auch 2 Spieler spielen gegeneinander über ein Netz oder eine Zauberschnur. Ziel ist es, den Ball so in das gegnerische Feld zu spielen, dass er nicht mehr oder nur fehlerhaft zurück gespielt werden kann.

Basisregeln:
- Gespielt wird nach Volleyballregeln
- Der Ball darf bei jedem Spieler einmal aufticken
- Der Ball darf bei jedem Angriff dreimal innerhalb der Mannschaft zugespielt werden
- Der Ball wird durch eine Aufgabe ins Spiel gebracht
- Bei jedem erneuten Aufschlagsgewinn wechseln die Spieler die Positionen
- Gespielt wird wie beim Tie-Break, d. h. man kann unabhängig vom Aufschlagsrecht punkten
- Wer zuerst 11, 15, 21 oder 25 Punkte hat, gewinnt den Satz

Rahmenbedingungen:
- Spielerzahl: 1–4 Spieler pro Mannschaft
- Material: Volleyball
- Spielfeld: Volleyballfeld
- Aufbau:
  - Netz oder Zauberschnur (über der Reichhöhe des größten Spielers gespannt)
  - 3 kleine Felder nebeneinander in einem Hallendrittel möglich

Variation:
- Der Ball darf nur einmal innerhalb der Mannschaft aufticken

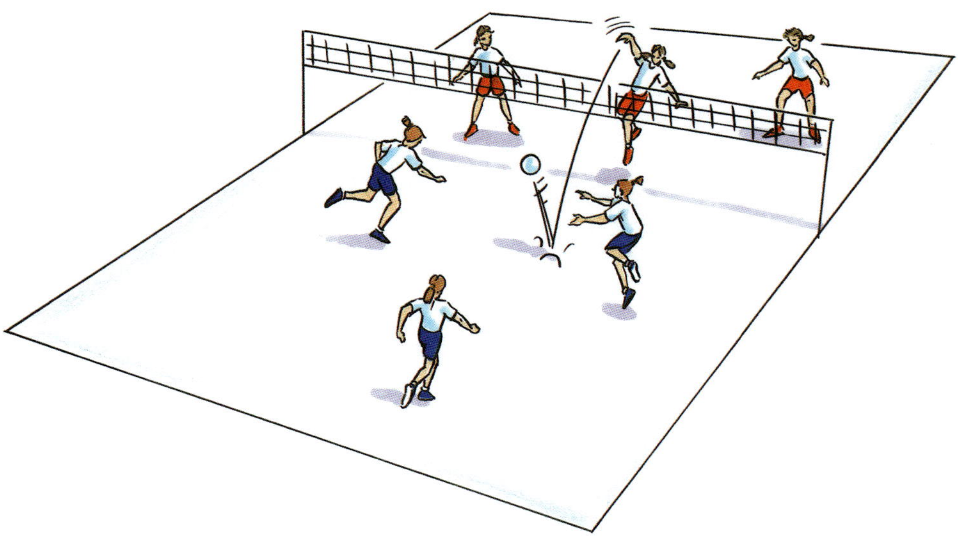

Volley-Rebounderball

Spielidee:
Zwei Mannschaften spielen gegeneinander mit dem Ziel, einen vom Basketballbrett oder von der Wand(markierung) abprallenden Ball volley in das gegnerische Tor zu befördern.

Basisregeln:
- Gespielt wird nach Handball- oder Fußballregeln
- Der Ball darf mit allen Körperteilen in das Tor gespielt werden
- Decke und Wände gehören zum Spielfeld, der Ball ist nie aus
- Der Ball muss volley ins Tor befördert werden
- Der Ball darf mit dem Fuß oder mit der Hand gedribbelt werden
- Sieger ist, wer nach einer vorgegebenen Spielzeit die meisten Tore erzielt

Rahmenbedingungen:
- Spielerzahl: ab 6 Spieler pro Mannschaft
- Material: Volleyball
- Ziel: 2 Tore
- Spielfeld: ein Hallendrittel
- Aufbau: Basketballbrett oder (markierte) Wandfläche als Trefffeld

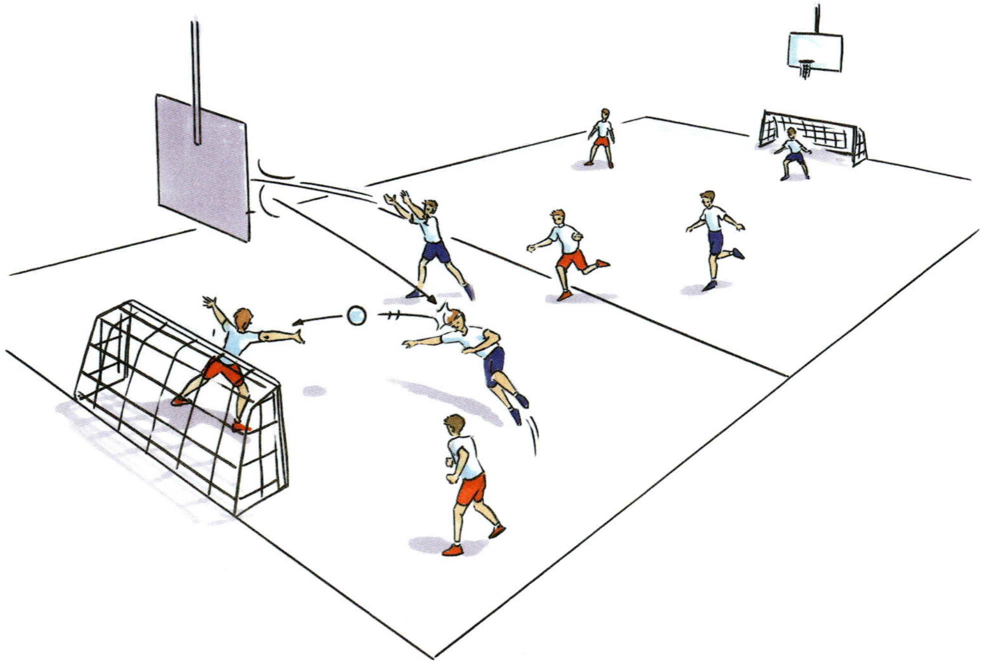

Wandball

Spielidee:
2 Mannschaften spielen gegeneinander mit dem Ziel die gegnerische Wand zu treffen. Vor der Wand ist ein 1–4 m breiter Torraum markiert, der nicht betreten werden darf.

Basisregeln:
- Gespielt wird nach Handballregeln
- Eine Markierung an der Wand gilt als obere Begrenzung

Rahmenbedingungen:
- Spielerzahl: 5–6 Spieler pro Mannschaft
- Material: Basketball, Volleyball, Gymnastikball, Handball
- Ziel: Stirnwände
- Spielfeld: Handballfeld

Variation:
- Die Mannschaft, die einen Punkt erzielt, bleibt in Ballbesitz, muss ihren nächsten Angriff auf die gegenüberliegende Wand ausführen und kann so weiter punkten

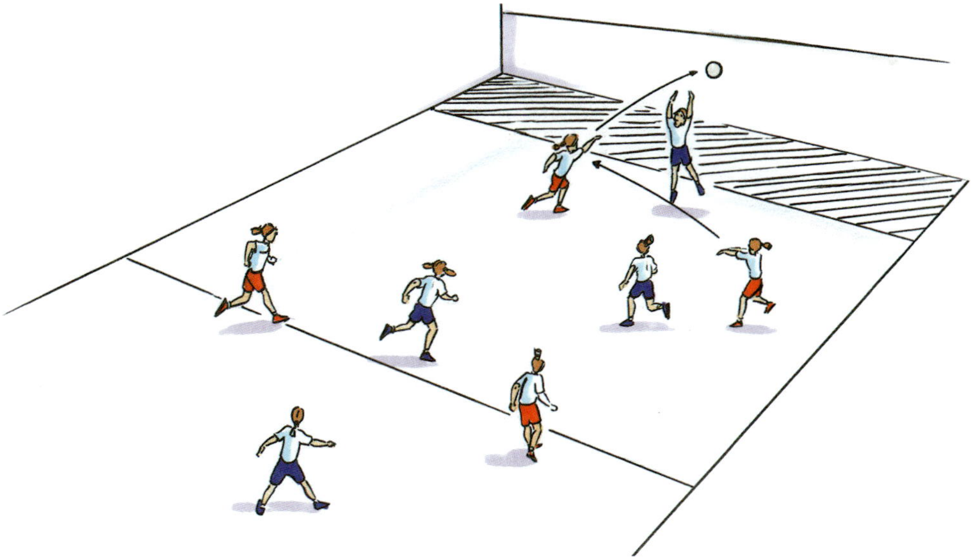

Weltmeister

Spielidee:
Jeder spielt gegen jeden Fußball auf ein Tor mit Torwart. Ziel ist es, möglichst schnell ein Tor zu erzielen.

Basisregeln:
- Gespielt wird nach Fußballregeln
- Es gibt so viele Runden, bis ein Sieger feststeht
- Wer ein Tor erzielt, stellt sich hinter das Tor und wartet die nächste Runde ab
- Wer zum Schluss einer Runde noch auf dem Feld steht, scheidet aus
- Die beiden bis zum Schluss übrig gebliebenen Spieler spielen das Finale um die Weltmeisterschaft

Rahmenbedingungen:
- Spielerzahl: mindestens 5
- Material: 1 Fußball, 1 Tor
- Spielfeld: kann, muss aber nicht begrenzt sein

Variation:
- Zweierteams spielen gegeneinander

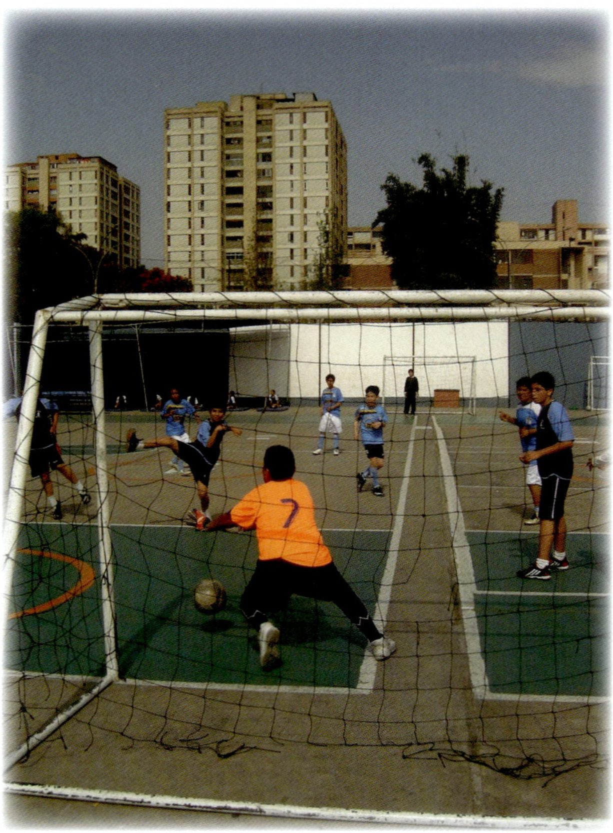

Werfer gegen Läufer

Spielidee:
Es gibt eine Werfermannschaft im Feld, die sich in einer Gasse aufstellt, und eine Läufermannschaft, die außen um das Werferfeld läuft. Auf Kommando beginnt der erste Läufer seinen Lauf um das Werferfeld. Gleichzeitig wirft der erste Werfer den Ball zu seinem Gegenüber. Der Ball wandert zick-zack durch die Gasse und ebenso wieder zurück. Die Ballkontakte werden so lange gezählt, bis der letzte Läufer das Ziel erreicht hat. Anschließend wechseln Läufer und Werfer.

Basisregeln:
- Bei Ballverlust müssen die Werfer den Ball wiederholen und an der Stelle des Ballverlustes weiter spielen
- Die Werfer bilden eine Gasse im Abstand von 6–8m, der Abstand ist abhängig von der Wurffähigkeit
- Jeder Wurf wird gezählt
- Sobald alle Läufer die Ziellinie passiert haben, wird gewechselt

Rahmenbedingungen:
- Spielerzahl: ab 4 Spieler pro Mannschaft
- Material: 1 beliebiger Ball

Variationen:
- Der Ball wird mit dem Fuß oder mit dem Hockeyschläger oder einem Tennisschläger gepasst
- Die Art des Passens wird vorgegeben: Bodenpass oder Druckpass
- Die Laufstrecke und die Wurfabstände können variiert werden
- Die Läufer müssen einen Ball dribbeln oder führen (eventuell auch um Hindernisse)
- Fußball-Jongleure gegen Dribbler: In einem Feld jongliert jeweils 1 Spieler seiner Mannschaft den Ball so lange, bis er einen Fehler macht. Anschließend jongliert der zweite Spieler. Die Dribbler umrunden ein markiertes Feld, solange bis der letzte Jongleur den Ball verliert. Die Runden aller Dribbler werden addiert. Bei nicht so guten Jongleuren darf der Ball vor jedem Ballkontakt einmal aufticken

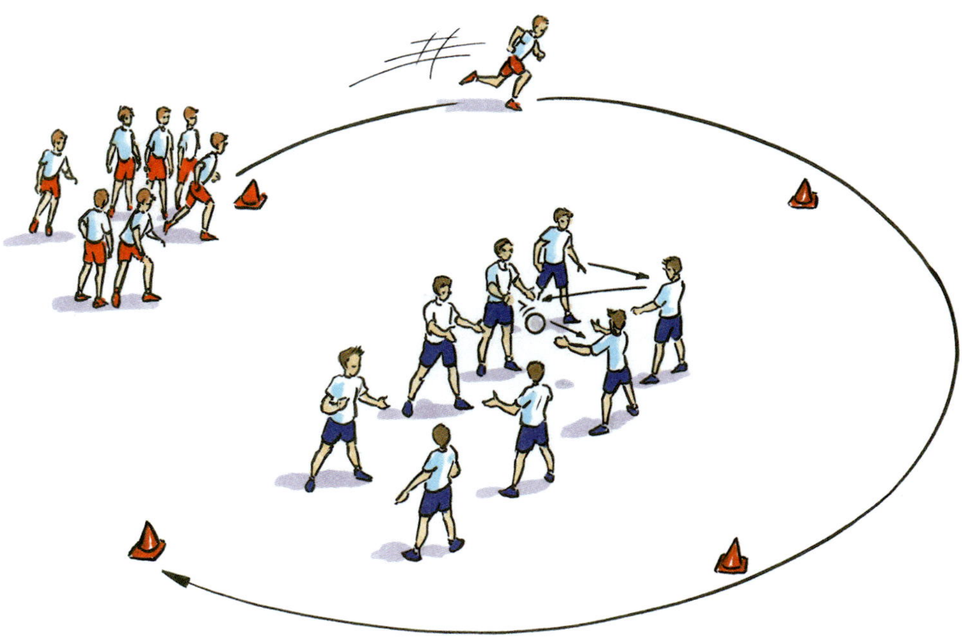

Wikingerball

Spielidee:
Zwei Teams spielen gegeneinander. Ein Münzwurf entscheidet, wer den Pezziball bekommt. Dieses Team wirf den Pezziball so weit wie möglich von der anderen Mannschaft weg und bildet einen Kreis. Der Werfer läuft um diesen Kreis. Für jede Runde gibt es einen Punkt. In der Zwischenzeit muss das andere Team möglichst schnell den Ball holen, eine Reihe bilden und den Ball von vorne bis hinten über Kopf weitergeben. Sobald der Ball hinten angekommen ist, kann Team A keine Punkte mehr sammeln. Anschließend wirft Team 2 den Ball und das Spiel setzt sich entsprechend fort. Ziel ist es, zuerst 30 Punkte zu sammeln.

Rahmenbedingungen:
- Spieler: ab 8
- Material: Pezziball
- Spielfeld: ganze Halle oder draußen

Zahlen-Fußball

Spielidee:
2 Mannschaften, deren Spielerzusammensetzungen sich ständig verändert, spielen gegeneinander Fußball. Zu Beginn sitzen alle Spieler einer Mannschaft durchnummeriert auf einer Bank an der Seitenlinie. Der Spielleiter ruft vier Zahlen. Die entsprechenden Spieler beider Mannschaften spielen zwei Minuten oder bis zu einem Torerfolg Fußball gegeneinander. Anschließend ruft der Spielleiter neue Zahlen auf, so dass sich ständig neue Mannschaftskonstellationen und Kräfteverhältnisse ergeben.

Basisregeln:
- Gespielt wird auf 2 oder 4 Tore
- Der Spielball liegt zu Beginn des Spiels im Mittelkreis des Spielfeldes
- Gespielt wird 4:4 – der Spielleiter ruft die erste Spielpaarung auf (3,5,8,10) und gibt das Startsignal
- Die aufgerufenen Spieler müssen zunächst alle so schnell wie möglich die Wand hinter ihrem zu verteidigen Tor berühren und dürfen dann den Ball erobern
- Wer als letzter die Wand berührt, ist letzter Mann oder Torwart
- Der Ball muss erst mindestens einmal abgespielt werden, bevor ein Tor erzielt werden darf

Rahmenbedingungen:
- Spielerzahl: 4:4
- Material:
  - Fußball
  - 2 Langbänke
  - Stoppuhr, Pfeife, Zettel und Stift
- Spielfeld: ein Hallendrittel oder Sportplatz
- Organisatorische Hinweise:
  - Zu Beginn setzen sich beide Mannschaften so gegenüber, dass immer etwa gleichstarke Spieler Paare bilden
  - Die Spieler des ersten Paares erhalten beide die Nummer 1, die Spieler des zweiten Paares beide die Nummer 2 usw.
  - Die Mannschaften sitzen diagonal gegenüber an den Seitenlinien des Spielfeldes auf jeweils einer Langbank
  - Spielzeit 2 min oder bis zum Torerfolg.
  - Der Spielleiter sollte sich notieren, wer wann wie lange gespielt hat, um gleiche Spielanteile aller zu erreichen

Variation:
- Handball, Basketball, Hockey

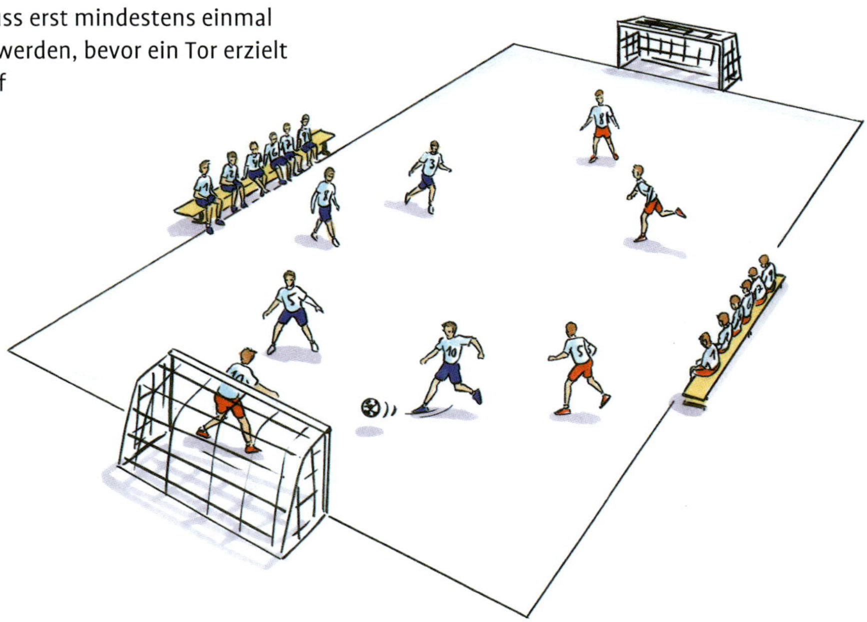

Zauberer

Spielidee:
Je nach Gruppengröße gibt es 3–4 Zauberer, die Fänger. Sie versuchen, die Gejagten durch Abschlagen zu verzaubern.

Basisregeln:
- Fänger und Gejagte müssen dribbeln
- Wer verzaubert wurde oder seinen Ball verliert, muss den Basketballkorb treffen, damit er wieder frei ist
- Eventuell nach und nach Fänger ergänzen, damit zum Schluss alle Spieler verzaubert werden
- Fänger beobachten und rechtzeitig wechseln
- Zeitdauer beliebig

Rahmenbedingungen:
- Spielerzahl: beliebig
- Material:
  - Mannschaftsbänder
  - Leibchen oder Zipfelmützen als Markierung für die Fänger
  - Für jeden Spieler einen Basketball. Damit die Zauberer besser erkannt werden, dribbeln sie mit anderen Bällen
- Spielfeld: ein Hallendrittel

Variation:
- Die abgeschlagenen Spieler müssen sich mit geöffneten Beinen aufstellen und werden erlöst, wenn ein Mitspieler durch die Beine gedribbelt hat

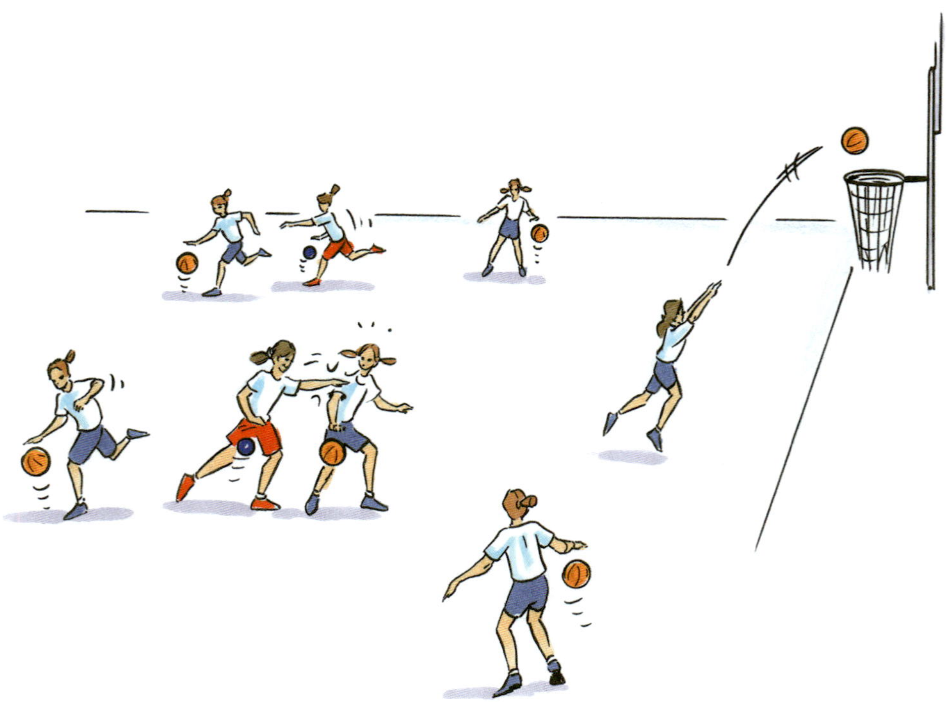

Zombie

Spielidee:
Jeder spielt gegen jeden und versucht, mit einem Softball so viele Spieler wie möglich abzuwerfen und gleichzeitig nicht selber getroffen zu werden.

Basisregeln:
- Wer abgetroffen wurde, merkt sich von wem und setzt sich auf eine Begrenzungsbank. Er darf sofort wieder ins Feld, wenn der Spieler abgetroffen wurde, welcher ihn abgeworfen hatte
- Bodentreffer und direkt gefangene Bälle zählen nicht als abgetroffen
- Mit Ball darf ein/kein Schritt gelaufen werden

Rahmenbedingungen:
- Spielerzahl: Mindestens 6 Spieler
- Material: 1 Softball
- Spielfeld: Rechteck in einer Hallenecke, anpassen an die Spielerzahl, allerdings eher kleiner als zu groß
- Aufbau:
  - Mit Bänken wird das Spielfeld in einer Hallenecke begrenzt (damit der Ball im Spiel bleibt)
  - Wenn nur noch wenige Spieler im Feld sind und einige Zeit keiner mehr abgetroffen wird, muss man das Spielfeld verkleinern

Variation:
- Auch indirekte Treffer zählen
- Fängt ein Spieler einen Ball, gilt der Werfer als abgetroffen
- 2 oder 3 Bälle
- Feuer frei: gespielt wird in einem Hallendrittel mit vielen Softbällen jeder gegen jeden. Wer einen Ball besitzt, muss versuchen, einen anderen Spieler abzutreffen. Dabei darf er sich mit Ball nicht bewegen. Jeder erzielte Treffer ergibt einen Pluspunkt, jeder erhaltene einen Minuspunkt. Wer hat am Ende die meisten Punkte?

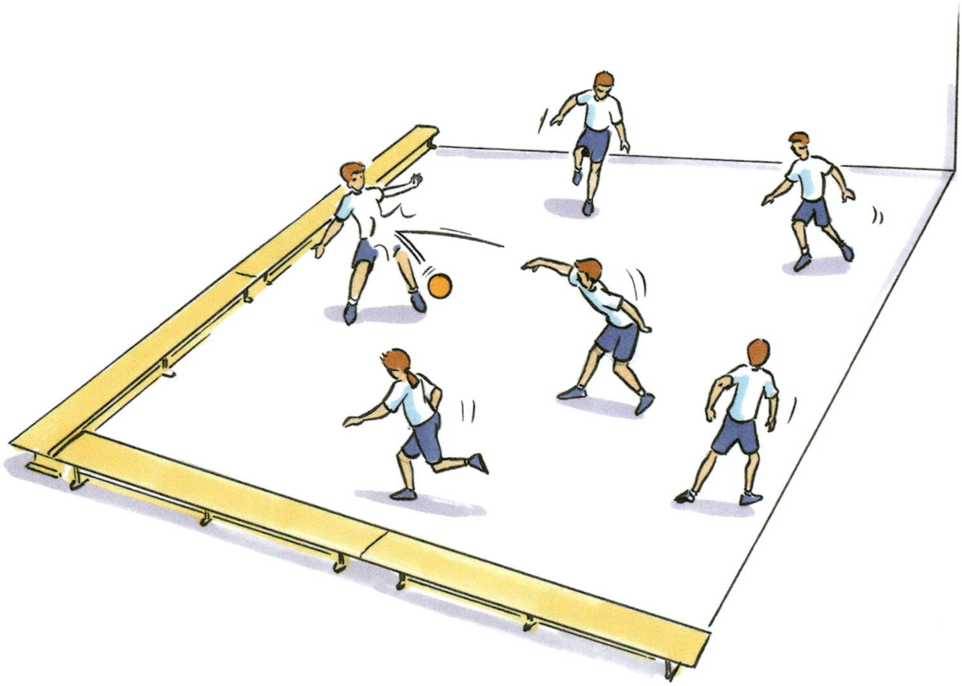

Zonen-Handball

Spielidee:
2 Mannschaften spielen gegeneinander mit dem Ziel, möglichst viele Tore zu erzielen. Jedes Team stellt einen Torwart, 5 Abwehrspieler und 5 Angriffsspieler.

Basisregeln:
- Die Angriffsspieler dürfen nur in der gegnerischen Hälfte, die Abwehrspieler nur in der eigenen Hälfte spielen
- Gespielt wird nach Handballregeln mit 2 Bällen, jeweils ein Ball in jeder Spielhälfte
- Die Angreifer bleiben immer in Ballbesitz
- Nach einer bestimmten Zeit werden die Rollen gewechselt
- Die Tore werden fortlaufend auf beiden Seiten gezählt

Rahmenbedingungen:
- Spielerzahl: 11 Spieler pro Mannschaft
- Material: 2 Handbälle, 2 Tore
- Spielfeld: 1 Handballfeld

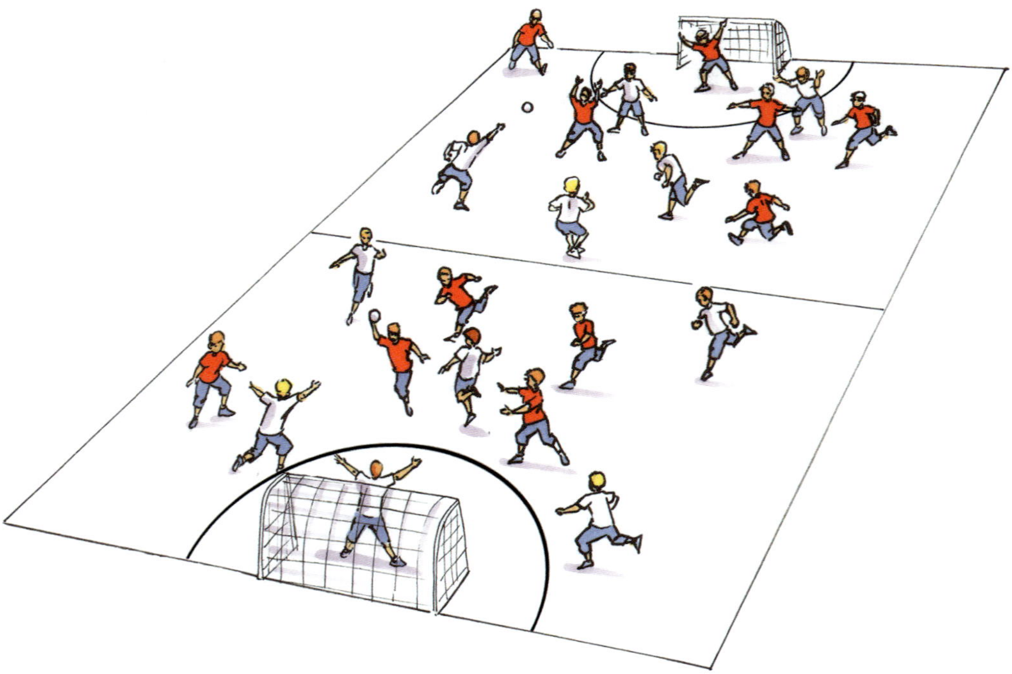

Literaturhinweise

Baden-Württembergische Sportjugend, Sportjugend Niedersachsen & Sportjugend NRW (Hrsg.) (1999). Praxismappe Ballspiele. Duisburg: Sportbuch.

Ehni, H. (1985). Was ist Kindheit und was bedeuten Bewegung, Spiel und Sport für Kinder? In: H. Ehni; J. Kretschmer & K.-H. Scherler (Hrsg.), Spiel und Sport mit Kindern. (50–81), Reinbek bei Hamburg: Rowohlt.

Danisch, M. & Lüders, J. (2009). Spiele fremder Kulturen. *SportPraxis* 11+12, 59–61.

Dietrich, K. (1992). Miteinander spielen. *sportpädagogik* 16 (1), 21–26.

Diketmüller, R. (2009). Geschlecht als didaktische Kenngröße – geschlechtersensible unterrichten im mono- und koedukativen Schulsport. In H. Lange & S. Sinning (Hrsg.), Handbuch Sportdidaktik. (S. 245-259) Balingen: Spitta.

Döhring, V., Lange, A. (2012). Kleine Pausen- und Freizeitspiele. Wiebelsheim: Limpert.

Flitner, A. (1998). Spielen lernen. Praxis und Deutung des Kinderspiels. München: Piper.

Freytag, V. & Sinning, S. (2010). Explorieren und Erfinden. In H. Lange & S. Sinning (Hrsg.), Handbuch Methoden im Sport. (S. 414-430) Balingen: Spitta.

Frohn, J. & Süßenbach, J. (2012). Geschlechtersensibler Schulsport. In *sportpädagogik* 36 (6), 2-7.

Frohn, J. & Pfitzner, M. (2011). Heterogenität. In *sportpädagogik* 35 (1), 2-5.

Geis, R. (2005). Kleine Spielesammlung ungewöhnlicher Spiele. *SportPraxis* 3, 6–10.

Geis, R. (2006). Fußballspiele. *SportPraxis* Sonderheft Fußball, 44–47.

Geis, R. (2009). Sportspiele – leicht gemacht. Schorndorf: Hofmann.

Glorius, L. & Leue, W. (2003). Ballspiele, Band 1. Praxiserprobte Spielideen für Freizeit, Schule und Verein. Aachen: Meyer & Meyer.

Glorius, L. & Leue, W. (2004). Ballspiele, Band 2. Aachen: Meyer & Meyer.

Glorius, L. & Leue, W. (2004). Neue Ballspiele. Aachen: Meyer & Meyer.

Groos, K. (1921). Das Seelenleben des Kindes. Berlin: Reuther und Reichard.

Hagedorn, G. (1987). Spielen. Praxis und Theorie. Reinbek bei Hamburg: Rowohlt.

Kamper, S. (2015). Schüler im Sportunterricht – Eine empirische Untersuchung zur Aufdeckung und Beschreibung von Schülerpraktiken. Hamburg: Czwalina

König, S. (2010). Integrative Taktikvermittlung. *SportPraxis* 51 (11+12), 6-14.

König, S., Memmert, D., Moosmann, K. (Hrsg.). (2012). Das große Limpert-Buch der Sportspiele: Regeln, Technik und Spielformen von Mannschafts- und Rückschlagspielen. Wiebelsheim: Limpert.

Lange, A. (2015). Abwechslungsreiches Brennball. *SportPraxis* 56 (11 + 12), 39-43.

Lange, A. (2009). Spielvariationen durch unterschiedliche Bälle. *SportPraxis* 50 (3+4), 59-63.

Lange, A & Sinning, S. (2005). Spiele im Wasser. Wiebelsheim: Limpert.

Lange, A. & Sinning, S. (2006). Torschüsse optimal in Szene setzen – didaktische Entscheidungen führen zu zielgerichteten Lernergebnissen *SportPraxis* 47 (6), 38–41.

Lange, A. & Sinning, S. (2006). Spielend zum Handball. *sportpädagogik* 30 (6), 46–53.

Lange, P. (2011). Fußball – Spielend zum Erfolg. Wiebelsheim: Limpert.

Medler, M. & Schuster, A. (2003). Ballspielen. Ein integrativer Ansatz für Grundschule, Orientierungsstufe, Sportverein. Flensburg: Sportbuch-Verlag Medler.

Menze-Sonneck, A. (2001). Schulsport in Brandenburg und Nordrhein-Westfalen. *sportunterricht* 50 (9), 259–266.

Moosmann, K. (1999). Kleine Aufwärmspiele. Wiebelsheim: Limpert.

Müller, B. (1998). Spaß für alle durch kleine Ballspiele, Band 1. Aachen: Meyer & Meyer.

Müller, B. (1999). Spaß für alle durch kleine Ballspiele, Band 2. Aachen: Meyer & Meyer.

Peter, K. (2006). Kleine Spiele. *SportPraxis* Sonderheft Fußball, 8–15.

Rammler, H. & Zöller, H. (2000). Kleine Spiele – Wozu? Wiebelsheim: Limpert.

Reuker, S. et al. (2016). Inklusion im Sportunterricht: Ein Überblick über internationale Forschungsergebnisse aus den Jahren 2005 bis 2014. In sportwissenschaft 46 (2), 88-101.

Röhrs, H. (1993). Spiel und Sport – pädagogische Grundfragen und Grundlagen. Spiel und Sportspiel – ein Wechselverhältnis (S. 90–113). Weinheim: Beltz.

Schierz, M. (1986). Spielregeln. Spiele regeln. *Sportpädagogik* 10 (4), 7–14.

Schmidt, W., Hartmann-Tews & Brettschneider, W.-D. (Hrsg.)(2003). Erster Deutscher Kinder- und Jugendsportbericht. Schorndorf: Hofmann.

Sieland, P. (2005). Spielgruppen. *SportPraxis* 46 (3), 38–41.

Sinning, S. (2005). Spiel erfinden und erfinderisch spielen. *sportpädagogik* 29 (3).

Sinning, S. (2008). Sportspiele vermitteln – Spiele lehren und lernen. In: H. Lange & S. Sinning (Hrsg.), Handbuch Sportdidaktik (S. 359–384). Balingen: Spitta.

Sinning, S. (2008). Sportspiele im Sportunterricht vermitteln – Pädagogische Hintergründe und didaktische Prinzipien einer gelungenen Vermittlung. *sportpädagogik* 32 (1), 4–9.

Sinning, S. (2010). Genetisches Lehren und Lernen – eine wahrnehmungs- und erfahrungsorientierte Methode. In H. Lange & S. Sinning (Hrsg.), Handbuch Methoden im Sport. (S. 57-76) Balingen: Spitta.

Sportjugend Hessen (Hrsg.). Sportsfun. Frankfurt o.J.

Sportjugend NW (Hrsg.) (1994). Praxismappe Spiele / Spielen. Duisburg: Sportbuch.

Sutton-Smith, B. (1978). Die Dialektik des Spiels. Schorndorf: Hofmann.

Weichert, W., Wolters, P. & Kolb, M. (2005). Sportspiele in der Schule. In: Hohmann, A., Kolb, M. & Roth, K. (Hrsg.), *Handbuch Sportspiele* (S. 205–218). Schorndorf: Hofmann.

Weigelt, L. (2013). Selbstgesteuertes Lernen. In sportpädagogik 37 (2), 2-6.

Spieleregister

Spiele mit unmittelbaren „Verwandtschaften“ zu:

Übergreifend: